イギリス犯罪学研究 Ⅱ

守山 正著

成 文 堂

Foreword

It is a great pleasure to write this Foreword to the second volume of 'The British Criminology Studies' produced by Professor Moriyama of Takushoku University. Professor Moriyama has been a frequent visitor to the Institute of Criminology, sometimes bringing his students in order to pass on his enthusiasm and interest in British Criminology. I have also had the privilege of meeting with Professor Moriyama in Japan.

The differences between the two countries are considerable and of course there is scope for us to learn from Japan. What is it that helps to keep the crime rate so low in Japan, for instance, and is there anything which is transferable, notwithstanding the cultural differences? We hope for continued reflection on such matters.

In this second volume on British Criminology, Professor Moriyama describes developments in the Institute of Criminology from the 1990s, but also highlights key social and political changes which have led to changes in direction in criminal justice policy. In particular, he discusses the introduction of Police and Crime Commissioners, elected individuals since November 2012 (the most recent elections took place in May 2016), to whom the police are now accountable. The role of the Police and Crime Commissioner is to ensure efficient and effective policing in a particular area; local police authorities have now been abolished. This has made for some interesting debates about resources and priorities. The Commissioners are party political representatives, but at the same time are meant to be impartial once in post, serving everyone.

Professor Moriyama also discusses country-wide interest in Restorative Justice. 'RJ' as it is often described has caught politicians' imagination as well as public interest, and there are now several ways in which 'RJ' can be used in pre-court diversionary options, and in sentencing. There is scope for RJ to be used as part of a deferred sentence. Perhaps what is important here is that 'RJ' is shorthand also for the principle of reparation and we have found that there many more mechanisms to encourage reparation to victims, whether individuals or the community, than hitherto.

'Oil and Water do not mix,' as Professor Moriyama indicated, is a very good way of introducing some of the debates about the differences between prisons and probation. For a good number of years there has been an umbrella title for these organisations, the 'National Offender Management Service' but continuity in service between the two organisations has been far from perfect and 'end to end' management of offenders has displayed many imperfections. The very recent abandonment of the title 'NOMS' and the transition to Her Majesty's Prisons and Probation Service (HMPPS) in April, 2017, may ensure greater links and continuity. Perhaps what is important here is that it is recognised that both prisons and probation are concerned with punishment and rehabilitation. It is the loss of liberty of course which is the punishment when people are sent to prison, and once in prison the aim is very much rehabilitation. For those sentenced to a community penalty, elements of punishment very often come in the form of hours of unpaid work to be completed, but again, rehabilitation is central. The Probation Service in England and Wales, with its caption that probation officers should 'Advice, Assist and Befriend' offenders, is long gone. 'Assess, manage and control' is more likely to be seen as the caption, though the relational dimension of the supervision of offenders in the community remains important. Whether the privatisation of the supervision of offenders in the community (following the Offender Rehabilitation Act, 2014) will actually help to rehabilitate offenders in the long run should remain an open question for the moment, though to judge from Her Majesty's Inspectorate of Probation reports the creation of 21 Community Rehabilitation Companies to replace local Probation Trusts, has not been a good move. On the contrary, there are serious concerns about the quality of provision for offenders in the community via these largely commercial companies. Community sentences have been sentences in their own right since the Criminal Justice Act, 1991, although one still hears references to community penalties as if they are merely alternatives to custody; that is not the case, and there is still work to be done with the judiciary, magistracy and the public to ensure that community penalties have a central place in the panoply of provision for offenders.

In England and Wales there has been experimentation with community courts, the idea that courts should have easier access to a range of resources so as to create a 'one stop shop' for offenders. If someone who has a drug habit and nowhere to live is being sentenced for a criminal offence, what better than to be able to refer the person to drug treatment services and housing support at the same time as they are sentenced. But a general lack of resources in a context of austerity, meant that experimentation has not always produced the desired results.

This same theme of austerity in British society has meant that each and every agency in the criminal justice system has had to 'tighten its belt' in order to produce savings for the Government. This has meant even more overcrowding in prisons, the closure of some activities, under-staffing, and general poor resourcing to ensure that offenders in prison have access to proper education and rehabilitation. Inevitably, this has led to increased assaults between prisoners, increased assaults on staff, increased drug misuse in prisons (notwithstanding tight surveillance), and some bullying. It is no wonder that we have witnessed an increase in the number of suicides and suicide attempts in prisons. Privatised prisons were introduced some years ago to help improve the standards of prison regimes, but it is clear from empirical findings (many of the produced by the Institute of Criminology in Cambridge) that whilst there are some very good private prisons run by commercial companies, there are also some very good state run prisons; thus privatisation is not the answer.

British Criminology is an admirably self-critical field, continuing to question its role and value. Professor Moriyama poses some new questions for us in this splendid overview of key developments. There have been considerable changes to the landscape of criminal justice policy since the early 1990s especially in regard to the public's involvement and privatisation. Professor Moriyama has captured some of the nuances of those changes here. The changes speak to bigger issues of social justice and societal transformation of course, and in this sense Professor Moriyama is holding up a mirror to ourselves as well as looking down a microscope to examine the changes.

I very warmly commend this second volume on British Criminology Studies and express hope that it will lead to continued intellectual exchanges between Japanese and British criminologists.

Professor Loraine Gelsthorpe
Director of the Institute of Criminology, University of Cambridge, UK (2017-)
Former President of the British Society of Criminology (2011-2015)

はじめに

　拙著『イギリス犯罪学研究Ⅰ』を上梓してから6年を経た。前書に'Ⅰ'をかざしたのは、続編を予定していたからに他ならないし、前書でも「なるべく早期に、第二弾も公刊したい」と書いたが、その頃大きな研究開発プロジェクトを抱えていたこともあって、第二弾'Ⅱ'への道は意外と時間を要した。仲間からも'Ⅱ'を出さないと体裁が悪いとの厳しい忠告を得ていたこともあり、本書が出版の暁を迎えてほっとしている。

　イギリス犯罪学の近年動向については、前書の「はじめに」で概略したので、そちらを参照してもらいたいが、本書に所収したのは、イギリス関係の、前書出版以降に書きためた論文と若干のそれ以前の既出論文である。内容的には21世紀以降のイギリス犯罪学の動向に関するものが大半であるが、前述のとおり、1990年代の原稿も必要に応じて収録した。前書と同様に、時間の経過とともに内容が変化したものについては、末尾に「追記」を施した。
　現在、イギリス犯罪学はアメリカ犯罪学とともに世界の犯罪学界を主導している立場にある。その源泉は犯罪学者予備軍の育成にある。本書第14章でも触れたように、約100の教育機関で犯罪学の学位を、そして40ほどの機関で修士号を提供している状況にあり、多くの犯罪学者を生み出している。しかも、この犯罪学の研究領域には他分野からの参入も目立ち、犯罪学は犯罪学者が独占する時代ではなくなっている。従来の法学、心理学、社会学に加えて教育学、歴史学、人類学、民俗学、地理学、建築学、都市計画学、統計学、コンピュータ科学など多様な分野から犯罪問題に取り組む多くの研究者が現れており、まさしく学際的な分野となっている。これらの動きをみると、自然科学への接近が看取される。確かに、犯罪問題へのこのような多様で多角的なアプローチは歓迎されるが、但し、彼らと議論する際にはそのアカデミック・バックグランドを確認しないと議論がかみ合わないことも少なくない。

現在世界の犯罪学を動かしているのは、大西洋を挟むアメリカとイギリスが双璧であり、さらに両国の研究状況に影響を強く受けたカナダ、オーストラリアなどの英連邦の国々、さらには、ヨーロッパ大陸の中でオランダやドイツ、スウェーデン、ノルウェーなどの北欧諸国も同様に犯罪学研究が盛んである。とくにオランダはイギリス犯罪学と通底した研究手法を用いているし、他方ドイツは独自の視点を保持しており、ユニークな研究がみられる。このような中で犯罪学研究の元祖ともいうべきイタリアの展開が乏しいのは残念であるし（イタリアにおける研究停滞の要因として、大学院生の研究を食い物にする大学教授の指導のあり方を批判する向きもあり、「アカデミック・マフィア」などと揶揄されている）、フランスも英米の研究土壌になじんでいないように思われる（英語を嫌う国民文化が災いしているかもしれない）。しかし、いずれにしても、イギリス国内で出版され公刊された犯罪学関係の論文、単行図書の出版点数の多さは目を見張るものがあり、定期的にイギリスの書店を訪れるたびに、本棚が犯罪関連・犯罪学関係の図書で埋め尽くされているのには、いつもながら圧倒される。近年若干落ち着いた感はあるものの、2000年以降、英字雑誌の創刊も相次いでいる。

　このようなイギリス犯罪学発展の契機を与えたのは、私からみると、2000年創設のヨーロッパ犯罪学会（ESC）の活動であろう。もとより、同学会の創設関係者の間には、アメリカやイギリスなどの英語圏研究者を排除して、大陸系研究者の犯罪学界における主導権を取り戻したいとする意図があったと言われるが、皮肉にもヨーロッパ犯罪学会には多数の英語圏研究者が参加しており、当然ながら発表言語は英語であって、むしろ同学会はイギリス犯罪学会（BSC）を移植したような状況を呈しているように思われる。その基盤にあるのはEU諸国内で自由に活動できる人材が豊富なことであり、実際、多国籍の研究者がイギリス犯罪学研究機関に多数所属し活動しており、そして彼らが海外で学会発表する際もイギリス研究機関所属の者として扱われることから、ヨーロッパ犯罪学会を席巻している印象を与えてきたのである。もっとも、イギリスのEU離脱に伴い、これまでEU諸国から多くイギリスに移住

してきた学生や研究者などが今後、どのような動きをするのかは注目に値するが、その影響は小さくないように思われる。

このようなイギリス犯罪学の動向を覗いつつ、その特徴を明らかにするには、やはり犯罪学の大国アメリカとの比較が必須であろう。しかしながら、残念なことに、筆者はアメリカ犯罪学の論文を必要に応じて追いかける程度であり、比較論を展開するほどの情報を持ち合わせていない。ただ、これまでに何度か参加し研究発表もした経験のあるアメリカ犯罪学会（ASC）の雰囲気や若干の知人からの情報に触れていくらかの感触は得ている。さらに筆者も面識のあるアメリカ人シャッド・マルーナ（Shadd Maruna）が両国で教員として働いた経験から、英米犯罪学者比較論を提示している。それによると、アメリカ人ははるかに良好な生活水準を探求しているのに対して、イギリス人は生活の質を重視するのだという。簡単に言えば、アメリカ人は研究者といえどもアメリカン・ドリームが根底にあり、物質的に恵まれた生活を夢見ており、労働環境において給与レベルは絶対的であるが、他方、イギリス人は慎ましくても研究できる喜びを探求し、まさしく赤貧に甘んじる風潮があるということではないだろうか。確かに、筆者の経験でも、たまたま旅行先で出会ったアメリカ人からいきなり給与の話が出たことに驚いたことがあるし、高名なイギリス人の大学教員がそれほど高級とは思えない平凡な車を乗り回しているのにも驚いたことがある。悪くいえば、アメリカ人は研究者でも世俗的なのである（現にイギリス在住のアメリカ人研究者の中には、数ヵ所から給与を受ける高額所得者もみられる）。そして、マルーナが指摘するのはイギリス人研究者の議論好きである。「犯罪学とは何か」、「正義とは何か」、「そもそも科学とは何か」などについて、夜間パブの片隅でワンパイントのビールを傾けながら、もの静かに議論する姿は何度も見かけたものである。イギリスでも実証研究への指向は強まっているが、このような論争が続いていることに何となくほっとするのは筆者だけではないかもしれない。これに対して、アメリカ人犯罪学者はまさにプラグマティズムの視点から、その議論がいかに実社会に役立つか、場合によっては企業と組んでいかに利益を生み出すのかを

重視するというのである。

　この話で思い出すのが、ローレンス・コーエンとマーカス・フェルソン (Lawrence Cohen and Marcus Felson) の共著論文「社会変動と犯罪率傾向 (Social Change and Crime Rate Trends)」を公刊する際の苦労話である。この論文は、いまでは世界の犯罪学者誰もが知る日常活動理論の基となったものであるが、従来の伝統的な犯罪学理論が犯罪原因を探求し再犯予防を議論してきたのに対して、マクロ的にアメリカの犯罪傾向を説明し、かつ犯罪の発生要素を3条件に限定する理念的なものであって、実証データは含まれておらず実用的な視点に欠けていたため、何ヵ所交渉しても彼らの論文を受け入れる雑誌はなく、ようやく、わずか一誌 (American Sociological Review) が掲載を引き受けて日の目をみたのである。

　イギリス犯罪学が曲がりなりにも隆盛を誇っているのは、有力なアメリカ人研究者とイギリス人研究者の交流、つまり、相互に研究者が他国で研究を行っているのがその一つの理由として考えられる。もっとも、一般的に言って、アメリカ犯罪学者のイギリス犯罪学に対する理解や関心はかなり低く、彼らの論文の参考文献にはイギリス犯罪学文献の引用や紹介は極めて少ない。いわばイギリス犯罪学は無視された状況にあるが、最近はそれも改善の兆しがみられる。過去において、イギリスからアメリカに渡ったレスリー・ウィルキンス (Leslie Wilkins)、ロナルド・クラーク (Ronald Clarke)、デイビッド・ガーランド (David Garland)、さらには研究拠点をむしろアメリカにおいていたデイビッド・ファーリントン (David Farrington) などがおり、彼らによってアメリカ実証犯罪学が移植された経緯もあるし、逆にローレンス・シャーマン (Lawrence Sherman)、テリー・モフィット (Terry Moffit)、前出のシャッド・マルーナらがアメリカから大西洋を渡ってきて、イギリスにおいてアメリカ犯罪学をもたらしたこともあるだろう。それはちょうど、本書シリーズ'Ｉ'で論じたように、かつてイギリス犯罪学がヨーロッパ大陸から渡ってきたラジノビッツらの研究者から大陸の刑事政策研究によって鼓舞されたのと似ているところがある。現にガーランドは、クラークがアメリカに渡らなけ

れば現在のイギリスにおける環境犯罪学の発展は無かったのではないかと述べている。

　本書の内容については、依然として前書同様、ケンブリッジ大学犯罪学研究所名誉教授のアントニー・ボトムズ（Anthony Bottoms）教授の助言の影響がある。これは年2～3回ペースのケンブリッジ詣の成果でもあるが、会うたびに研究所やレストランで互いのトピックを披露しながら、話を進めていくうちに、互いの興味が重なりあい、そこで、ボトムズ教授からイギリス犯罪学の現状や傾向を教示してもらうことで大きな刺激となってきた。その中で最もアドホックな話題の提供を受け、その都度関連する文献や場合によっては専門家等を紹介してもらい、それがイギリス犯罪学会の動きとどのように関連するのかなどボトムズ教授と交わした私的な会話において得られた情報は限りなく有用であって、次第に私の頭の中でイギリス犯罪学の縮図が描かれるのを意識することが可能となった。

　近年のイギリスでは政府に厳しい緊縮財政政策によって、大学研究にも刑事司法機関にも大きな影響が出始めている。後者の例では、刑務所の混沌とした状況であろう。刑務官の大幅な削減によって自殺・暴力事件、逃走、暴動、薬物蔓延など手のつけられない混乱がみられるという。他方、大学での研究環境も悪化の一途を辿っている。教員給与や研究費の引き下げにより優秀な人材が集まらず、研究自体もままならないのが実態である。この分野に限らないが、キャメロン政権以降、財政緊縮のあおりを受けて非常に悪化していると言わざるを得ないであろう。その一つの給与水準は、いまやアメリカの平均的な研究者の半分とも言われ、またヨーロッパ水準からも低く、ドイツからイギリスに移ってケンブリッジ大学犯罪学研究所長を務めたフリードリッヒ・ローゼルは、筆者にケンブリッジでさえあまりの安月給に驚いたと話したことがある。このような研究環境の悪化は大学研究、大学教育に何らかのネガティブな影響を与えることは避けられないように思われる。ましてやイギリスEU離脱が実現すると、EU諸国から多くの学生、教職員を受け

入れている大学は一定のダメージを受けることが予想され、「花盛りの犯罪学」の地位もどうなることかと危惧される。そうした中で、唯一の明るいニュースが飛び込んできた。ケンブリッジ大学犯罪学研究所で、本書の'Foreword'を執筆してくれたロレイン・ゲルスソープ（Loraine Gelsthorpe）が初の女性所長に就任するというニュースである。これによって、犯罪学の世界ではいよいよ女性の時代が到来することであろう（そして、久しぶりのイギリス人所長である）。ボトムズ教授によると、第二次大戦直後ケンブリッジ大学には女性教員はわずか一人である時代があったという。ケンブリッジ研究所には21世紀になって初の女性教授アリソン・リーブリング（Alison Liebling）が誕生し、現在はゲルスソープを含め3名の女性教授がおり、そのうち1名が所長であるというのはその意味でも隔世の感がある。

　最後に本書の作成にあたり、たえず助言と勇気を与えてくれたケンブリッジ大学犯罪学研究所アントニー・ボトムズ教授、ロレイン・ゲルスソープ所長、気軽に、しかも迅速に、私の執拗な質問に対応してくれたノーサンブリア大学トニー・ワード（Tony Ward）教授、いつも実務の動向を熱っぽく説明してくれた法務省少年問題担当のハワード・ジャスパー（Howard Jasper）氏、個々の研究者の評価につき詳細な情報を提供してくれた環境犯罪学研究仲間のロンドン大学ジルダンドー研究所長リチャード・ウォートレイ（Richard Wortley）教授、貴重な時間を確保して、とりわけ警察事情につき情報を提供してくれた現職首都圏警察本部警察官で博士号取得者のライアン・ダベンポート（Ryan Davenport）氏などの海外の研究者・実務家の支援があったことを記したい。また前著同様、渡邉泰洋氏（立教大学大学院法務研究科講師）には本書の構成や校正チェックの労をとってもらい、資料の整理等ではゼミ生の天野智詞氏（元拓殖大学学生）の助力を得た。さらに、編集においては、毎度ながら、成文堂編集部の篠崎雄彦氏の手を長期間にわたって手を煩わせた。感謝する次第である。

2017年7月

著者　守　山　　正

目　　次

FOREWORD
はじめに
論文初出一覧

第Ⅰ部　犯罪学一般

第1章　1990年代ケンブリッジ大学犯罪学研究所

Ⅰ　はじめに …………………………………………………………… 3
Ⅱ　ケンブリッジ研究所の歴史 …………………………………… 3
　1　設立の前史　*3*
　2　設立の状況　*4*
Ⅲ　教員スタッフと研究 …………………………………………… 5
Ⅳ　おわりに ………………………………………………………… 7

第2章　シグナル犯罪と犯罪不安感

Ⅰ　はじめに ………………………………………………………… 14
Ⅱ　犯罪不安感をめぐる議論 ……………………………………… 15
　1　「犯罪不安感」概念の出現　*15*
　2　不安感をめぐる議論　*16*
　3　割れ窓理論に対する批判　*18*
Ⅲ　犯罪不安と「シグナル犯罪」………………………………… 22
　1　犯罪不安の構造　*22*
　2　シグナル犯罪の視点　*25*
　3　犯罪不安と統制シグナル　*26*

Ⅳ 全国「安心ポリシング」プログラム（NRPP） …………… 28
   1 安全と安心のギャップの縮減　28
   2 安心ポリシングと近隣社会の変化　29
   3 全国安心ポリシングの実施　29
   4 方　　法　30
   5 犯罪および反社会的行動　31
   6 安全と安心の感情　32
   7 警察官の視認性、警察の地域への関与、問題解決型　33
   8 警察への信頼　34
   9 集合的効力（collective efficacy）　34
Ⅴ 若干の考察──おわりに …………………………………… 35

第3章　「社会空間犯罪学」の展開

Ⅰ　は じ め に ……………………………………………………… 44
Ⅱ　ボトムズ論文の特徴 …………………………………………… 45
   1 犯罪・秩序違反行為の発生場所　46
   2 犯罪者居住の場所　49
   3 住宅市場（housing market）の役割　52
Ⅲ　場所における秩序 ……………………………………………… 54
   1 無秩序概念の重視　55
   2 シグナル犯罪の視点　57
   3 割れ窓理論と社会規範　59
Ⅳ　犯罪場所と地域社会 …………………………………………… 62
   1 集合的効力（collective efficacy）　62
   2 犯罪への近隣効果（neighbourhood effect）　66
Ⅴ　社会空間犯罪学と環境犯罪学 ………………………………… 69
   1 ECCA環境犯罪学　70
   2 ECCA環境犯罪学に対するボトムズのコメント　71

3　ホット・スポット研究　73
Ⅵ　おわりに──結論に代えて　…………………………………………　73

第Ⅱ部　警察研究

第4章　警察コミッショナーの導入──警察の民主性と政治性──

Ⅰ　はじめに　………………………………………………………………　85
Ⅱ　創設の背景・経緯　……………………………………………………　86
Ⅲ　保守党諮問文書「21世紀の警察活動」　……………………………　90
　　1　諮問文書とその特徴　90
　　2　諮問文書の構成　91
Ⅳ　PCCの権限・資格──2011年警察改革及び社会的責任法　……　92
　　1　権限と義務　92
　　2　被選挙権　94
　　3　立候補の状況　95
Ⅴ　警察犯罪対策委員会（PCP）　………………………………………　96
　　1　PCPの機能　97
　　2　PCPの構成　97
Ⅵ　PCC制度の問題点　……………………………………………………　98
　　1　PCCの政治性　98
　　2　警察の独立性　99
Ⅶ　おわりに　………………………………………………………………　99

第5章　リストラティブ・ジャスティス（RJ）の問題点 ──1998年犯罪・秩序違反法をめぐる論争──

Ⅰ　はじめに　………………………………………………………………　103
Ⅱ　1998年法とリストラティブ・ジャスティス　……………………　103

1　被害者との協議　*104*
　　　2　被害者及びその家族の支援・指導　*105*
　　　3　犯罪者の手紙による謝罪　*105*
　　　4　被害者のための直接の活動　*105*
　　　5　直接・間接の仲裁　*105*
　　　6　ファミリー・カンファレンス　*106*
　　　7　地域社会に対する修復　*106*
　　　8　被害者に対する認識　*106*
　　　9　代理被害者の利用　*107*
　Ⅲ　少年司法とリストラティブ・ジャスティス　　　*107*
　Ⅳ　リストラティブ・ジャスティスへの批判　　　*108*
　Ⅴ　おわりに　　　*110*

第6章　ストーキングの実態と対策

　Ⅰ　はじめに　　　*117*
　Ⅱ　イギリスのストーキングの状況　　　*118*
　Ⅲ　イギリスのストーキング関連法案　　　*119*
　　　1　1997年ハラスメント保護法（the Protection from Harassment Act 1997, PHA）　*121*
　　　2　民事的対応　*123*
　　　3　1997年PHAの評価　*124*
　　　4　2012年自由保護法（the Protection of Freedoms Act 2012, PFA）　*125*
　Ⅳ　イギリスのストーキング対策の実際　　　*127*
　　　1　警察の対応　*128*
　　　2　各種団体の取り組み　*130*
　Ⅴ　おわりに　　　*132*

第Ⅲ部　犯罪者の処遇

第7章　犯罪者処遇の機関連携——シームレスな刑罰の執行——

- Ⅰ　はじめに …………………………………………………… *139*
- Ⅱ　矯正と保護の歴史的経緯 ………………………………… *140*
    1. 矯正の経緯　*140*
    2. 保護の経緯　*142*
- Ⅲ　矯正と保護の機関統合 …………………………………… *144*
    1. NOMS　*145*
    2. MAPPA　*146*
- Ⅳ　シームレスな刑罰の効果 ………………………………… *147*
    1. 再犯予防に対する効果　*148*
    2. 裁判官の関与　*149*
- Ⅴ　連携のための課題と新しい動き ………………………… *150*
    1. 課題としての「データの共有化」　*150*
    2. 新しい試みとしての少年犯罪者「定着」支援　*152*
- Ⅵ　おわりに …………………………………………………… *153*

第8章　問題解決型裁判所の行方——2つの地域司法センターの評価をめぐって——

- Ⅰ　はじめに …………………………………………………… *157*
- Ⅱ　地域司法とコミュニティ裁判所 ………………………… *158*
    1. 地域司法の意義　*158*
    2. コミュニティ裁判所の先駆　*160*
- Ⅲ　イギリスにおけるコミュニティ裁判所の展開 ………… *163*
    1. 政府白書『尊重と責任—反社会的行動への対処』（2003年）　*163*
    2. コミュニティ裁判所の開業　*165*

Ⅳ　コミュニティ裁判所の評価 …………………………………………… *171*
　　　1　北リバプール地域司法センターの評価　*172*
　　　2　サルフォード地域司法センターの評価　*177*
　　　3　両裁判所の評価　*179*
　　Ⅳ　若干の考察 ………………………………………………………………… *180*

第9章　施設内自死の状況

　　Ⅰ　は じ め に ……………………………………………………………… *190*
　　Ⅱ　イギリス社会における自殺の意義 …………………………………… *191*
　　Ⅲ　施設内の自死の状況 …………………………………………………… *193*
　　Ⅳ　自殺予防策の問題点 …………………………………………………… *197*
　　Ⅴ　お わ り に ……………………………………………………………… *199*

第10章　保護観察100年――回顧と展望――

　　Ⅰ　はじめに――イギリス保護観察の現状 ……………………………… *204*
　　Ⅱ　「保護観察100年」会議の内容 ………………………………………… *206*
　　　1　概　　要　*206*
　　　2　個別報告の紹介　*208*
　　Ⅲ　お わ り に ……………………………………………………………… *225*

第11章　地域刑と1991年刑事司法法

　　Ⅰ　は じ め に ……………………………………………………………… *226*
　　Ⅱ　CJA1991年法の背景 …………………………………………………… *227*
　　Ⅲ　CJA1991年法における地域刑の位置づけ …………………………… *228*
　　　1　地域刑の性格　*228*
　　　2　地域刑の正当化　*229*
　　　3　地域刑の類型（6条4項）　*231*
　　Ⅳ　地域刑の内容 …………………………………………………………… *232*

1　プロベーション命令（8条1項）　232
　　　2　コミュニティ・サービス命令（10条, CSO）　234
　　　3　結合命令（11条）　235
　　　4　外出禁止命令（12条）　236
　Ⅴ　コミュニティ命令の執行と命令違反の扱い …………………… 237
　　　1　命令の執行　237
　　　2　命令違反（遵守条件違反）に対する治安判事裁判所の権限　238
　　　3　治安判事裁判所で科される処分　239
　　　4　刑事法院の権限　240
　Ⅵ　コミュニティ命令の修正 ………………………………………… 240
　　　1　コミュニティ命令の修正　240
　　　2　命令修正の種類　240
　Ⅶ　おわりに ………………………………………………………… 242

第12章　更生保護と社会的犯罪予防

　Ⅰ　はじめに ………………………………………………………… 247
　Ⅱ　犯罪予防をめぐる議論 …………………………………………… 248
　　　1　環境犯罪学における犯罪予防　248
　　　2　状況的犯罪予防と社会的犯罪予防　250
　Ⅲ　犯罪者処遇における状況的犯罪予防と社会的犯罪予防 …… 252
　　　1　長期刑施設に関するボトムズらの研究　252
　　　2　施設内処遇における状況的予防　254
　　　3　施設内処遇における社会的予防　255
　Ⅳ　社会的犯罪予防と更生保護 ……………………………………… 257
　　　1　社会内処遇の特質　257
　　　2　社会的犯罪予防の応用　259
　Ⅴ　おわりに ………………………………………………………… 260

第Ⅳ部　その他

第13章　キャメロン政権の刑罰政策

- Ⅰ　はじめに … 265
- Ⅱ　新政権前夜の議論 … 266
  - 1　拘禁刑から地域刑へ　266
  - 2　早期釈放制度の停止　267
- Ⅲ　新政権の主要な政策 … 269
  - 1　刑務所人口の削減　269
  - 2　短期受刑者の再犯率と地域刑の移行　271
- Ⅳ　刑事施設の代替——保釈施設の利用—— … 272
- Ⅴ　政府緑書『悪循環を断つ』の概要 … 273
- Ⅵ　ASBO政策を含む青少年犯罪対策 … 276
- Ⅶ　裁判所の閉鎖 … 279
- Ⅷ　おわりに … 281

第14章　法曹養成と犯罪学教育

- Ⅰ　はじめに … 284
- Ⅱ　イギリス犯罪学と教育機関の特徴 … 285
  - 1　犯罪学の発展　285
  - 2　研究・教育の特徴　286
  - 3　卒業生の進路　288
- Ⅲ　イギリスの法曹育成システム … 289
  - 1　仕組み　289
  - 2　2種の弁護士　289
  - 3　代表的な法科大学院　290
- Ⅳ　法曹の犯罪学専門知識の必要性 … 291

1　法科大学院における教育　*291*
　　2　法曹と犯罪学関連の知識　*291*
Ⅴ　お わ り に ……………………………………………………… *292*

　　参考文献（英字）……………………………………………… *295*
　　事項索引 ………………………………………………………… *301*
　　人名索引 ………………………………………………………… *304*
　　法令索引 ………………………………………………………… *306*

The British Criminology Studies vol.2

I   The Cambridge Institute of Criminology in 1990s
II The Fear of Crime from the Viewpoint of 'Signal Crime' Concept
III What is 'Socio-Spatial Criminology'?
IV The Introduction of The Police and Crime Commissioners: Politicised Crime Policy
V   The Controversy over Restorative Justice: Is It Useful?
VI Affection or Crime? : Treating Stalking in the Criminal Justice
VII Is the Co-operation between the Prison and the Probation for Treating Offenders Going Well? : Oil and Water Do Not Mix?
VIII The Ideal and Reality of the Community Court: the Experiment of North Liverpool
IX Why Do the Inmates Carry Out Suicide in Prisons?
X   A Century of Probation: Where Has 'Advice, Assist and Befriend' Gone?
XI The Nature of Community Penalties as Independent Sentence
XII Controlling Prisons Based on Social Crime Prevention
XIII Crime Justice Policy by the Cameron Government
XIV The Would-be Practicing Lawyers Need Criminology?

論文初出一覧

第 1 章 「1990年代ケンブリッジ大学犯罪学研究所」（改題）『ケンブリッジ大学犯罪学研究所』犯罪と非行118号188～197頁（1998年）
第 2 章 「シグナル犯罪と犯罪不安感」（改題）『犯罪不安感に関する一考察～「シグナル犯罪」論を手がかりに』拓殖大学論集（政治・経済・法律研究）17巻 1 号43～64頁（2014年）
第 3 章 「社会空間犯罪学の展開」（改題）『「社会空間犯罪学」と環境犯罪学～ボトムズ論文を契機として』拓殖大学論集（政治・経済・法律研究）18巻 1 号 1 ～28頁（2015年）
第 4 章 「警察コミッショナーの導入」（改題）『イギリスにおける警察コミッショナーの導入～警察の民主性と政治性』犯罪と非行174号160～178頁（2012年）
第 5 章 「リストラティブ・ジャスティス（RJ）の問題点～1998年犯罪・秩序違反法をめぐる論争」（改題）『イギリスのリストラティブ・ジャスティスの問題点～1998年犯罪・秩序違反法をめぐる論争』捜査研究587号13～19頁（2000年）
第 6 章 「ストーキングの実態と対策」（改題）『諸外国のストーキング実態とその対策～イギリスの状況を中心に』犯罪と非行178号123～146頁（2014年）
第 7 章 「犯罪者処遇の機関連携」（改題）『イギリスにおける矯正と保護の連携』罪と罰52巻 3 号49～65頁（2015年）
第 8 章 「問題解決型裁判所の行方」（改題）『イギリスにおける問題解決型裁判所の展開～ 2 つの地域司法センターの評価をめぐって』拓殖大学論集（政治・経済・法律研究）16巻 2 号55～78頁（2014年）
第 9 章 「施設内自死の状況」（改題）『イギリスにおける施設内自死の状況』刑政107巻 6 号28～37頁（1996年）
第10章 「保護観察100年」（改題）『イギリス保護観察100年～回顧と展望』犯罪と非行156号167～190頁（2008年）
第11章 「地域刑と1991年刑事司法法」（改題）『イギリス1991年刑事司法法と社会内処遇の性格』更生保護と犯罪予防113号 8 ～31頁（1994年）
第12章 「更生保護と社会的犯罪予防」（改題）『更生保護の存在意義～社会的犯罪予防の応用』更生保護と犯罪予防130号 1 ～18頁（1998年）
第13章 「キャメロン政権の刑罰政策」（改題）『イギリス新政権の刑罰政策』犯罪と非行169号219～238頁（2011年）
第14章 「法曹養成と犯罪学教育」（改題）『イギリスにおける犯罪学・刑事司法教育と法曹養成』犯罪学雑誌81巻 6 号174～180頁（2016年）

第Ⅰ部

犯罪学一般

第 1 章
1990年代ケンブリッジ大学犯罪学研究所

I　はじめに

　世界を見渡すと、犯罪学を扱う多くの研究所が存在する。ユニクリ（the United Nations Interregional Crime and Justice Research Institute, UNICRI）が編集した『犯罪学研究所案内』（A World Directory of Criminological Institutes）によると、1990年現在で実に400以上の機関が掲載されている。もっとも、各種学会や犯罪に関する行政機関も一部記載されているから、純粋な犯罪学研究機関はおそらくこの数分の一ということになろうが、しかし、それでも犯罪学をかざす機関の数は、世界的にみると依然大きいといわなければならない。

　よく知られるように、犯罪学は比較的新しい科学であり、その名が使われるようになって、わずか150年程度にすぎず、アメリカでさえ久しく社会学の下部領域に甘んじてきた。しかし、1990年代世界的にみて犯罪はきわめて深刻な状況にあり、どの国でも社会問題の上位に位置づけられている。上記のように「犯罪学」関連機関が多いのも、まさに時代を反映するものであろう。

　本章は、海外における犯罪学研究の動向を探るものであるが、とくに、世界的に著名で、多くの研究者を輩出しているケンブリッジ大学犯罪学研究所を以下に紹介する。[1]

II　ケンブリッジ研究所の歴史

1　設立の前史

　イギリスの1950年代は刑罰制度、とくに刑務所制度の見直しの時期であり、議会内にもそのような雰囲気が漂っていた。若年者の犯罪が継続的に増加

し、施設収容を避け非拘禁的な措置が必要とされた。しかしながら、そのような実態を研究できる訓練されたスタッフ、そしてスタッフを育成できる研究機関が不足していた。そこで、1948年刑事司法法（The Criminal Justice Act 1948）に非行原因及び犯罪者処遇に関する研究を行うための予算を確保する権限を内務大臣に与える条項が盛り込まれた。実際、その予算の一部は、ヘルマン・マンハイム（Hermann Mannheim）とレスリー・ウィルキンス（Leslie Wilkins）のボースタル予測研究やマックス・グリュンフット（Max Grünhut）の若年犯罪者の処遇研究、レオン・ラジノビッツ（Leon Radzinowicz）のプロベーション及びアテンダンスセンター研究などに当てられている。

　1957年、内務省内に研究部（Research Unit）を創設した内務大臣バトラー卿は、さらに大学内にも研究所を創設する必要を感じ、とくにハワード・リーグ（the Howard League of Criminal Justice）のマージャリー・フライ女史（Margery Fry）からの助言を受けて各大学の学長宛にその旨を打診した。当時、有力な犯罪学者であった、ロンドン大学（LSE）のマンハイムとオックスフォード大学のグリュンフットが退職間近にあり、そのような犯罪学研究の将来への危機感も、犯罪学研究所の創設を急がせた。当初、社会科学や精神医学の研究ではロンドン大学が一歩先んじていたが、所長の有力な適任者がいないこと、すでに多くの研究所が存することなどの理由からロンドン大学設置案は見送られ、犯罪科学科（Department of Criminal Science）の長を務めるラジノビッツのいるケンブリッジ大学が選ばれた。創設の資金は、なるべく政府から独立していることが望ましいとの配慮から、かねてから交渉中のアイザック・ウルフソン財団により提供された。

　このイギリス初の犯罪学研究所創設の経緯は、1959年政府白書「変化する社会における刑罰実務（Penal Practice in a Changing Society）」に記述されただけでなく、当時マスコミも注目するところとなり、有力紙が特集を組むなど大々的に報じられた。

2　設立の状況

　こうして1959年、イギリスで大学内に初めて単独の犯罪学研究所（institute of criminology）が設立された。これがケンブリッジ犯罪学研究所（Cambridge

Institute of Criminology）である。直接の資金はウルフソン財団によるものであったが、当初その設立計画を立案したのは、ハワード・リーグ協会であった。そして、イギリスの刑罰改革に多大な功績のあったフライ女史などの協力もあり、最終的には内務大臣の指導の下、ケンブリッジ大学法学部の所属として犯罪学研究所が設立されたのである。この背景には、当時イギリスに犯罪学の研究・教育を行う研究所がなく、大学内にも犯罪学教授のポストあるいは犯罪学の学位がなかったことが挙げられる。

しかし、この設立活動の背後で真に力があったのは、ポーランド出身でユダヤ系のレオン・ラジノビッツ卿であった[2]。彼は、初代所長（在職期間1959-1972）となり、各種の研究資金を獲得して、同研究所の繁栄に大きな足跡を残している。とくに、彼は同研究所の方向性を一次的な研究機関、また大学院教育機関と定め、研究内容も法律、社会学、社会政策、心理学というきわめて学際的な研究機関を目指し、付属の図書館も国際的な視野にたって各種の資料を収集してきた。同図書館は、ラジノビッツ退職後、その功績を認め彼の肖像画を掲げて「ラジノビッツ図書館」と命名された。

ラジノビッツ後、所長はナイジェル・ウォーカー（Nigel Walker, 在職期間1973-1981）、ドナルド・ウエスト（Donald West, 同1981-1984）、アントニー・ボトムズ（Anthony Bottoms, 同1984-1998）が順次継承している。そして、近くボトムズ所長も退任が予定されている。

III 教員スタッフと研究

ケンブリッジ研究所の特色の第1は、その継続性である。教員スタッフ、事務職員とも比較的勤続年数が長い。設立後約40年間で所長は、上記のようにわずか4人にすぎないし、研究スタッフの異動も少ない。わずかにコリン・サムナー（Colin Sumner）が個人的な理由で他大学へ異動し、アリソン・モリス（Allison Morris）がニュージーランドに長期の出張中という状況にすぎない。

第2に、同研究所と内務省との関係である。従来より、内務省との強い関係が指摘され、いわば御用研究機関という色彩が強く、急進派から批判され

た時代もあったが、こんにち格別の関係はない。もっとも、内務省助成の研究費は依然、大きな研究資源となっているのは事実である。その結果、政策立案に直結した研究傾向が強く、したがって、理論的ないし方法論的な傾向というよりも、実証的な傾向が強い。

1998年現在の教員スタッフとその研究領域は以下のとおり。

①デイビッド・トーマス（David Thomas）

研究所のなかで数少ない法律家の一人。准教授（Reader）。イギリス法の量刑研究の第一人者。彼の著書 'Principles of Sentencing'（1970）、'Current Sentencing Practice'（1997）は、刑事裁判所で日々参照されており、若手裁判官の研修にも積極的に関与している。

②アドリアン・グランズ（Adrian Grounds）

講師、法廷精神科医。ケンブリッジ大学付属アッデンブルック病院での診療も行う。基本的には人格障害に関心を持っており、近年、拘置所収容者の精神衛生状況を調査したり、あるいは入院命令を受けた精神障害性犯罪者の地域ケアなどについての実証研究を行っている。

③デイビッド・ファーリントン（David Farrington）

心理学教授。彼の名は、イギリスにとどまらずアメリカでもきわめて著名である。とくに彼の名を有名にしたのは、ウエスト教授と行った長期のバース・コーホート研究である。これはケンブリッジ非行歴研究（CSDD）とよばれ、ロンドンの労働者階級男児（8歳・9歳）411名につき40歳までの犯罪・非行歴を追跡したもので、公的統計と面接調査を用いて行っている。

④ロレイン・ゲルスソープ（Loraine Gelsthorpe）

社会学系講師。研究所における数少ない女性研究者の一人。イギリスを代表するフェミニスト犯罪学者。最近、とくに治安判事裁判所における量刑の性差につき、実証研究を実施中。

⑤アントニー・ボトムズ（Anthony Bottoms）

現所長。ウルフソン講座教授。オックスフォード大学で法律、ケンブリッジ大学で犯罪学を学び、一時保護観察官も経験。若くしてシェフィールド大学教授、法学部長を歴任した。研究としては、都市犯罪とそれに関連する環境犯罪学に関する著作が多い。また、犯罪者処遇にも関心をもち、初期には

非行少年の中間処遇、長期刑施設における秩序維持などに関し、実証的研究がある。

⑥トレバー・ベネット（Trevor Bennett）

上級講師。警察、犯罪予防研究が主。とくに、イギリスにおける近隣監視の研究で著名。また、最近では、警察署における被逮捕者の任意薬物検査を研究中。

⑦ペル・オルフ・ウィクシュトローム（Per-Olof Wikström）

スウェーデン人。ストックホルム犯罪非行研究所から1997年に異動。講師。比較犯罪学、環境犯罪学などに関心を有する。

⑧アンドリュー・ボン・ハーシ（Andrew Von Hirsch）

ドイツ系アメリカ人。客員名誉教授。1990年代初めにアメリカのニューヨーク大学から異動。いわゆる典型的なジャスト・デザート論者。

上記のほか、研究員として、アリソン・リーブリング（Alison Liebling）は刑事施設内の自殺、刑務所民営化を専門とし、最近では施設内での収容者行動への誘因や特典の影響を研究する。近年スタッフとなったジャネット・フォスター（Janet Foster）は民族学者であり、都市犯罪に関心を示す。同様に、新しくスタッフに加わったベン・ボーリング（Ben Bowling）は犯罪と人種差別の関係を、またケイト・ペインター（Kate Painter）は街頭照明と犯罪予防の関係を研究する。

なお、積年のライバル関係にあるボトムズ、ファーリントン両者とも、近年イギリス科学アカデミーの会員に選出される一方で、アメリカ犯罪学会その他の世界規模の学会からも貢献が認められ各種受賞するなどの活躍が目立つ。なお、ファーリントンは、アメリカ犯罪学会（ASC）の次期会長に就任予定である。

Ⅳ　おわりに

いうまでもなく、ケンブリッジ大学はオックスフォード大学と並んで、イギリスを代表する伝統的な大学である。そのなかにあって、ケンブリッジの犯罪学研究所は規模自体さして大きいものではなく、施設も個人の邸宅を改

造したものにすぎず、名声のわりに地味な存在である。しかし、ようやく改築計画が進み、数年後には法学部棟が新築された場所に隣接して、近代的な研究所棟の完成が予定されている。今年末、ボトムズが所長職を辞することになっており（ウルフソン講座教授職は継続）、現在後任者を公募中である。ボトムズ所長の退任、新研究所棟の完成とケンブリッジ犯罪学研究所も新世紀を間近に、一時代の終焉といえよう。

同研究所には、これまでわが国からも多くの研究者が滞在している。所長経験者のウォーカー教授、ボトムズ教授はいずれもアジア生まれということもあって、わが国への関心が高い。とくに、ボトムズ教授は1997年に初めてわが国を訪問し、いっそうわが国の犯罪統制のあり方に関心を強めている。いよいよ、同研究所は、今後、若手犯罪学者育成の大学院として発展するだけでなく、世界中の犯罪学者との交流を深め、比較研究を推進していくものと期待される。

1) ケンブリッジ大学犯罪学研究所の状況については、守山　正『イギリス犯罪学研究Ｉ』3頁以下でも紹介している。
2) レオン・ラジノビッツ卿（Sir Leon Radzinowicz）(1906-1999)は、ポーランド系ユダヤ人。パリで高等教育を受け、その後イタリアに移り、エンリコ・フェッリの指導の下、法学士、法学修士を取得。ポーランド・クラクフ大学で法学博士号取得。ジェノバ大学、ワルシャワ自由大学で助手を務めたあと、1937年、ポーランド政府の代表でイギリス刑罰制度を研究するために渡英したとされるが、現実は政治難民であった。ケンブリッジ大学で法学修士、法学博士号を取得したのち、一時国連の社会防衛局に勤務。1959年にケンブリッジ大学ウルフソン教授、60年にケンブリッジ犯罪学研究所の初代所長に就任。その後、数多くの要職に就き、賞も総なめにしている。1970年京都国連会議の際、来日している。政府よりナイト爵位が授与されている。

主著としては、1948年に刊行された「イギリス刑法の歴史　第１巻」（A History of English Criminal Law vol.1)（ロジャー・フッドとの共著を含め計５巻刊行されている）、1965年コロンビア大学での講演をまとめた「イデオロギーと犯罪」（Ideology and Crime）が著名である。

ラジノビッツ氏は上記のように多くの業績を残し、また多言語を駆使した世界的な活躍にもかかわらず、彼の人格に対する評価は「政治家」「策士」などと必ずしも芳しくなく、一般には奇異な性格で知られている。
3) 日本に滞在中、国士舘大学、甲南大学で講演を行なったほか、法務省、府中刑務所を見学している。

第1章　1990年代ケンブリッジ大学犯罪学研究所　9

〈研究スタッフの1990年代論文一覧〉
・Trevor Bennett
Bennett, T. H., Evaluating Neighbourhood Watch, Aldershot: Gower, 1990. Bennett, T. H., The Effectiveness of a Police-initiated Fear-reducing Strategy, British Journal of Criminology, 31 (1), pp. 1-14, 1991.
・Anthony Bottoms
Bottoms, A. E. and P. Wiles, Crime and Insecurity in the City, In: C. Fijnaut et al.(eds.), Changes in Society, Crime and Criminal Justice in Europe, vol. I, Crime and Insecurity in the City, The Hague: Kluwer Law International, 1995.
Bottoms, A. E. and P. Wiles, Environmental Criminology, In: M. Maguire et al. (eds.), The Oxford Handbook of Criminology, (2nd ed.), Oxford: Clarendon Press, 1997.
Sparks, R., A. E. Bottoms and W. Hay, Prisons and the Problem of Order, Clarendon Press, 1996.
・Ben Bowling
Bowling, B., Violent Racism; Victimization, Policing and Social Context, Oxford: Clarendon Press, 2001.
・Adrian Grounds
Dowson, J. H. and A. T. Grounds, Personality Disorders: Recognition and Clinical Management, Cambridge: Cambridge University Press, 1995.
Robertson, G. and A. Grounds et al., A Follow-up of Remanded Mentally Ill Offenders Given Court Hospital Orders, Medicine Science and the Law, 34, pp. 61-66, 1994.
・David Farrington
Farrington, D. P., The Development of Offending and Antisocial Behaviour from Childhood: Key Findings from the Cambridge Study in Delinquent Development, Journal of Child Psychology and Psychiatry, 36, pp. 929-964, 1995.
Farrington, D. P. and D. P. Hawkins, Predicting Participation, Early Onset, and Later Persistence in Officially Recorded Offending, Criminal Behaviour and Mental Health, I (1), pp. 1-33, 1991.
Farrington, D. P and P-O. Wikström, Changes in Crime and Punishment in England and Sweden in the 1980 s, Studies on Crime and Crime Prevention, 2, pp. 142-170, 1993.
Reiss, A. and D. P. Farrington, Advancing Knowledge about Co-offending: Results from a Prospective Longitudinal Survey of London Males, Journal of Criminal Law and Criminology, 82 (2), pp. 360-395, 1991.
・Janet Foster
Foster, J., Docklands: Cultures in Conflict, Worlds in Collision: Redeveloping a Docklands Community, London: UCL Press, 1999.
Foster, J. and T. Hope, Housing, Community and Crime; The Impact of the Priority

Estates Project, Home Office Research Study no. 131, London: HMSO, 1993.
- Lorain Gelsthorpe

Gelsthorpe, L. R., Feminism and Crime. In: M. Maguire et al. (eds.), The Oxford Handbook of Criminology, (2nd ed), Oxford: Clarendon Press, 1997.

Gelsthorpe, L. R. and N. Loucks, Magistrates' Explanations of Sentencing Decisions, C. Hedderman and L. Gelsthorpe (eds.), Understanding the Sentencing of Women, pp. 23-54. Home Office Research Study no. 170, London: HMSO, 1997.

Liddle, M. and L. R. Gelsthorpe, Inter-Agency Crime Prevention ; Organising Local Delivery, Home Office Crime Prevention Unit Paper no. 52. London: Home Office, 1994a.

Liddle, M. and L. R. Gelsthorpe, Crime Prevention and Inter-Agency Co-Operation, Home Office Crime Prevention Unit Paper no. 53. London: Home Office, 1994b.
- Alison Liebling

Liebling, A., Suicides in Prison, London: Routledge, 1992.

Liebling, A. and H. Krarup, Suicide Attempts in Male Prisons, London: Home Office, 1993, Report to Home Office.
- Kate Painter

Painter, K., Street Lighting, Crime and Fear of Crime: A Summary of Research, T. Bennett (ed.), Preventing Crime and Disorder, Cambridge: Institute of Criminology, 1996.

Painter, K. and D. P. Farrington, The Crime Reducing Effect of Improved Street Lighting: the Dudley Project, R.V.G. Clarke (ed.), Situational Crime Prevention: Successful Case Studies, (2nd ed), Albany, NY: Harrow and Heston, 1997.
- David Thomas

Thomas, D. A., Current Sentencing Practice, London: Sweet and Maxwell, 1997.
- Von Hirsch

Von Hirsch, A., Censure and Sanctions, Oxford: Clarendon Press, 1993.
- Per-Olf Wikström

Wikström, P-O., Urban Crime, Criminals and Victims, New York: Springer-Verlag, 1991. Wikström P-O., Communities and Crime, M. Tonry (ed.), The Oxford Handbook in Crime and Punishment, New York: Oxford University Press, 2000.

McClintock, F. H. and P-O. Wikström, The Comparative Study of Urban Violence: Criminal Violence in Edinburgh and Stockholm, British Journal of Criminology, 32 (4), pp. 505-520, 1992.

〈参考文献〉
- Lord Butler, The Foundation of Institute of Criminology in Cambridge, R. Hood (ed.),

Crime, Criminology and Public Policy, 1974.
・Radzinowicz, L., The Cambridge Institute of Criminology, 1988.
・Bottoms, A., The Cambridge Institute of Criminology, European Journal on Criminal Policy and Research vol.6, pp.143-151, 1998.

〈追記〉

　ケンブリッジ大学犯罪学研究所の現状については若干、前著でも紹介した（「はしがき」、第1章「イギリス犯罪学の成立と展開～3人の大陸系巨匠の貢献」参照）。ここでは、現在（2017年4月）の同研究所教員の動向について概観しよう。といっても、教員、研究職員の新旧交代が著しく、必ずしも正確な情報があるわけではない。

　教授陣からみると、前所長のローレンス・シャーマン（Lawrence Sherman, エビデンスに根ざす警察研究・修復的司法）、マニュエル・アイスナー（Manuel Eisner, 心理学・発達犯罪学）、アリソン・リーブリング（Alison Liebling, 研究所初の女性教授。刑務所研究）、ロレイン・ゲルソープ（Loraine Gelsthorpe, 現所長。少年法、社会内処遇、女性犯罪）、ペル・オロフ・ビクシュトローム（Per-Olof Wikström, 生態犯罪学）、ヒーザー・ストラング（Heather Strang, 修復的司法）がいる。このうち、イギリス人はリーブリングとゲルソープのみであり、あとはアメリカ、スイス、スウェーデン、オーストラリア出身者であって、デイビッド・ファーリントン（David Farrington）を最後にイギリス人男性教授が存在しないのも時代を感じさせるものがある。教授以下の他の教員も多くの国籍に別れており、これが国際色豊かな同研究所の特徴でもある。また、講師陣で目立つのは、ガーナ出身で博士課程を最短で終えたジャスティス・タンケビ（Justice Tankebe, 警察研究）、イタリア出身で組織犯罪を研究するパオロ・カンパーナ（Paolo Campana）などの若手研究者である。

　2009年、ケンブリッジ大学犯罪学研究所は50周年を迎え、記念式典を開催し、またその歴史を記述する記念誌が刊行された。それによると、その年はケンブリッジ大学創設800年に当たり、50年前に創設された同研究所のことを「750歳の母親（ケンブリッジ大学）が養子にした新しい赤子」と記されている。記念式典の数年後、研究所の発展に貢献したボトムズ元所長の肖像画が同図書館のラジノビッツに次いで、所内に飾られるなどの式典が続いている。しかし、上述のように研究所を支えるのは多くは外国人研究者であり、ボトムズの後を継いだのはアメリカ人のマイケル・トンリィ（Michael Tonry）、ドイツ人のフリードリッヒ・ローゼル（Friedrich Lösel）、さらにはアメリカ人シャーマンであり、この20年以上イギリス人所長を輩出していないのは、イギリス犯罪学の人材不足との関わりも考えられ、さらに自然科学分野と同様に、英字論文による研究発表が普及し一般的になって、多様な国々の研究者が研究成果を発信し始めたことが原因であろう。

　研究所全般の研究動向をみると、大きく二つに分かれる。一つはシャーマン所長の影響から警察研究や修復的司法研究が進んでいる点であろう。シャーマンはユダヤ系アメリカ人であり、メリーランド大学教授も兼職するなどアメリカ犯罪学とも連動し、かつスウェーデン政府が主催するストックホルム犯罪学賞（同賞については、拙稿「ストックホルム犯罪学賞と環境犯罪学」犯罪と非行180号108頁以下、2015年参照）の主任審査員を勤めるなど、世界の犯罪学研究に大きな影響力をもたらしている。一部にシャーマン所長にはビジネス指向が強すぎるなどの批判もみられるし、実際、世界のいくつかの

大学でインターネットを通じて授業を行ったりしているが、他方で近年インド政府からの大型委託研究案件を受けるなど、ケンブリッジ研究所ひいてはケンブリッジ大学の運営資金集めに相当の貢献をしているのも事実である。もう一つはリーブリングの研究動向に呼応した動きであり、刑務所研究なかでも施設内自死（本書第9章参照）に対する研究が盛んである。そのほか、ボトムズの流れをくむ社会内処遇・地域刑研究にはゲルスソープ、刑罰の正統性をめぐる議論では上述タンケビなどがいる。

　これらのケンブリッジ犯罪学の共通の特徴は、基本的には実証研究（empirical research）であり、データ中心（data-oriented, evidence-based）の研究であって、理論中心のオックスフォード大学犯罪学センター（The Oxford Centre for Criminology）とはきわめて対照的である。残念ながら、以前は有力な精神医学（たとえばAdrian Grounds）や法学の専門家（たとえばDavid Thomas）を擁した研究所も現在は姿を消しているし、わずかにボトムズやボン・ハーシの研究は認められるものの、理論研究が乏しいのはやや物足りない印象ではある。1961年当時のラジノビッツ主導の法学研究は、その後廃れていると言わなければならない。

　また、これまでに多くの日本人研究者や学生が同研究所で学び研究しているが、実際には滞在中研究所で頻繁に専任教員と接触している者は少なく、また帰国後のアクセスも少ない。このようにせっかく同研究所との関係がありながら、持続的に共同研究を行うような体制がわが国にはないのは残念というほかはない。

　なお、「はしがき」にも記述したように、2017年10月ケンブリッジ大学犯罪学研究所の新所長にロレイン・ゲルスソープ教授が就任した。初代レオン・ラジノビッツに始まり、ナイジェル・ウォーカー、ドナルド・ウェスト、トニー・ボトムズ、マイケル・トンリー、フリードリッヒ・ローゼル、ラリー・シャーマンを経て、第8代所長に女性が初めて就任した。しかもボトムズ以来のイギリス人である。シャーマン所長時代、やや研究所運営がビジネスに傾きがちであったが、オーソドックスな学究者であるゲルスソープがどのような手腕を発揮するのかが注目される。

第2章
シグナル犯罪と犯罪不安感

I　はじめに

　全世界的に犯罪減少期を迎える中、犯罪問題は次第に、地域における犯罪や秩序違反行為（disorder）[1]に対する不安感の問題に転化する傾向にある。なかでもイギリスでは、犯罪減少傾向が地域住民の不安感除去と連動しておらず、そのギャップないし乖離が大きな政治問題として捉えられている。つまり、犯罪が統計上、あるいは実態として深刻ではないにもかかわらず、犯罪不安、つまり住民が犯罪や秩序違反行為に遭遇すると考える比率や度合が低下するどころか、上昇する方向性が指摘されている。この問題は、近年、わが国においても「安全」と「安心」の乖離問題として理解されるようになりつつある。[2]

　「犯罪不安（fear of crime）」という語がメディアに現れるようになるのは、後述するように、アメリカでは1960年代中頃とされる。[3]当時、この概念は、黒人の人権運動などを背景に白人中流層の不安を示すものとして、人種間対立の象徴を表すものであった。しかし、その後次第に、犯罪学研究に組み込まれ、一般的には、階級対立、人種間対立という社会問題から日常生活で遭遇する犯罪被害リスクとしての個人の問題、ないしは犯罪が多発する地域の問題へと展開した。すなわち、今日では個人や地域が被害に遭遇するリスクを知覚する語として定着している。さらに、1990年代に入ると、欧米諸国では、犯罪不安が政治の中核に据えられるようになり、とくにイギリスでは政権与党だけでなく、野党も多くの住民の支持を獲得するために、不安感除去の政策を展開し始めたのである。

　このような中、最近、地域住民の犯罪不安感に影響を与える要素として、日常生活でめったに遭遇しない凶悪犯罪よりも日々繰り返される秩序違反行

為、たとえば典型的には若者が飲酒して深夜騒ぐなどの行動の方が不安であるという見解が示されており、犯罪不安と犯罪そのものよりも秩序違反行為との関係が重視されるようになっている。[4]そこで、本章では、こんにちイギリスで急激に注目を集めているマーティン・インズ（Martin Innes）の「シグナル犯罪（signal crime）」論に着目し、この視点が犯罪不安感の考察にどのような影響を与えているかを検討する。そして、この視点ではどのような対策が可能なのかにも言及し、わが国の対応への示唆を考察する。

II　犯罪不安感をめぐる議論

1　「犯罪不安感」概念の出現

　犯罪学の展開において、この概念は1960年代中頃、アメリカ政府が犯罪の正確な算出を意図して行った全国世論調査における副産物として出現した。つまり、公的犯罪統計に対する疑念から、大統領法執行・司法行政委員会（The President's Commission on Law Enforcement and Administration of Justice）が3種の調査を行っている。その目的は記録されない被害化（victimization）、つまり犯罪暗数を算出することであったが、これらの調査には犯罪一般に対する公衆の不安の程度に関する質問も含まれており、この調査結果で、犯罪に対する国民の不安感が明らかにされたのである。[5]但し、ここで注意すべきは、先述のように、この犯罪不安は中流階級の白人層の間で貧困者や黒人の市民権拡大という政治状況に対する危機感から生まれたもので、当初はとくに黒人への恐れであったとも言われる。しかし、その後、不安感研究は純然たる犯罪学調査目的として、しかも幅広い視点から行われ、階級間の不安というよりも個人や地域の被害不安へと移行した。

　いずれにせよ、この調査結果をまとめた1967年出版の大統領委員会報告書『自由社会における犯罪の挑戦（the Challenge of Crime in a Free Society）』[6]では、きわめて率直に、「犯罪不安は、多くのアメリカ人の基本的な生活の質（quality of life）を侵食する」と書かれており、まさしく今日の問題状況と通底するところがある。すなわち、この報告書によると、犯罪多発地域では、回答者の

43％が夜間外出を控え、35％が近隣住民との会話がなく、21％が夜間は自動車を利用すると答えている。さらに、犯罪不安ゆえに、20％が他の地域に引っ越したいと述べている。このような当時の社会状況から、アメリカでは夜間の一人歩き回避、銃の所持、番犬などの自衛行動がこの頃から顕著になったと言われる。さらに、同報告書では、犯罪不安が人種、所得、性別、被害経験によっても異なる点も指摘し、とくに、女性、非白人、低所得の者は高いレベルの不安を示したという。但し、予想されたほど、被害体験と犯罪不安は相関していないとも論じている[7]。

　同報告書の分析自体は、こんにちの不安感研究の質や量に照らすと必ずしも十分ではなく、結論も単純であるが、この報告書が出版されたことを契機として、1970年代後半から、アメリカでは夥しい不安感研究がみられるようになり、いわばこれが不安感研究の出発点となった意義は大きい。1960年代に早くも、「犯罪不安は社会秩序を破壊し、社会性や相互信頼を低下させる」といった指摘を行っていることは、こんにちの研究成果からみても、注目に値するであろう。

2　不安感をめぐる議論

　犯罪不安感をめぐる議論については、大きく次の３つの見方に分類されている[8]。第１は、一定地域における犯罪被害化レベルを問題とする議論である。つまり、地域レベルの不安感を研究対象とする[9]。通常では、地域の犯罪（被害化）レベルが高いほど不安感は高く、逆に犯罪レベルが低ければ不安感は低いという仮説が成り立つ。しかしながら、比較的多くの研究がこれを否定している。つまり、犯罪レベルが高い地域でも犯罪不安感の低い地域がみられ、また、逆に犯罪レベルが低くても不安感が高い地域も存在するからである。実際には、不安レベルは現実の犯罪レベルよりも高いのが一般とされる[10]。第２は個人単位の不安感を問題とする。つまり、不安の表明は、個人の自己確認された犯罪脆弱性（vulnerability）や個人属性（女性、子ども、老人など）、その他類似の変数を反映するという主張で、この不安の源泉は社会心理的ないしは社会人口統計的な傾向に比較的強く由来する。第３は、社会環境において、不安レベルと秩序行為違反・犯罪の知覚の結合に焦点を当てる考え方である。

この立場は、人々とその置かれた状況を結びつけ、その状況を人々がどのように理解しているかという観点から、個人によるリスクの解釈と定義の役割を強調する。

この第3の立場に属するのが、下記の割れ窓理論であり、さらには本稿が扱うシグナル犯罪の見方である。

これとは別の分類も検討されている[11]。これによると、犯罪不安感との関係で、①犯罪機会論（crime opportunity theory）、②人口統計論、③社会理論、④環境論などに分類され、①は、言うまでもなくマーカス・フェルソン（Marcus Felson）らの日常活動理論（routine activity theory）を始めとする環境犯罪学（environmental criminology）である。この理論では、犯行者は犯罪機会を探し増やす努力を行うし、他方で潜在的被害者は時間や場所をリスキーであるとか脅威であるとか定義して、それらを回避しようとする。そこで、この分類では、象徴的相互作用主義などとミクロ規模で連動して適用すれば、犯罪機会論も犯罪不安の空間的時間的分布を明らかにすることができるとされる[12]。理論的には確かに犯罪機会が提供される場所や時間は犯罪不安が高いことが予想されるが、実際には環境犯罪学は犯罪不安について直接言及しておらず、環境犯罪学研究者がこれについて、どのように回答するかが注目される。

②は被害化（victimization）論として、犯罪不安と直接・間接の被害経験や社会的な犯罪脆弱性との関係を明らかにしようとする。いうまでもなく、直接の被害経験者は将来の被害リスクに敏感であり、非経験者にくらべ、一定の状況を危険と定義しやすく、リスク知覚が高いことが明らかにされている[13]。問題は、その被害が人口統計的に一部の人々に集中している事実である。そこで、この視点は、どのような社会階層、性別、人種が被害に遭いやすいか、犯罪不安感が他よりも高いかを検討しようとする。

③は、伝統的にはシカゴ学派に由来し、社会解体（social disorganization）論などの主張であるが、近年ではこれに加えて、リスク社会（risk society）論が優勢である。リスク社会論によると、犯罪不安は人々の生活に対する危険や不確実性の広範な感情の表現として概念化されるという。その主唱者はよく知られるようにウルリッヒ・ベック（Ulrich Beck）やアントニー・ギデンズ（Anthony Giddens）であるが、彼らはマクロ的に社会の工業化過程が、多くの新規で予

測不能な統制できないリスクを生み出したと主張した。しかし、日常生活における犯罪不安と直接関連するのは、シカゴ学派の視座である。すなわち、1920年代以降、シカゴ大学社会学部の研究者は都市の犯罪や犯罪不安の問題に取り組み、なかでもクリフォード・ショーとヘンリー・マッケイ（Clifford Shaw and Henry McKay）は、社会解体論を提唱し、地域の社会組織の解体は犯罪や非行を招くと主張した[15]。その中核は都市論であったが、犯罪学ではこんにち古典的研究の代表として扱われている。これをさらに現代の文脈に置き換えると、犯罪不安問題までその視野は拡張される。すなわち、地域社会が崩壊し、社会的紐帯が薄れ、それによって統制されない若者の行動は住民の不安を増幅するからである。このシカゴ学派の伝統を引き継ぐのがロバート・サンプソン（Robert Sampson）であり、まさしく彼は犯罪不安について多くの論文や著作を上梓している。そのなかで、サンプソンは 'collective efficacy（集合的効力）'[16] という概念を打ち出し、地域社会にこの要素が存在すると、犯罪削減効果がみられ、したがって犯罪不安感を低減すると主張している。

④がまさにインズ（Martin Innes）の主張に近い。すなわち、犯罪不安に与える秩序違反行為（anti-social behaviour, disorder）や不品行（incivility）の影響を重視する立場である。もちろん、有力説という意味では割れ窓理論も注目されるが、後述するように、近年ではこの④グループ内部での論争がみられ、以下にみるように、割れ窓理論に対する強力な批判がみられる。

3 割れ窓理論に対する批判

1980年代アメリカの不安感研究で特筆すべきは、割れ窓理論（broken windows theory）が提唱されたことであろう。すなわち、犯罪不安を削減して地域の安全を促進するうえで警察の役割について画期的な理論を提供したからである。この理論はこんにちでも多くの研究者が言及し、引用し、いわば不安感研究の遺産的存在である。この理論がとくに注目を集めたのは、よく知られるように、当時犯罪多発に悩まされていたアメリカ合衆国ニューヨーク市がこの理論を適用して犯罪対策に当たり、成果を収めたとされるからである[17]。また、研究者の間でも比較的好評であったのは、内容的に人々の常識

に合致し、経験的な直感とも通じていたからであろう。しかも、いち早く、秩序違反行為に注目し、警察の目を犯罪だけでなく秩序違反行為にも向けさせた点は、犯罪学上きわめて意義が大きい。

割れ窓理論は、1982年にジェームズ・ウィルソンとジョージ・ケリング（James Q. Wilson and George L. Kelling）が唱えた理論で[18]、その後、1996年にはケリングがキャサリン・コールズ（Catherine M. Coles）との共著で改訂している[19]。その主張はきわめて単純で、地域社会において軽微な犯罪や秩序違反行為に注意を払わなければ、当該地域は衰退し、凶悪な犯罪に発展して犯罪多発地帯に転じるとした。この場合、「割れ窓」は文字通り隠喩であり、住宅の窓が一枚破られたとき、地域住民が警察などに通報することなく、また修復もしないまま放置すると、これらの住宅や地域はこの種の問題に関心がない、あるいは寛容であると犯行者は考え、さらに多くの窓を割るようになる。その結果、地域環境の悪化とともに、次第に重大な犯罪や違反行為へと変化し、他方で他の場所からもこの種の犯罪や違反を行う者がこの地域に移住するようになり、いわば犯罪地帯化する、というのである。言い換えれば、未修復の割れ窓を放置すると、誰も気にしないというシグナルが潜在的犯行者を含む不特定の人々に伝達されることになる。そこで、地域住民が軽微な地域問題であっても関心を持つことが犯罪予防に繋がり、警察も重大犯罪だけでなく些細な秩序違反行為にも適切な対応が必要であると説いたのである。このように、割れ窓理論は地域の犯罪不安の要因を解明し、かつその対策を示唆した。

割れ窓理論は要約すると、次の諸点を主張する[20]。

① 秩序違反行為と犯罪不安は非常に強い関連がある
② 秩序違反行為の放置は地域統制の崩壊に繋がり、ゆくゆく重大な犯罪に至る
③ 地域統制の崩壊した地域は他の場所からの犯罪者の侵入に対して脆弱である
④ 秩序維持における警察役割の本質は、地域自体のもつ非公的統制メカニズムを補強することである
⑤ 秩序違反する者が生む問題は、集団が生む問題ほど大きくない

⑥　地域が異なれば街路の利用ルールも異なる
⑦　地域が異なれば秩序違反行為に対する管理能力も異なる

　近年、このような主張を行ってきた割れ窓理論に対する批判が目立っている。

　割れ窓理論の著者が最も主張したかった論点は、上記のうち②であろう。そこで問題となるのが、はたしてこの主張は実証されているかという点である。実は、あまり知られていない事実として、割れ窓理論は、著者自らが実証的調査を行って結論に達したというよりも、他の理論をいくつか組み合わせて構築された理論であることである。基になった理論の中で著名なのは心理学者ジンバルドーの実験である。1960年代フィリップ・ジンバルドー（Philip Zimbardo）の研究チームは、アメリカの2ヶ所を実験場所として選択し、それぞれ1台の中古自動車を意図的に放置して、地域住民がどのような反応を示すかを調べた。その地区の一方は極めて治安の悪いニューヨーク市ブロンクス（Bronx）地区、他方は高級住宅街で名高いカリフォルニア州サンタクララ郡パロ・アルト（Palo Alto）地区であった。実験の結果、ブロンクス地区では自動車放置後10分以内に通行人によって破壊され始め、26時間後には全部品が盗み出され、3日経過後には全面的に破壊された。ところが、一方のパロ・アルト地区では2週間放置した後も誰も破壊することはなかった。そこで、実験者はあえてその車の窓を破壊して放置し、さらに様子をみたところ、ここでも数時間後には車はほぼ完全に破壊された。ジンバルドーの仮説は、「ある地域において統制されていない証拠があり、犯罪行動が許容されることを示す視覚的手がかりがあれば、個人は逸脱に駆り立てられる」[21]というものであった。

　割れ窓理論に対する批判もまさしくこの点にある。つまり、割れ窓理論はジンバルドーの理論を応用して、放置された軽微犯罪・秩序違反行為は、やがて当該地域社会の崩壊サインとなり、これが後に重大な犯罪を招来することになると結論づけたが、実際には、この結果は検証されていないのではないか、という批判である。この点については、多くの議論がみられ、割れ窓理論の主張を実証的に否定する研究者としては、次の論者がいる。①バー

ナード・ハーコート（Bernard E. Harcourt）の見解[22]。彼によると、唯一確認できた相関関係は秩序違反行為と強盗パターンだけであったという。しかし、強盗は下層階級の若者が集団で行うのが典型であり、その目的もスリルや仲間間の地位向上である。さらに薬物中毒者も金欲しさに強盗を行うことがよくみられる。このようなハーコートの研究知見を勘案すると、これらの行動はいわば社会的無秩序であって、秩序違反行為の放置が重大な犯罪を招くという結論とは異なるという。②ラルフ・テイラー（Ralph Taylor）の見解[23]。彼は、割れ窓理論が不品行レベル、犯罪不安、警察記録犯罪の間の関係を説明しようとする点で、秩序違反行為に関連する論文の中では最も精緻であり、当該テーマの研究を因果的、長期追跡の立場に転換した点では重要な論文であるとはしながらも、秩序違反行為が不安を引き起こし、続いて犯罪を引き起こすという長期的公理としては証拠が弱いと指摘する。③サンプソンとステファン・ローデンブッシュ（Stephen Raudenbush）の見解[24]。彼らは、割れ窓理論の中心仮説自体に反対する。つまり、犯罪と秩序違反行為の概念的識別そのものが問題であるとする。むしろ、犯罪も秩序違反も集合的効力（collective efficacy）レベルで相互作用する、不平等が集中的に結合した社会の産物であると考える。つまり、犯罪不安に関しては、犯罪と秩序違反行為を識別する意義に乏しいとしている。④ミッチェル・デュニエール（Mitchell Duneier）の見解[25]。彼によると、割れ窓理論の著者が設定した仮説、つまり人々は割れ窓に反応するのと同様に、「壊れた人々」にも反応するという事態は調査では見出されなかった、という。

このように、軽微犯罪・秩序違反行為の放置後、重大な犯罪が発生したという科学的証拠はみられないと一部の論者は強く批判する。また、ニューヨークの犯罪率低下が割れ窓理論の適用結果であるかどうかも不明であるとされる。なぜなら、同時期、割れ窓理論を適用しなかった全米都市の多くで犯罪率が低下しているからである。唯一明らかなことは、秩序違反行為を放置すると同種の秩序違反行為が増加するという点である[26]。そこで、近年、秩序違反行為や軽微な犯罪対策には、割れ窓理論の適用が控えられ、それに代わる理論的アプローチが求められている。

後述の「シグナル犯罪」の視点を提供するマーティン・インズも割れ窓理

論に異論を呈する[27]。もちろん、割れ窓理論が状況的な社会活動の実施に有用であることは認めており、また従来、刑事司法制度が地域における物理的、社会的無秩序を比較的軽微な形態として深刻に受け止めてこなかった点に対して、公衆の犯罪に関する被害体験、それに根ざす不安に焦点を当てたことは極めて意義があるとする。しかし、複雑で内部関連した社会システムにおける因果関係を推定するのにはそれほど役立つとは思われないとして、例えば、1990年代中葉ニューヨーク市の犯罪率に関して、全般的な低下は多重な要因が考えられるし、割れ窓理論スタイルの警察活動のみにその要因を限定するのは困難と主張する。実際、ニューヨークでは、都市ゲットーでの薬物取引・薬物使用におけるパターンが変わったことが犯罪の一定タイプを減らすのに役割を演じたことや、ニューヨーク市警察本部（NYPD）の改革がちょうど犯罪減少期に行われており、組織の指揮命令系統や地域統制の手続の改善がみられ、これらの要因も考慮すべきであるという。確かに、1990年代はアメリカを問わず、多くの国々で多発する犯罪への処理システムの効率化が図られた時期であり、ニューヨークの犯罪率低下要因として、ひとり割れ窓理論適用政策だけを取り出すことは困難であろう。

　割れ窓理論の有用性を実証したとされるウィスリー・スコーガン（Wesley Skogan）のアメリカ5都市の量的分析についても、インズは疑問視する。スコーガンによると、割れ窓理論に基づく警察政策により、時間の経過によって秩序違反行為の上昇が予測されていた一定のコミュニティでは改善の軌跡を確認したとされる[28]。しかし、スコーガンの調査結果を再検証した種々の研究では多くこれを否定しており、インズは、割れ窓理論は実証されていないと結論づける。

Ⅲ　犯罪不安と「シグナル犯罪」

1　犯罪不安の構造

　マーティン・インズは、「犯罪不安」概念に関して、割れ窓理論が現代犯罪学における理念の構築物としてきわめて影響力があることは認める。実際

に、警察のコミュニティ・ポリシングに関する政策、刑事司法制度の実務、研究課題さらにはメディアの言説などを形成してきたからである。しかし、犯罪不安の認識論においては大いに疑問があるとする。つまり、犯罪不安感は、現実にはかなり複雑であり、多元的で、ニュアンスのある構築物であるからである。[29] 人々は知覚した被害化リスクを表現するのに、単なる不安(fear)というよりも、怒り (anger)、懸念 (concern)、不快 (unpleasure) あるいは価値中立的な犯罪認識要素を用いるのであり、これらが「不安」の中に混入しているのではないかという指摘である。[30] ここでインズが問題にしているのは、これを明らかにする調査手法、つまり量的(quantitative)分析と質的(qualitative)分析の相違である。前者が不安レベルを内在的な個人アイデンティティの要素に転嫁するのに対して、後者は不安を状態として捉える点で異なるとする。要するに、人々の犯罪不安を分析する場合、質問紙などを使用した単純なアンケート調査（量的分析）ではなく、個別の対象者に対してインタビュー調査（質的分析）などを実施し、その微妙なニュアンスも測定すべきというのである。そもそも不安の量は人々の異なった社会状況の間で幅があるし、常に変動して、その頻度や程度が変化するからである。

　さらに、インズの見解によれば、従来の犯罪不安概念の分析は依然不十分であり、人々が何を恐れているのか、どのように、なぜ恐れているのかの分析的な精度や手がかりが欠如しているという。多くの論者が指摘するように、確かに、犯罪不安感の定義自体は明らかではなく、そもそも不安原因論の適切な理論化も欠如しており、その結果、不安感の調査結果が必ずしも一定の住民意識を明示していない点は、わが国の調査でも指摘されるところである。実際、わが国でも議論される犯罪現象と犯罪不安の乖離問題は、この点に帰すると思われる。

　インズは、犯罪不安の定義を「問題のでき事に遭遇して引き起こされた特定形態に対応する状態的な情緒や身体に基づく反動」であるとする。[31] これは、まさしくインズが標榜する社会記号論 (social semiotics)[32] に根ざすもので、社会的反動過程を強調する理論的なパースペクティブであり、取りも直さず象徴的相互作用主義 (symbolic interactionism)[33] の表明である。要するに、記号論が指摘する「意味するもの（シニフィアン, signifiant）」と「意味されるもの（シニフィ

エ, signifié)」の相互作用が住民の犯罪不安感の知覚や解釈にも生じているとみるのである。

　同様に相互作用主義の立場から犯罪不安問題を扱った研究者にアメリカのケネス・フェラーロ (Kenneth F. Ferraro) がいる。彼は1995年に「リスク解釈 (risk interpretation)」モデルを展開し、相互主義社会学と犯罪学の「不品行 (incivility)」、「犯罪機会 (crime opportunity)」に関する枠組みを統合して、人々はどのようにして、犯罪発生リスク・レベルの判断を社会的に構築するのかを明らかにした。つまり、危険に対する情緒的反応としての不安と、脅威や危害への認知的反応としてのリスクを識別したのである。以前の研究はこのような識別を行われておらず、フェラーロの指摘は不安感分析を一歩前進させた点で評価できる。フェラーロ自身は、不安がどのようになぜ生じるかを理解するうえで鍵となるのはリスク知覚の過程であるとし、知覚されたリスクは犯罪不安や制限された行動の最強の予測因子であると結論づけた。[34]

　このフェラーロの見解に対して、インズも犯罪不安感の論争に著しい進歩をもたらしたと評価する一方で、それでも限界があると指摘する。フェラーロのリスク解釈モデルでは、依然として人々の解釈行為が認知レベル、情緒レベルのいずれでも分析されておらず、人々がどのように一定の犯罪を脅威として理解しているかが不明であるという。[35] インズによれば、リスク解釈の行為は、人々が潜在的なリスクに気づく行為と、それを現実に危険と定義し潜在的な行動修正が必要であると感じる行為の二つから成る。この意味で、インズのように、記号論の相互作用主義にインスピレーションを受けた理論は、犯罪・秩序違反行為がどのような意味で地域住民に伝達されているかという視点からの考察に対して一定の枠組みを与えることになり、この点は、犯罪学上フェラーロの指摘をさらに進める成果があると思われる。これによって、人々が自分自身をリスクのある状態か否かを判断するためには、彼らが日常生活で遭遇する人々、場所、空間、行動、社会的出会いをどのように解釈し、定義しているかを明らかにすればよいということになる。これが、まさしくインズが犯罪不安感調査において、量的観察よりも質的観察を重視する所以であろう。

2　シグナル犯罪の視点

　これまでたびたび見てきたように、インズの主要な見解は、「シグナル犯罪（signal crime）」概念にある。この根底にあるのは、社会記号論および象徴的相互作用論である。簡単に言えば、「シグナル犯罪」とは、さまざまな犯罪や秩序違反行為は、人々がこれらを解釈する方法や、これらが犯罪発生リスクを暗示する状況に、きわめて大きなインパクトを与えるという視点である[36]。この概念は、彼が当時勤務していたサリー大学（University of Surrey）の研究者とサリー警察本部の議論から生まれた。当時、イギリスでは犯罪率が減少傾向にありながら、公衆の不安は高いままにあったため、その理由や警察の対応が議論されたのである。インズによると、犯罪学文献には犯罪・秩序違反行為に対する公衆の理解を説明する一貫した理論が欠如しており、どのようにしてその理解を社会空間の広範なシンボルに当てはめることができるかが問題という。そこで出された答えが、「一部の犯罪と秩序違反行為は人々にとって、そのリスク知覚を形成するうえで他よりも重要である」[37]というものであった。たとえば、家庭内のDVによる夫の妻殺害は、殺人とはいえ、社会一般では、他人事としてそれほど大きな不安や恐怖心を引き起こさないが、下校途中の幼女が誘拐、殺害されればはるかに大きな不安を引き起こすことは間違いがない。これをインズは「規範シグナル（normative signal）」と呼び、この幼女誘拐殺害事件では、これが潜在的リスクとしてコミュニティに伝達されるから不安感が高まるのだとした。このシグナルの観点から、普通の人々は日常生活で遭遇する特定の場所、人、状況をリスキーと考えるのであり、これがシグナルとなる。これらのシグナルは解釈や知覚を含む社会記号論的過程であり、さまざまな犯罪や秩序違反行為により、不安や知覚された脅威が住民の不安感に通常ではない程度の深刻な影響を与えると主張した[38]。

　そして、このシグナル概念を発展させたのが、後述の全国安心ポリシング・プログラム（NRPP, National Reassurance Policing Programme）における警察との犯罪不安感に関する合同調査であった。この調査では、いうまでもなく、質的観察、つまり調査対象の住民へのインタビューが多用され、その成果は後に述べるとおりである。これによると、インズの仮説どおり、全ての地区の住

民が知覚した脅威は、重大凶悪な犯罪ではなく、軽微な犯罪や犯罪とは言えないが住民を悩ます秩序違反行為であった。つまり、ある地区では侵入盗よりも、若者のうろつき、薬物取引、ゴミの散乱、公然飲酒などの行為の方が強い脅威として知覚されたのである（表1参照）。住民に、それらの行為は、不安を惹起する「この地区は統制されていない」という強力なメッセージを送るからである。

3　犯罪不安と統制シグナル

アントニー・ボトムズ（Anthony Bottoms）も、ほぼマーティン・インズの考え方に同調し、「秩序違反行為（disorder）」の不安感に与える影響を重視する。インズが関与した前記の内務省研究「全国安心ポリシング・プログラム（NRPP）[39]」の調査知見から、次のような表1を作成している。

この表から理解されることは、1位、2位に「若者のうろつき（youths hanging around）」がほとんどの地区で並んでおり、このほかにも、ごみ散乱（litter）、落書き（graffiti）、公然飲酒（public drinking）、破壊行為（vandalism）など、どちらかというと犯罪よりも秩序違反行為、不品行（incivility）、迷惑行為が上

表1　近隣の安全に対する脅威と認識されたシグナル

	A地区	B地区	C地区	D地区	E地区	F地区
1位	薬物	若者のうろつき	若者のうろつき	若者のうろつき	若者のうろつき	薬物
2位	若者のうろつき	ゴミ放棄	落書きゴミ放棄立ち小便	破壊行為器物損壊	薬物	若者のうろつき
3位	暴行	器物損壊	器物損壊	暴動公然飲酒	器物損壊落書き	公然飲酒
4位	侵入盗	公然飲酒	暴動路上強盗	公道での車レーススケボー	乗り物放置	反社会的隣人
5位	路上強盗	暴動車の暴走	薬物	殺人	侵入盗	器物損壊
6位	公然飲酒	口頭での虐待	侵入盗		口頭での虐待	ギャング

出典：Anthony Bottoms, Disorder, Order and Control Signals, *the British Journal of Sociology, vol.60 Issue 1*, 2009, p.50.

位を占めている点である。逆に、この表中にある犯罪といえば、殺人、住宅侵入盗、暴行傷害であるが、これらは比較的低位に位置する。そこで、ボトムズはこの表で衝撃的な事実は、住民が最も潜在的な脅威と知覚している行為は、すべて公共の空間で発生している秩序違反的なできごとであると指摘する。つまり、これらの行為は、地域住民にとって「自分の地域は統制されていない」と感じる強力なシグナルである。これは、おそらく警察にとっても衝撃的な結果であると思われる。なぜなら、従来、イギリスの警察は地域犯罪の典型として「住宅侵入盗（burglary）」を想定し、現に落書きや若者のうろつきなどの事項よりも、優先的に処理してきたと思われるからである。このような点から、ボトムズはわれわれが頻繁に利用する地域の公共空間の安全がいかに重要であるかを強調する[40]。

さらにボトムズは、不安感と関連する「統制シグナル（control signal）」の問題にも言及する。この背後にある考え方は、権威的な人々や機関、地域住民によって行われる一定の行為は、その地域の住民や商店主に安心シグナルを送達し、自信と秩序感を与えうるという[41]。つまり、犯罪シグナルとは逆に当局者による地域への計画的介入、つまり外因的介入（exogenous intervention）がないと秩序はむしろ崩壊する。この介入をボトムズは「統制シグナル（control signal）」と呼ぶ。その一つの例として、アメリカの犯罪多発地域で強力な組織的活動が展開された結果、「この地域は楽しい場所である」という感情を生み出し、犯罪不安感を押し下げる効果がみられたという[42]。これは先に述べた、犯罪率の高い地域が必ずしも不安感が高いわけではないとする主張の裏付けにもなる。

統制シグナルもインズらによると、象徴的相互作用から援用された概念であり、犯罪シグナルとはいわば対概念であって、公共機関による統制シグナルは「この場所の状況は統制されている」というシグナルを送るので、住民の安心感を促進することになる。このような例は、イギリスにおいてもみられるという[43]。

Ⅳ 全国「安心ポリシング」プログラム（NRPP）

1 安全と安心のギャップの縮減

　イギリスでは、長年、犯罪を削減し住民安心感を向上させるために、地方・近隣社会・コミュニティに根差す警察活動（community policing）をどのように行うべきかが研究や議論の対象となってきた。繰り返し述べたように、犯罪は実際には減少傾向にありながら、住民の多くは、むしろ犯罪は増えていると感じていたからである。そこで、考えられたのが'reassurance policing'である。ジェイソン・ディトンとマーティン・インズ（Jason Ditton and Martin Innes）によると、このアイディアは、1993年にアメリカで開始されたシカゴ代替ポリシング戦略（Chicago Alternative Policing Strategy, CAPS）に由来するという。[44] この戦略の目的は、シカゴ市における犯罪削減、警察への公衆の信頼と自信、一般的な生活の質の向上であった。このために、警察官は地域警察活動に専心するように推奨され、問題解決型活動の訓練を受け、さらには多機関との連携も模索されたという。そして、特に注目されるのが、その後の10年間にわたって、この戦略の成果につき横断的な調査、評価研究が行われたことである。その結果、警察官の視認性（visibility）が向上したこと、問題解決型活動が財産犯に効果を示したこと、警察が'reassurance'機能を果たしたことなどで、人々の犯罪リスク知覚の改善に貢献したという。[45] ちなみに、'reassurance'は原義としては「再（re）保証（assurance）」であり、再保証することで「安心させること」という意味である。

　これに基づき、イギリスでも展開されたのが'reassurance policing'であり、それを採用したのが、上述のNRPPであった。その狙いは、ほぼシカゴ戦略と同じで、①街頭で公衆に見える形で当局（警察）が行うパトロールは公衆に安心感を与え、警察への信頼を増大させるのに役立つこと、②標的を定めたパトロール、つまり対象を限定した問題解決型（problem solving）活動も不安感低下の効果があること、③警察が地域に関与し、地域の関係を強化し、それによって警察への信頼と自信を深めること、であった。したがって、歩

行による警察官パトロール、地域との関与を深めた警察活動、標的を定めた問題解決型活動を組み合わせれば、犯罪、反社会的行動を削減し、犯罪不安感を低下させ、警察に対する住民の信頼を増大させることができると思われたのである。

　それでは、2003年にイギリスで実施された全国安心ポリシング・プログラム（NRPP）の概要をみてみよう。[46]

2　安心ポリシングと近隣社会の変化

　前述したように、「全国安心ポリシング・プログラム」はサリー警察とサリー大学との共同企画プロジェクトである。このプログラムは、イギリスでしばしば大きな政治問題として扱われる、「低下する犯罪率」と「犯罪は増えているという実感」、つまり安全と安心のギャップを埋める取組みを目的とした。このアプローチは、インズにより展開された「シグナル犯罪論」に基づくところに特徴がある。つまり、上述したように、一定の犯罪や秩序違反行為は、シグナルとして公衆に被害リスクを伝達するという仮説である。本来、これらは警察が住民のリスク感を減らすために活動対象にすべき行為であり、それによって安心感を増大させる、まさしく'reassurance'である。このプログラムの一次的な役割は、地域ごとの犯罪・秩序違反行為問題を確認し優先事項を決定して、問題解決を図ることであった。このために、これらの問題に対して警察、パートナー機関、公衆との協働を通じて対処することとなった。このような解決の協働体制を推奨し安心感を与えるポリシングの実施は、地域コミュニティが単に地域問題に責任を有することだけでなく、地域自体の取組み能力も高めることになるとする前提を採用した。

3　全国安心ポリシングの実施

　NRPPは内務省が資金を提供した全国実験である。さらに言えば、サリー州デニス・オコナー（Dennis O'Connor）警察本部長によって主導されたサリー警察と首都圏警察コミッショナー補佐、ティム・ゴッドウィン（Tim Godwin）が協働してパイロットとして行ったものである。NRPPの具体的なアプローチは、イングランドの8警察本部の実験箇所に配分された資金が助成され、

警察幹部協会（ACPO）が実験箇所16ヶ所を選定し、NRPPプログラムを実施した。さらに、これらの実験群と同様の社会条件を有する対照群が同じく16ヶ所選定され、両群の比較が行われた。つまり、プログラムが実施された箇所（実験箇所）と実施されなかった箇所（対照箇所）を設定された目標に関して比較し、プログラム効果の有無、程度を考察したのである。

実験箇所の活動は、「シグナル犯罪」論を念頭に次のような視点から実施された。

① 近隣社会で目に見える当局者の姿（visible figure）、とくに警察官や警察地域支援官（PCSO）の存在を地域内に示すことである。つまり、警察官が街頭でどの程度、一般住民からみられたか、その視認性が不安感を解消するのに役立ったか。

② 警察官が地域社会と深くかかわりを持ち、常に住民と接触し、そのことで警察活動への信頼を増大させることができたか。これは警察官の地域関与の問題であり、警察活動のレジティマシー（legitimacy）にも関連する。

③ 公衆が解決してもらいたいと希望する個別問題の優先順位（priority）を確認し、かつ、その問題を解決することができたか。地域にとって重要な犯罪や秩序違反行為への対処に地域や連携機関を巻き込む警察活動を問題解決型として方向づける。

このアプローチの広範な狙いは、いうまでもなく、「安全と安心ギャップ（reassurance gap）」を埋めることであった。

4　方　　法

NRPPの調査手順は、まず基本（baseline）調査が行われ、その後にNRPPに基づくプログラムを実施する警察活動が行われ、その後に追跡調査（follow-up. 実質的には評価調査）が実施された。つまり、本体のプログラム実施の前後に調査が行われ、プログラム実施後の効果を比較する仕組みである。先に述べたように、当該プログラムは16ヶ所の行政区で行われた。行政区の選択はランダムではなく、参加したいという意思表明をした警察本部の申出によった。

その結果、都市と地方、貧困地区と富裕地区をバランスよくカバーできたとされる。16ヶ所の実験箇所でプログラム実施中のプロセス評価と実施後のインパクト評価に関するデータが収集された。実験箇所と対照箇所のマッチングの過程で重視された要因は、人口密度と人種構成、就業人口の比率であった。実験箇所と対照箇所の犯罪レベルが類似するように、その選定条件につき警察本部には事前に要請されている。

インパクト評価のデータの二つの主要な源は、電話調査と警察統計の収集であった。300人対象の調査が各実験箇所、対照箇所で実施された。サンプル（調査対象候補者）は電話帳リストからランダムに選ばれ、さらに、その中からランダムに選抜された地域住民が調査対象として選定された。基本調査は2003年11月から、本プログラムが開始された2004年1月までに実施された。追跡調査は2004年11月から2005年1月まで、基本調査の12ヶ月後に実施された。追跡調査では可能な限り多くの回答者にインタビューを行い、パネル・サンプルを作成した。

全ての実験箇所のプロセス評価のデータが収集され、これには個々の警察やプログラム関連の文書および警察官・警察職員・連携パートナー・コミュニティ住民に対する半構造的（semi-structured）インタビューが含まれる。プロセス評価情報の分析では、先述のNRPPの3つの主要な目的（視認性、地域関与性、問題解決性）に焦点を当て、実験箇所で犯罪不安感を改善するうえで、当該プログラムが演じる役割を確認した。

5　犯罪および反社会的行動

実験箇所では、警察活動は、住民の安全に対する潜在的被害リスクについて、住民にシグナルを伝達する犯罪・秩序違反行為の確認とその対処に向けられた。「シグナル犯罪」論が主張するように、公衆は犯罪と秩序違反行為を厳格に識別しておらず、公衆に最も影響を与える犯罪・秩序違反行為は必ずしも警察が伝統的に優先して対処している行為（たとえば、住宅侵入盗）と同じものではなかった。それゆえ、公衆調査では、「反社会的行動」（Anti-Social Behaviour, ASB. 秩序違反行為と同義）や自己報告による被害化知覚（perception of victimisation. 被害を受けるかもしれないという不安）に対する当該プログラム効果

を測定しようというものであった。他方で、警察記録犯罪データは実験箇所・比較箇所から獲得された。

　6ヶ所の実験箇所で共通して対処された優先的事柄（インズの言う物理的無秩序と社会的無秩序を含む）は次のとおりである。①アルコール・薬物使用、②不法投棄、③ゴミや動物の糞の放置、④器物損壊（バンダリズムや落書き）、⑤スピード違反、駐車違反、車の騒音、⑥ASB（反社会的行動、迷惑行為、不品行）一般、⑦若者の騒音一般。実験箇所では、この他の優先事項として侵入盗が追加された。

6　安全と安心の感情

　実験箇所・対照箇所の居住者は、安全、不安感、犯罪・秩序違反行為の知覚について質問された。この質問はBCS（British Crime Survey、イギリス犯罪調査）で実施された質問に由来している。

　その結果、調査箇所を通じて、夜間の安全へのプラスのプログラム効果がみられた。「夜間に地域で一人歩き」の項では、「非常に安全」、「まあまあ安全」と答えた人の割合は実験箇所で1％上昇、対照箇所では3％減少した。自分が犯罪被害者となる不安のある人の割合は、両箇所で減少したが、これは全国的な傾向を反映している。しかし、不審者による身体的攻撃の不安はプラスのプログラム効果がみられた。他の犯罪の7つのカテゴリーではプログラム効果がなく、つまり、街頭で侮辱・つきまとい行為、車の窃盗行為、住宅への侵入・窃盗行為、恐喝や強盗などの行為、人種・肌の色・宗教を理由とした身体攻撃行為、性的な攻撃などにはプログラム効果はみられなかった。

　次に、リスク知覚を問う質問「6つの犯罪タイプにおいて今後12ヶ月以内に犯罪被害に遭うと思うか」では、落書き、器物損壊が「非常に思う」、「まあまあ思う」と考える人の割合にプログラム効果がみられた。車犯罪、侵入盗、路上強盗の被害化リスクが変化したかどうかについては両箇所に変化はみられなかった。

　公衆の優先事項は、本プロジェクトのポリシングの活動目的と一致して変化がみられた。なぜなら、当プログラムでは警察は地域住民の懸念事項を確

認し、シグナル犯罪に取り組む方向であったため、伝統的な警察の優先事項（車犯罪、侵入盗、路上強盗）ではなく、反社会的行動（ASB）問題や器物損壊行為を標的とする活動に特化したからである。これによって、リスク知覚の変化を読み取ることができた。つまり身体的攻撃の心配は、実験箇所で警察の視認性が増したため、減少した。

7　警察官の視認性、警察の地域への関与、問題解決型

まず、警察の視認性については、調査対象地域における歩行パトロールに対する公衆の認識状況が測定された。週に1回かそれ以上、巡回する警察官などを見かけた住民の割合には、有意なプログラム効果がみられた。実験箇所では15％の上昇、対照箇所では4％の上昇であった。警察官への親しみ易さでも、プログラム効果がみられた。自分の地域で警察官の名前や顔を知っているという人の割合は12％上昇し、対照箇所では2％増加にとどまったからである。

警察の地域関与の項目でも、広範な手段を通じて、公衆が認識した点でプログラム効果がみられた。すなわち、対照箇所に比し、次の点で警察による地域への関与につき、プラスの効果がみられた。

① 地域住民が何を考えているかを理解するために、警察はどの程度努力をしているか
② 警察は、住民の見方にどの程度、耳を傾け対応しているか
③ 警察が地域社会と協働することは、どの程度効果的か
④ 警察の地域計画に対してどの程度、公衆は認知しているか
⑤ 住民の意見が警察に伝わっていることを公衆はどの程度認識しているか

NRPPと結びついた固有の活動に対する公衆による認知度や警察の地域への関与度の測定は、その後の追跡調査でも行われた。追跡調査では、実験箇所・対照箇所における対応の相違のみが測定された。追跡調査で両方の箇所で有意な差がみられたのは、公衆の会合への警察の関与に対する住民の認知度および警察官などが地域問題を議論するために戸別訪問したと答えた住民

の割合である。つまり、実験箇所において地域会合に警察が頻繁に参加している様子や住民と会話している様子を公衆はよく認知しているということである。公衆の会合への警察官の参加については、両箇所での公衆の認識の相違はみられなかった。

過去の研究で確認された基準に合致する問題解決型活動は、プロセス評価データを分析したところ、公衆のASB（反社会的行動など）知覚を変化させる鍵であったことが明らかとなった。たとえば、青少年の馬鹿騒ぎ問題を知覚した住民の割合にプラスの有意性を示した個々の実験箇所において、多様な情報源を使用し、詳細に問題を特化した問題解決型活動が展開され成功した事例は、協働パートナーと地域社会が連携した箇所でみられた。

8　警察への信頼

インパクト調査では、警察への公衆の信頼が測定され、地域の警察がどの程度いい仕事をしているかを住民が評価した。これはイギリス犯罪調査（BCS）でも同様の評価がなされている。この測定は警察の効率性とも関連する。実際にはこの調査では、手続的正義（デュー・プロセス）や正統性（レジティマシー）の問題は考慮されていないが、以前の文献によると、公衆の安心の二つの主要な側面、つまり警察官の視認性、警察との親密性はプログラム効果への認識を増大させるのに十分であるとされた。

このように、実験箇所と対照箇所の相違は、12ヶ月間における警察の効率性の変化に関する公衆のランク付けを示すものであり、プログラムの主要な成果の一つである。実験箇所では、警察活動を「非常に良い」、「良い」とした比率が15％上昇し、比較箇所は3％上昇にとどまった。

いずれにしても、プログラムの3つの主要な要素全てが実験箇所で警察効果の公衆評価の改善を説明するのに役立ったことが明らかとなっている。

9　集合的効力（collective efficacy）

集合的効力とは、前述したサンプソンらが主張する地域効果である（本書62頁以下に詳しい）。わが国の文脈では地域力と呼ばれる語に近い。要するに、個々人の住民というよりも、これらの住民が集合的に発揮する犯罪予防効果

である。そこで、NRPPでは、プログラム実験箇所における住民の集合的効力を、一連の質問を介して測定した。すなわち、近隣の紐帯、住民間の信頼レベル、若者問題に取り組む介入の意欲、相互援助の精神、地域のボランティア組織への包絡などについての質問である。

　12ヶ月後、集合的効力についてプラスのプログラム効果がみられたのは地域住民の相互信頼の事項で、住民の大半ないし一部を信頼していると答えた者は、実験箇所で3％上昇し、対照箇所では2％減少した。プログラム・レベルでは、集合的効力の他の事項における有意な変化はみられなかった。

V　若干の考察——おわりに

　上述したように、近年、犯罪とはいえない、その前段階に当たる秩序違反行為（disorder）、反社会的行動（anti-social behaviour）、ないしは不品行（incivility）に対する関心が強まりつつある[49]。これは、マーティン・インズやアントニー・ボトムズらの研究者による功績が大きい。なぜなら、彼らは住民不安感に対する影響は、人生上めったに遭遇しない殺人、強盗などの凶悪、重大事件よりも、日常生活において日々繰り返されるこれらの行為の方が深刻である点を指摘しているからである。これが、いわゆる「シグナル犯罪、シグナル無秩序」である[50]。まさしく、統計上の犯罪減少傾向（客観的な事実としての「安全」）と住民の感じる現実の不安感ないしは、犯罪は増えているという実感（主観的な感情としての「安心」）のギャップを埋める研究の成果だと思われる。すなわち、わが国でも指摘される「安全」と「安心」の乖離を説明する研究である[51]。

　インズは一貫して、不安の問題は、その人がそれをどのように解釈したのかに影響されると指摘し、従来の質問紙を利用したアンケート調査、つまり量的観察では限界があると主張してきた。これに代わり彼が推奨したのが質的観察、つまり直接、調査対象者へインタビューを行うことであった。要するに、アンケート調査結果で示される知見には、不安感の微妙なニュアンスが含まれないからである。文字通り、NRPP調査ではインタビュー調査が多用され、多くの会話が収録されている。実際、彼の論文には、この調査で収集した調査者（インズ研究グループ）と被調査者（地域住民）との間で交わされた

多くの会話の引用がみられる。たとえば、

「私は4台も公衆電話ボックスを使ってみたんだ。なぜって、4台とも全部壊されているんだから。お金を入れても使えないし、お金も返ってこなかったよ。破壊された電話ボックスは何だか怖いね。何かトラブルに巻き込まれるように思えるから。ここキングストンでは大半の電話が壊されているので使えないよ」。

インズはこの回答者の会話を分析する。というのも、住民のリスク解釈には、記号論が示すとおりシニフィアンとしての「表示（expression）」、シニフィエとしての「内容（content）」、最終的な感情的要素としての「結果（effect）」に分類できると考えるからである。そこで、上記の会話には、「破壊された電話ボックス」が「表示」、「トラブルに書き込まれる恐れ」が「内容」、「怖い」が「結果」であるとする。このような分析が意味をもつのは、人々の不安感がたんなる感情ではなく、認知的なリスク知覚を含む点であり、従来の研究では指摘されなかった点である。

以上の考察から次の点を看取しうる。

第1に、わが国の治安調査では総じて、犯罪に対する不安のみが質問され、秩序違反行為に関する質問を含んでいない点である[52]。2002年以降、わが国でも一貫して刑法犯認知件数は減少傾向にあるが、これらの調査で不安感が必ずしも低下していない原因は、人々が犯罪と秩序違反行為を識別せず、むしろ後者に反応して不安を抱いている可能性がある。

第2に、これと関連するが、不安感の中には、実際には警察が把握困難な事項もあり、公的統計に計上されない行為にも影響されていると考えられる。いわば、被害化の暗数である。たとえば、おれおれ詐欺の電話がかかってきたが、実際にはすぐに気づいて被害に遭わなかったという場合や不審ないたずら電話がかかってきた場合などでは不安は残るが、警察にはまず通報されないであろう。このような事例は相当数に上ると思われる。したがって、公的機関がこの実態を正確に把握することは困難である一方、不安感調査には顕現することが十分考えられる。

第3に、犯罪が減少するほど、犯罪激増期には扱われなかった事件がメディアを通じて報道されると、その事件が極度に目立つことになり、逆に犯罪不

安感をあおることになる。その意味でメディアの報道姿勢は、不安感に少なからず影響を与えると思われる。

　第4に、インズの説明にも見られたように、同じ殺人行為でも、不安感に影響を与える事件と与えない事件とがあり（先の例では、配偶者間のDV殺人と下校時の幼女殺人）、これを識別する必要がある。犯罪統計で示される殺人件数はこれらを識別しておらず、一様に扱っているが、不安感調査では詳細に事件を分析することが求められる。

　第5に、全国犯罪統計は不安感調査には、ほとんど意味をなさない。なぜならば、犯罪不安は地域単位であり、地域特性がみられるからであり、全国的に一律的な分析を行っても地域の犯罪不安が明らかにならないのは当然である。むしろ地域単位の犯罪統計を利用すべきであろう。この意味でも、わが国の多くの調査が全国無作為に対象者を選定している点は問題である。

　これに対して、上述した研究状況は、基本的にイギリスないし欧米社会に関するものであり、社会事情が異なるわが国ではそのまま適用できないとは思われるが、実際には、わが国でも「安全」と「安心」の乖離現象が生じており、警察当局もその理由や背景を模索している。したがって、いずれにせよ、今後わが国でも、不安感との関係で犯罪だけでなく、秩序違反行為も問題になるものと思われる。実際、報道でも、その種の行為が地域に悪影響を与え、地域でトラブルを巻き起こしていることが示されている[53]。そこで、軽微な犯罪や秩序違反行為を正確に測定し、不安感との関係を明らかにして、NRPPなどでみられたプログラムを開発するなどの試みがわが国でも必要になろう。また、たんに不安のシグナルだけでなく、安心のシグナル（統制シグナル）についても研究を進め、不安感解消の対策に生かすことが考えられる。これまでのわが国の治安調査はあまりにもラフであり、そこで上述のようなイギリスなどの不安感研究の手法や成果を大いに取り入れ、わが国の犯罪・無秩序対策に参考にすべきと思われる。犯罪の削減策だけでなく、さらに不安感の解消が重要なのは、とりもなおさず住民の生活の質と関連するからである。それは、「びくびく」しながら日常を過ごすことがいかに「生活の質（quality of life）」を害しているかを考えれば、誰でも理解できることであろう。

1) この 'disorder' という語は、通常、犯罪の前段階に当たる迷惑行為、秩序を乱す行為を意味し、犯罪学の文献上でも刑事政策や犯罪対策の対象として 'crime and disorder' としてセットで表現される。この語がイギリスで一躍慣用語に昇格したのは、1998年犯罪及び秩序違反法（the Crime and Disorder Act 1998）に使用されてからである。
2) 2014年5月17日に開催された日本刑法学会第3分科会では、「犯罪予防政策の総合的検討」として、この問題を正面から取り上げた（同分科会の討論者として、守山　正、山本俊哉、河合　潔、星周一郎）。なお、守山　正「近年の犯罪傾向と体感治安の乖離――なぜ不安はなくならないのか」改革者2013年1月号52頁以下、および守山　正・河合幹雄・河合　潔・小島隆矢（座談会）「犯罪現象と住民意識――犯罪不安はどこから来るのか」犯罪と非行176号（2013年）18-65頁も参照。
3) Jason Ditton, Fear of Crime, Tim Newburn and Peter Neyroud (eds.), *Dictionary of Policing*, 2008, pp.105-106.
4) たとえば、Martin Innes, (a) 'Signal Crimes; Social Reactions to Crime, Disorder and Control,' 2014. および (b) Signal Crimes and Signal Disorders; notes on deviance as communicative action, *the British Journal of Sociology* vol.55, Issue 3, 2004, p.335. さらにAnthony Bottoms, Disorder, Order and Control Signals, *British Journal of Sociology*, vol.60, 2009, p.49.
5) J. Ditton, *op. cit.*, p.105. なお、イギリスにおいてもすでに1980年代初期、初めて実施されたイギリス犯罪調査（the British Crime Survey, BCS）に不安感関連の質問がみられる。
6) これが有名な大部の報告書『自由社会における犯罪の挑戦』（1967年）であった。この翻訳として、法務総合研究所編訳『自由社会における犯罪の挑戦（一）～（三）』研究部資料21-23（1968年）がある。
7) Bruce J. Doran and Melissa B. Burgess, Putting Fear of Crime on the Map: Investigating Perceptions of Crime Using Geographic Information Systems, 2012, p.1.
8) Martin Innes, *op. cit.* (注(4)b)、p.338.
9) わが国では、しばしば「体感治安」という語が警察などの関係者によって使用されているが、これは地域レベルの議論であり、個人の不安感とは区別して考えるべきであろう。なぜなら、「治安」という語はそもそも個人レベルでは使用されないからである。治安のよい町とは言っても、治安の保たれた家とは言わないことからも明らかである。
10) この問題は簡単な例で説明できる。たとえば、ある不審者が個人の住宅に侵入した場合、その最終的な意図を被害者が容易に判断できることは稀であろう。つまり、窃盗なのか、強盗なのか、強姦、引いては殺人、それとも単なる窃視目的かもしれないが、被害者はそれを結果から判断するしかない。しかし、犯罪の重大性からみれば大きな相違がある。不審者が住宅に侵入しただけでも、被害者は大きな不安を感じるのである。

11) B. J. Doran and M. B. Burgess, *op. cit.*, pp.25-43.
12) *Ibid.*, p.25.
13) Gustavo S. Mesch, Perceptions of Risk, Lifestyle Activities and Fear of Crime, *Deviant Behavior*, vol.20(1), 2000, pp.47-62.
14) Ulrich Beck, Risk Society: Towards a New Modernity, 1992.
15) Clifford R. Shaw and Henry D. McKay, Juvenile Delinquency and Urban Areas, 1942.
16) サンプソン自身、'collective efficacy'を「集団ないし地域が集合的に達成したいという望みを成就できる組織的能力」と定義し、その内容として、「共通善のための住民の介入意思」、「隣人間の紐帯や相互信頼の存在」を挙げる（Robert Sampson, Disparity and Diversity in the Contemporary City: Social (Dis)order Revisited, *the British Journal of Sociology*, vol.60-1, 2009, p.31.）。
17) 1990年代、当時のニューヨーク市長であったジュリアーニはニューヨーク警察（NYPD）の本部長ブラットンに命じて、割れ窓理論を応用した「ゼロ・トレランス（非寛容）」戦略を打ち出した。多くの警察官を増員して街頭に配置し、軽微な犯罪や秩序違反行為を徹底的に取り締まった結果、その後犯罪率が著しく低下したとされる。
18) James Q. Wilson and George L. Kelling, Broken Windows, *Atlantic Monthly*, vol.249(3), 1982, pp.29-38.
19) George L. Kelling and Catherine M. Coles, Fixing Broken Windows: Restoring Order and Reducing Crime in Our Communities, 1996. 邦訳として、ジョージ・ケリング／キャサリン・コールズ『割れ窓理論による犯罪防止』（文化書房博文社、2004年）がある。
20) Michael Wagers, William Sousa and George L. Kelling, Broken Windows, Richard Wortley and Lorraine Mazerolle (eds.), *Environmental Criminology and Crime Analysis*, 2008, pp.247-262.
21) Philip G. Zimbardo, The Human Choice: Individuation, Reason, and Order Versus Deindividuation, Impulse, and Chaos, W. T. Arnold and D. Levine (eds.), *Nebraska Symposium on Motivation*, vol.17, 1969, pp.237-307.
22) Bernard Harcourt, Illusion of Order: The False Promise of Broken Windows Policing, 2001.
23) Ralph Taylor, Breaking Away from Broken Windows, 2000.
24) Robert Sampson and Stephen Raudenbush, Systematic Social Observation of Public Spaces: A New Look at Disorder in Urban Neighborhood, *American Journal of Sociology*, vol.105(3), 1999.
25) Mitchell Duneier, Sidewalk, 1999, p.26.
26) Anthony Bottoms, Geography of Crime and Disorder, G. Bruinsma and D. Weisburd (eds.), *Encyclopedia of Criminology and Criminal Justice*, 2014, p.1954.
27) M. Innes, *op. cit.*（注(4)b）、p.338.
28) 割れ窓理論を検証する動きはアメリカ学界で種々みられたが、その中で最も注目さ

れているのがスコーガン（Wesley G. Skogan）の評価研究である。これは全米40都市を対象に、不安と秩序違反行為・犯罪との関係を調べた結果、統計的に有意性が確認できたとして、割れ窓理論は立証されたとされる（Disorder and Decline: Crime and the Spiral of Decay in American Neighborhoods, 1990）。しかし、後にみるように、スコーガンの調査方法には、一部の研究者から疑義が提示されている。

29) M. Innes, *op. cit.* (注(4)b), p.337.
30) これについては同様に、ガーリングらの研究がある。この研究は比較的裕福な地域状況において犯罪・秩序違反行為に対する住民の態度を質的に調査したもので、それによると、犯罪・秩序違反行為問題は、深く実存に根ざした「存在論的危険状態」を明確にするために人々が暗号として使用していると指摘する（Evi Girling, Ian Loader and Richard Sparks, Crime and Social Change in Middle England, 2000）。さらに、調査に基づく犯罪不安研究の大部分は、不安がどのように構築されるかという問題にとって中核となる「解釈論的考察」に成功していないという見解もみられる（Deborah Lupton and John Tulloch, Theorizing Fear of Crime: Beyond the Rational/Irrational Opposition, *the British Journal of Sociology*, vol.50(3), 1999, pp.507-523）。
31) M. Innes, *op. cit.* (注(4)b), p.337.
32) 記号論は、いわゆるシンボルとサインの科学であり、ある物体ないし事柄に対して、意味するもの（シニフィアン）と意味されるもの（シニフィエ）との間の相互作用に注目する考え方で、分かりやすく言えば、「犬」という語のつづりや音はシニフィアンであり、犬そのものやイメージはシニフィエである。「不安」感も人々が抱く感情として、その人の種々の社会的属性に基づき、特定の意味づけを行うものと考えられる。
33) 犯罪学において象徴的相互作用主義が顕在化したのは1950年代から60年代にかけて主張されたラベリング理論（labelling theory）においてであった。この理論は、当時主流であった犯罪原因論と真っ向から対立する考え方である。すなわち、主流犯罪学が犯罪が生じるのは犯行者や非行少年が種々の原因を抱えるからであり、その原因を探求し解明することが重要であるとしたのに対して、ラベリング論は、犯罪原因はむしろ警察などの犯罪者や非行少年を扱う側にあり、犯罪や非行は人々のレッテル貼り（ラベリング）の反動、つまり犯罪・非行の形成は社会的反動の過程で生じるとした。この主唱者には、二次的逸脱を概念化したエドウィン・レマート（Edwin Lemert）や『アウトサイダーズ（Outsiders: Studies in the Sociology of Deviance）』（1963年）を著したハワード・ベッカー（Howard Becker）らがいる。
34) Kenneth Ferraro, Fear of Crime: Interpreting Victimization Risk, 1995.
35) M. Innes, *op. cit.* (注(4)b), p.338.
36) B. J. Doran and M. B. Burgess, *op. cit.*, p.41参照。
37) M. Innes, *op. cit.* (注(4)b), p.336.
38) Martin Innes and Nigel Fielding, From Community to Communicative Policing: Signal Crimes and the Problem of Public Reassurance, *Sociological Research Online*,

vol.7(2), Abstract, 2002.
39) このプロジェクトは、2003年から2005年にかけて、サリー警察署と首都圏警察とが戦略的試みとして行ったもので、警察本部長協会と内務省が協賛して実施された。その主要な内容は5点あり、①住民の相談によるシグナル的な関心事を確認することで警察の選択や解決に対する公衆の信頼を調べること、②可視的な統制、つまり公衆の問題は警察にとって重要であり、統制されているという目に見える証拠を見ることで公衆が安心すること、③問題解決を通じて、地域のシグナルに焦点を当てる目的的な情報主導のアプローチであること、④警察と他のパートナー機関との協働活動であること、⑤実践可能な限り、寄与できる資源を獲得すること、などである（Andrew Millie and Victoria Herrington, Bridging the Gap: Understanding Reassurance Policing, *Howard Journal of Criminal Justice*, vol.44(1), 2005, pp.41-56)。
40) A. Bottoms, *op. cit.*, pp.49-55.
41) Anthony Bottoms, Developing Socio-Spatial Criminology, M. Maguire et al.(eds.), *the Oxford Handbook of Criminology*, 2012, pp.481-482（本書第3章参照）。但し、統制シグナルが逆に、不安感を増幅する例もあるとされる。たとえば、住民が、自分の職場付近でときどき警察の規制線を見るたびに、強姦や殺人、銃撃など実際の事件よりも重大な事件と想像して、不安を強く覚える場合があるという（M. Innes, *op. cit.*（注(4)b), p.340）。
42) Richard P. Taub, D. Garth Taylor and Jan D. Dunham, Paths of Neighborhood Change: Race and Crime in Urban America, 1984, p.172. これによると、シカゴにおける犯罪率の高い二つの地区が住民調査で高い安心得点を伴うプラスの満足度を示したばかりでなく、地域の不動産価値も高まったという。そこで、どのような社会的条件が高い犯罪率と近隣の安心感の共存を可能にしているのかを調べたところ、これらの地区には安心の「可視的サイン」が存在し、また団体や機関の制度的活動がみられたという。結論としてこれらの著者は、強力な組織による活動があれば、かりに高い犯罪率が維持されても、地域の安心感を生み出すことは可能であるとする。実際、この一つの地区には、リンカーン公園という大きな公園と湖畔があり、しかもデュ・ポール大学があり、職場にも便利な地区であった。つまり、これらの景観や便利さが高い犯罪率を帳消しにしているという。
43) Anthony Bottoms and Andrew Wilson, Civil Renewal, Control Signals and Neighbourhood Safety, Tessa Brannan et al. (eds.), *Re-energizing Citizenship: Strategies for Civil Renewal*, 2007, pp.79-80. これによると、イギリスでは、政府による「コミュニティ・ニューディール（NDC）」計画が実施され、これはイングランド39ヶ所で地域パートナーシップを利用して貧困地域とその他の地域のギャップを埋めることを狙いとした。シェフィールド地区では、この計画実施後、自分の地区は改善されつつあるという積極的な評価を下したとされ、NDC計画はこの改善に貢献したと報告されている。

44) Jason Ditton and Martin Innes, The Role of Perceptual Intervention in the Management of Crime Fear Reassurance Policing: Community Intelligence and the Co-Production of Neighbourhood Order, Nick Tilley (ed.), *Handbook of Crime Prevention and Community Safety*, 2005, p.603.

45) *Ibid.*, p.604.

46) NRPPの内容や評価については、Paul Quinton and Julia Morris, Neighbourhood Policing: the Impact of Piloting and Early National Implementation, *Home Office Online Report* 01/08, 2008が詳しく参考になる。

47) プロセス評価、インパクト評価とは、いずれも当該プログラムの効果を検証・測定する（evaluation）手法で、前者はこのプログラムが実施されている間にも評価を行い、後者はすべてのプログラム実施が終了したのちに行われるものであり、非常によく普及した評価法である。

48) 質的分析、つまり対面的なインタビュー調査は種々の方法で実施されるが、一般にはインタビュー内容が全て構造化された（structured）質問と半構造化された（semi-structured）質問とがあり、前者は調査対象者に、調査結果を均一にするために予め調査者が設計した全く同じ質問をする場合、後者は共通して同じ質問をする部分と柔軟に事情に応じて適当な質問をする部分を含む。

49) このテーマは、イギリスでは、たんに研究対象とされているだけでなく、政治問題化する傾向がみられる。すなわち、政府はこのような秩序違反行為に対して、法的対応を講じているからである。それが、いわゆるASBO（Anti-Social Behaviour Order、反社会的行動命令）である。この制度は1998年犯罪および秩序違反法（the Crime and Disorder Act 1998）で設けられ、民事命令によってこれらの行為を差し止め、その命令に違反した場合に刑罰化する手法である。実際には青少年問題行動対策であり、地域の高齢者の不安を解消する狙いがあるとされる（この制度の詳細については、渡邉泰洋「イギリスにおけるASBO政策の展開」犯罪と非行159号（2009年）165頁以下を参照）。

50) シグナル行為に注目する論文はすでに1990年代、アメリカの研究者の見解にみられた。その一例として、フェラーロは、「人が犯罪一般ないし身体犯・財産犯をどう評価するかどうかに関係なく、人が知覚したリスクの最も重要な単一の予測因子は近隣の不品行である。破壊的な隣人、監視されていない若者、空き家、監視されていない地点といった社会的物理的不品行のサインは、一般に犯罪リスクと結びついている。これらの現象は、住民にとって、日常活動の中では犯罪を避けるためにさらに自警が必要であるというシグナルであり、その地域にどのくらい長期間居住しているかに関係がないのである」（K. Ferraro, *op. cit.*, p.51）。

51) 守山・前掲論文52頁参照。

52) この点につき、われわれは「不安感」調査研究グループを組織し、実際に都内2ヶ所でアンケート調査とインタビュー調査を行った。これらの秩序違反行為や物理的無秩

序、社会的無秩序など犯罪行為ではないが不安を与えると考えられる要因についても調査した(「公的犯罪統計と体感治安の乖離に関する日英比較研究」(2013年日工組社会安全研究財団の研究助成による。研究代表：守山　正、共同研究者：瀬渡章子、小島隆矢、中迫由実、渡邉泰洋)。さらに、東京都青少年治安対策本部「都民の安全安心に関する意識調査」(2015年)が同様の視点で実施されている。

53)　わが国でとくに目立つのが深夜の騒音問題である。実際に、同じアパートで若者が深夜騒いで殺人事件に発展したケース、主婦がいやがらせでラジオの大音量で騒音を流しつづけたケースなど、調べればわが国でも秩序違反行為の例は少なくない。

第3章
「社会空間犯罪学」の展開

I　はじめに

　近年発刊された『オックスフォード犯罪学ハンドブック（the Oxford Handbook of Criminology）』（以下、「ハンドブック」と略称する）の第5版（2012年）には、アントニー・ボトムズ（Anthony Bottoms）[1]が「社会空間犯罪学の展開（Developing Socio-Spatial Criminology）」と題する論文を発表している[2]。このハンドブックはイギリスの著名な犯罪学者が執筆することで知られ、本書に寄稿するのはイギリス犯罪学界における一つのステイタスとなっている。ボトムズは長年のテーマである「場所の犯罪学」に根ざして、初版から最新の第5版まで執筆している。もっとも、論文の題名は「環境犯罪学（Environmental Criminology）」（第1～3版、1994年（単著）、1997年・2002年（ポール・ワイレス（Paul Wiles）との共著）、その後「場所、空間、犯罪、無秩序行為（Place, Space, Crime and Disorder）」（第4版、2007年、単著）[3]を経て、上述のように「社会空間犯罪学の展開」（第5版、2012年、単著）と変遷しているが、その第5版に題名自体に自ら命名した「社会空間犯罪学」を採用したのは、「場所の犯罪学」集大成の意味が込められているように思われる[4]。そこで本章はまず、「社会空間犯罪学」概念の意図するところは奈辺にあるのかを検討する。

　ボトムズは、上述のように、初期には題名に「環境犯罪学」の名をかざしていた。しかしながら、この領域に最大の関心を寄せつつも、ボトムズの理念と、ロナルド・クラーク（Ronald Clarke）、マーカス・フェルソン（Marcus Felson）らが精力的な研究活動を続けてきた「環境犯罪学」とは大きなニュアンスの違いが感じられる。後者は、1970年代に生まれたCPTED（セプテッド。Crime Prevention Through Environmental Design「環境設計による犯罪予防」）[5]の流れをくみ、1990年にはすでに英米諸国の学界に定着し、近年ではこれらの研究者が「環

境犯罪学および犯罪分析」研究グループ（Environmental Criminology and Crime Analysis, 'ECCA'[6]）を結成し、全世界で実証研究を行っている（以下、この研究グループを「ECCA環境犯罪学」と略称する）。率直に言えば、クラークらのECCAグループの理念の方がボトムズのそれよりも学界的認知度は高く、いわば、ボトムズは少数派に属する[7]。このような事情もあってか、その後、実際ボトムズは第4版からECCA環境犯罪学とは袂を分かち、「社会空間犯罪学」という名称を使い始め[8]、第5版では「場所に関する犯罪学」あるいは「犯罪の地理的分布」研究の総まとめとして、「社会空間犯罪学」という方向性を打ち出したものと思われる。なるほど、世界的にみても、また犯罪学の歴史からみても「場所に関する犯罪学」の研究は相当の蓄積があり、また近年さらに活発な研究領域となっている。しかしながら、内容も様式も多種多様であって、統合されることなく今日に至っており、そこで、ボトムズはこれらの研究の分析と統合を試みたと考えられる。以下に示すように、内容的には、新旧シカゴ学派からECCAグループの研究まで、幅広い分野を見通す総合的な視野を提供しており、新しい犯罪学の一分野を形成する動きとも言える。

　実のところ、ボトムズのこれまでの研究活動歴や筆者との私的会話からみて、ECCAグループに対しては一定の理解は示しつつも、とくにフェルソンらの主張には強い拒否反応を示してきた。そこで、本稿は、ボトムズの社会空間犯罪学の理念とクラークやフェルソンらの「環境犯罪学[9]」の概念との相異を浮き彫りにすることによって、「社会空間犯罪学」の独自性を明らかにし、ECCAグループの「環境犯罪学」との方向性の相違、またこの新しい「社会空間」概念の犯罪学上の位置づけを試みたいと考える。

II　ボトムズ論文の特徴

　ボトムズ論文には種々の特徴がみられる。まず第1に、シカゴ学派との親和性である。これはボトムズの50年に近い長い研究生活の中で、とりわけ初期の研究活動と関係するように思われる[10]。なぜなら、彼が初めて研究職を得た地、イングランド中部シェフィールド市はいわば犯罪多発地帯を抱え、当時犯罪学研究の素材の宝庫であり、とくに犯罪と場所との関係を研究するに

は好個の地であったからである。こうして、ボトムズの初期研究環境がシカゴ学派の研究者と同様の状況下にあったことで、犯罪の場所に対する関心を深めたものと思われる。ボトムズ論文の特徴としては、主として、①犯罪の発生場所（近年は秩序違反行為への着目）、②犯罪者の居住場所（シカゴ学派の伝統的研究分野）、③住宅市場の役割（ボトムズ独自の着眼点）などを重視する点を挙げうる。以下、これらを随時検討する。

1　犯罪・秩序違反行為の発生場所

　犯罪の発生場所で問題となるのは、どのように犯罪者は一定の場所を犯行のために選択するかである。しばしば、「犯罪と距離（crime and distance）」とか「犯行への移動（journey to crime）」などのテーマで扱われる。これが明らかになれば、犯罪対策も場所的に人的物的資源を特定地点に集中的に投入できるし、また犯罪捜査においても、犯罪者の検挙に役立つ。犯罪場所に関しては、多くの犯罪学文献は、犯罪は犯罪者の自宅近くで発生するとし、一般には犯行は自宅付近で行われると考えられてきた。これは、一つには個々人が十分な交通手段を有していなかった時代における研究の痕跡でもあると思われる。

　犯行場所についての研究としては、ブランティンハム夫妻（Paul and Patricia Brantinghams）の犯罪パターン理論（crime pattern theory）がよく知られる。彼らによると、われわれ人間の脳には町々の「認知地図（cognitive map）」が存在し、その一部分は非常に知悉している場所（たとえば、自宅周辺、職場・娯楽街周辺、買い物・娯楽目的で訪問する中心街）であり、これらをつなぐ道路もまたよく知悉している。他方で、当然ながら、全く知悉しない場所（大きな道路から離れた住宅街、知人もいないような場所、魅力的ではない場所）もある。要するに、ブランティンハムはそのような知悉しない場所では、人は犯罪を行わないとする。さらに、ブランティンハムは、犯行者が、すでに犯行場所を決定して窃盗標的の探索行動を行っている場合でさえ、自宅、職場、娯楽場所などで過ごす日常生活のパターン（図1参照）が影響すると指摘している。[11]

　ブランティンハムの見解を支持する研究もすでに行われており、ジョージ・レンガートとジョン・ワーシルチック（George Rengart and John Wasilchick）

図 1　ブランティンハムの犯罪パターン

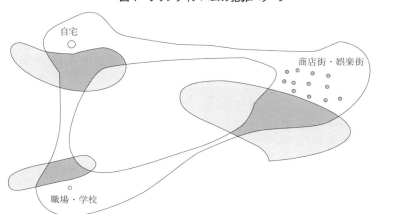

出典：Charles Newman, Paul Brantingham, and Patricia Brantingham, Patterns in Crime, 1984.

は、刑務所収監中の成人窃盗犯に対するインタビューを行い、その結果、侵入盗犯は職場や娯楽街へのルートの途中で犯行場所を集中的に選択していることを明らかにした。[12] もっとも、一部の侵入盗犯は故買屋に指示された場所で犯行に及んでおり、自らの経験だけでなく、しばしばこのような二次的情報を利用することもあるという。また、ロナルド・カーターとキム・ヒル（Ronald Carter and Kim Q. Hill）のオクラホマ・シティ研究では、犯罪者は人種的に異なる地域に侵入して窃盗を行っているとされる。[13] さらに、近年のイギリスのシェフィールド研究では、[14] 常習犯罪者に対するインタビューから、犯罪者は自宅から平均で1.93マイル離れた場所で犯行を行っていることが明らかになり、しかも、これらの者の3分の2以上は特定地を目的として移動しているわけではないと答えている。簡単にいえば、わざわざ犯行地まで移動しているのではなく、日常的に通過したり、よく知悉する場所の通りすがりに犯行場所として選択しているに過ぎないということである。ここでも、日常活動パターンと犯罪との関係が明らかにされている。要するに、犯行者は日常生活で繰り返される通過ルート、つまり自宅から学校、職場、娯楽街への通り道、その周辺の場所等を犯行地に選んでいるのである。

他方、近年、犯罪者は自身の土地勘のある場所で犯罪を行っているという見解が有力になりつつあり、その見解を支持するのがボトムズである。つまり、犯罪は身近な犯罪機会がある場所で発生するという。たとえば、友人との喧嘩が発生し暴力事件に発展するのは、犯行者がたまたまいた場所であり、それは日常生活パターンの中で選択された場所である。少年のケースでは、友人宅に遊びに行って、そこで犯罪標的を発見し犯行に至る場合もあるという。このようなケースやブランティンハムらの認知地図などを勘案して、ボトムズは犯罪機会の有無と認知的に知悉した場所の相互作用から犯罪は発生すると考える。[15]

 また、連続犯などの犯行場所にはユニークさが見られる。通常、犯行者は検挙を回避するために、自分が関与した最初の犯行が報道されると、次の犯行では犯行場所を変える。このような例としてイギリスで1975年から81年にかけて発生した「ヨークシャーの切裂魔（Yorkshire Ripper）」事件では、最初の2回の犯行は比較的自宅から近い場所であったが、その後6回は、やや遠方の場所で、その後は全く異なる地域で行っている。そこで、ボトムズは、このように財産犯罪以外の重大な犯罪ではブランティンハムの論理が適用できない場合があり、特定の罪種の犯行場所の予測には、わが国でもときに利用されるが、「犯罪プロファイリング（criminal profiling）」手法の利用などを推奨している。[16]

 ボトムズは、ブランティンハムの論理が犯行場所として適用できない点につき、次のように考察している。[17]第1に、さまざまな都市で侵入窃盗場所が犯人の日常活動の範囲に含まれないことがあり、これは調査が行われた都市の社会的地理が異なることと関係しているという。つまり、高犯罪者（居住）率の地域が裕福な住宅街の近くにあるか、低犯罪者（居住）率の地域が犯行者の日常生活行動の中で犯罪的な魅力となっているか、などを考察する必要があると述べている。この点についてはイギリスの犯罪調査でも明らかで、最も裕福な地域は被害率が低い一方で、高犯罪者率の地域に近い裕福な地域には、これが当てはまらないとされる。都市が、高犯罪者率の貧困地域に隣接する裕福な地域を抱えている程度によっては、地図上の犯罪率の分布に相異をもたらすのであり、換言すれば、都市の犯罪地図は、その都市がそれぞれ

歴史的にさまざまな社会集団を抱え、ショッピングセンターや娯楽街を住宅地とは別の地域に配置してきた経緯が反映しているという。したがって、かなり社会的分化が進んでいる都市では、非常に異なった犯罪の社会空間的分布がみられると結論づけている。

2　犯罪者居住の場所

シカゴ学派が犯罪学に貢献したのは、犯罪の空間的次元を実証的に明らかにした点にある。1920年代のことであった。その説明としてしばしば引用されるのが、アーネスト・バージェス（Ernest Burgess）が植物生態学を応用して作成した都市発展ゾーン・モデル（図2参照）を非行少年の居住地域に当てはめたクリフォード・ショウとヘンリー・マッケイ（Clifford Shaw and Henry McKay）の研究である[18]。その意義は、犯罪者の居住場所に関し、時代が推移しても地域（zone）における非行少年の居住率は変化しないというその研究知見にあっ

図2　シカゴのゾーン・モデル

出典：Earnest W. Burgess, The Growth of the City, 1925.

た。すなわち、ショウとマッケイは、シカゴ市の地図上に非行少年の居住地をピン・マッピングし、当時隆盛をきわめたシカゴ大学社会学部の都市社会学の成果を取り入れて、「犯罪と場所」の関係を説明したのである。つまり、非行少年が居住する地域（近隣）社会の社会構造的、文化的諸条件を強調し、一つの画期的な事実を発見した。それは、一定の地域は、時間が経過し住民が移り変わっても、高犯罪率は不変であるという事実であった（図2では、Ⅱ遷移地帯がこれに当たる）。これは、当時世界各国からの移民や民族少数派と犯罪性との結合を強調する試みを打ち砕く知見であり、犯罪は特定の民族・移民によって引き起こされるのではなく、その土地・地域が与える文化的な諸条件が原因であるとしたのである。[19] こんにちでは「近隣効果（neighbourhood effect）」と呼ばれる現象である。

この1920年代に打ち立てられた社会解体概念は、第2次大戦後、大きな批判に遭遇した。すなわち、イギリスの都市発展はシカゴのこのゾーン・パターンとほとんど類似しなかったからである。[20] たとえば、1970年代にジョン・ボールドウィンとアントニー・ボトムズ（John Baldwin and Anthony Bottoms）が行ったシェフィールド市の実証研究では、高犯罪者率の地域は必ずしも高い人口移動率を示さなかったのである。したがって、現在、犯罪学者はバージェスのゾーン・モデルを使いにくい状況にあり、高犯罪者率と高い住宅転居率との結合を公理としては前提にできないという。[21]

その後、シカゴ学派の大発見もしばらく省みられることはなく、ようやく新世紀を迎えて新シカゴ学派が現れるに至った。その要因として、ボトムズはますます個人主義的な傾向が強まり、新自由主義的政治風潮の中では、「近隣社会」の概念が衰退したからだとみる。実際、アメリカの有力な犯罪学者であるジェイムズ・ウィルソン（James Q. Wilson）は、個人の犯罪歴への近隣効果の影響に対しては懐疑的で、むしろ個人や家庭の影響を重視した。[22] 一部の研究において、種々の個人的犯罪リスク要因を統制した場合、近隣の要因は貧困地帯の青少年の犯罪性に重要な影響を与えているとの調査結果も示されたが、[23] それでも主流となることはなかった。

さらに近年の研究では個人の犯罪経歴には近隣効果は影響しないという見解、たとえばウィルソンとヘルンシュタイン（J. Q. Wison and R. J. Herrnstein）の

見解が有力である[24]。要するに、旧シカゴ学派理論を完全に否定している。それによると、多くの犯罪リスク要因、たとえば個々人の属性である低知能、家庭環境としての不良な養育態度などはもともと個人レベルであって地域レベルではなく、多くの常習犯罪者が犯行を開始するのは人生早期であり、地域要因が影響する以前であって、その影響は限定的であるとする。これに対して、個人の犯罪リスクと地域環境とを区別して近隣効果を考察したのがウィクシュトロームとローバー（P-O. Wikström and R. Loeber）であった。彼らは、そのピッツバーグ青少年研究において長期追跡調査を行い[25]、まず対象者を、個人的に犯罪の高リスク要因をもつ者と高保護要因を持つ（リスク要因を持たない）者、その中間の者に分け、さらに近隣効果の観点から4つのグループ、つまり経済的に恵まれた地域の居住者、中間地域の居住者、経済的に恵まれない地域で公営住宅の居住者、経済的に恵まれない地域の民間住宅の居住者に分けて考察した。この結果、高保護要因を持つ者でも、他の高リスク地区に転居すると、近隣効果を受け深刻な犯罪者になる比率が高まることが確認された。他方、個人的に高リスク要因を持つ者に近隣効果はみられなかった。しかし、高リスク要因グループ以外の者で、経済的に恵まれない地域の公営住宅に居住する者が犯罪を行う確率が上昇した。つまり、このグループには近隣効果がみとめられた。このように近隣効果が公営住宅居住者に明瞭に顕在化したのは、アメリカが他の国と違って公営住宅に極度な貧困者が集中している事情が関係しているとされる[26]。もっとも、12歳以下の者については、近隣効果はみられなかった。これは上記ウィルソンらの見解と一致する。

　このようなウィクシュトロームとローバーのピッツバーグ調査結果につき、ボトムズは、この調査で個人的な変数だとされた「低い登校動機」、「親の貧弱な監督」、「罪意識の欠如」なども地域の文脈の影響（つまり近隣効果）を受けることが十分考えられるとする。たとえば、親の養育態度はその親、親戚、隣人を真似たものであるかもしれないし、罪意識の欠如も地域の支配的な規範の影響を受ける。ボトムズはこれらも間接的な近隣効果であり、ウィクシュトロームらは少年に対する近隣効果を過小評価していると批判している。そこで、ボトムズは、結論として、犯罪に対する近隣効果は存在するし、

ときに存在するが、いわゆる個人的要因よりは弱いと考えるべきであり、しかも個人的要因はしばしば、地域社会の「隠れた影響」を組み込んでいるとする。[27]

3　住宅市場（housing market）の役割

　ボトムズ「社会空間犯罪学」の大きな特徴は、住宅市場の犯罪発生への影響を重視する点である。その論点は、前述のボールドウィンとボトムズが1970年代シェフィールドで開始した研究[28]に基づいている。この研究は、その直前1967年に行われたジョン・レックスとロバート・ムーア（John Rex and Robert Moore）によるバーミンガム市在住の移民調査[29]に触発され、その知見を活用している。レックスとムーアの調査は、犯罪学的知見ではないが、移民がバーミンガム市内のさまざまな地域に移住した要因が住宅市場の影響であることを発見した。住宅取得に関する社会的な規範や慣行は、地理的に異なった人口構成、地域社会の生活への持続的な影響といった点で、社会学的に重要な発見であったという[30]。つまり、移民が新しい地で住宅を選ぶ際に、その地の特有な社会事情の影響を受けることにより、同じような社会特性を有する者は同じような住宅形態を選びやすいということである。そこで、ボトムズは、この知見を犯罪学的文脈に置き換え、住宅類型によって犯罪者率が異なるのではないかと考えたのである。実際の調査では、各地域で支配的な住宅類型を、①持ち家、②民間借家、③公営借家、④それらの混合（いずれも支配的ではない）の4種に分類し、それぞれの類型ごとに犯罪者率を算出した結果、これを肯定する研究成果が得られたという。つまり、公営借家地域では犯罪者率が有意に高いことが明らかになったのである。このシェフィールド研究は、その後、ウィクシュトロームらによりストックホルムやピッツバーグの研究へと連なり、地域と犯罪、住宅供給状況と犯罪の関係が詳細に分析された[31]。

　また、ボトムズは住宅市場の犯罪への影響の例として、別のプロジェクトを紹介している[32]。これは、ハル市で展開された「優先不動産プロジェクト（Priority Estate Project）」とその評価研究である。このプロジェクトは、公営住宅の管理に関して居住者との協議の場を設けたこと、低層住宅区では種々の

「防御空間（defensible space）」（オスカー・ニューマンの概念）の改善を行ったことが特徴である。防御空間の改善とは、たとえば前庭、境界塀、通り抜け防止柵などの設置である。そして、研究では、このような改善策がどのように犯罪状況に影響を与えたかを対照群を設定して評価した。その結果、低層住宅区では顕著な犯罪削減が実現した。つまり、管理と設計の効果がみられたのである。ところが、他方で、高層住宅では逆の結果が生じた。その理由として、高層住宅はもともと高齢者が多く居住し、調査期間中にもその死亡や疾病により空き部屋が著しく増加し、そこで市当局は新借家人を一定基準に従い入居させたが、これらの人々は若く、貧しく、失業中、単身という者がほとんどで、さらには犯罪前歴者なども含まれたためであり、高層住宅区は犯罪行動が増加するという状況に変化した。つまり、プロジェクトでは種々の改善を行ったにも関わらず、犯罪が増加したのである。この調査結果を元に、ボトムズは住宅市場の過程が地域の犯罪情勢に広範囲に影響を与えることを確認した。

　最後にボトムズは、住宅地域と犯罪者率との関係で、シェフィールド市近郊にある高層の公営住宅の犯罪状況を引き合いに出して、同じ隣接地域にありながら、全く異なる犯罪者率を示した事例を紹介している。[33]

図3　ボトムズの住宅市場

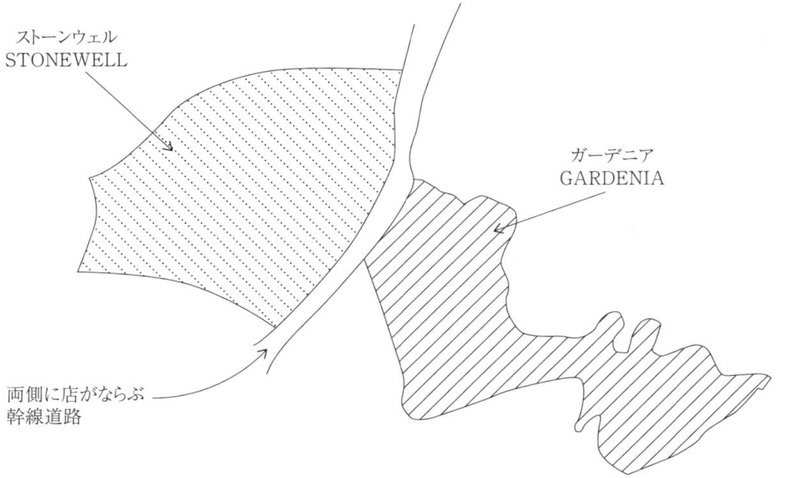

これは1970年代において生じた現象であるが、両地域とも1920年代、ほぼ同じ時期に住宅地として新規開発され、人口規模（2,500人から3,000人）も同じで、しかも地理的に大通り1本隔てたに過ぎない隣接地域において、住宅市場の犯罪への影響を比較研究したものである。これによると、両地域は開発されたのち、犯罪の少ない公営住宅として出発し、その後も居住定着率が高い状況を維持してきた。そして、一方の地域（「ストーンウェル（Stonewell）」（仮称）地域とする）はこうした良好な治安状況を維持したが、隣のもう一方の地域（「ガーデニア（Gardenia）」（仮称）地域とする）は1940年に大きく変動し、犯罪が激増したのである。この理由として、ボトムズが掲げるのは、あるちょっとした契機によって一旦荒廃してしまうと地域はそのまま急激に崩壊するというプロセスである。つまり、ガーデニアは荒廃して、他の場所に住民が転居したため空室が増え、これを埋めたのが、住宅が見つからず逼迫した者、以前からその地域と親密なつながりのある者などであった。そして、ガーデニアには犯罪の下位文化が生まれるようになり、その否定的評価がガーデニアに当時すでに住んでいた住民やその後に居住を考えていた人々に影響し、地域の学校にも優劣の格差が生まれて、両地域の犯罪者率の差はさらに拡大したという文脈である。

　ここで、注意すべき事項として、ボトムズは次の点を指摘する。第1に、社会階級的な人口統計学的変数においては、両地域ともほぼ同じであったこと、第2に、ショウとマッケイの理論は、人口移動の乏しい両地域の相異を説明するには役立たないこと、第3に、これらの地域の住宅市場の作用が犯罪者率を理解するうえで重要な鍵となること、である。とくに、第1点は、地域の犯罪者率が社会階級的構成を単純に反映するものではないことを示したことにより、しばしば指摘される「高い犯罪者率を示す地域の研究は社会階級研究の別名に過ぎない」という批判をかわすことができたとする。

Ⅲ　場所における秩序

　近年の犯罪学研究では、伝統的な「犯罪」問題に加えて、刑罰を伴う犯罪のレベルには達しないものの、地域住民にとって不安感の根源となっている

無秩序、不品行などの「秩序違反行為」が問題とされている。とりわけ犯罪が急激に減少している社会では、めったに被害に遭遇しない重大な犯罪よりは、日常的に繰り返される無秩序行為の方がはるかに重大な関心事とされるからである。ボトムズも同様に、無秩序問題には強い関心を寄せており、社会空間「犯罪」学には無秩序関連事項もその研究対象に包含されている。

1　無秩序概念の重視

　2008年ロンドン大学（LSE）で講演を行ったサンプソンは、可視的な秩序違反行為は社会階層や移民といった広範な社会学的議論にとって今や出発点となっていると主張した。この無秩序、あるいは秩序違反行為につき、犯罪学上の文献で初めて着目したのが、後述するように、ジョージ・ケリングとジェイムズ・ウィルソン（George L. Kelling and James Q. Wilson）であった。彼らが概[34]念として使用した「割れ窓（broken windows）」は一種の隠喩であり、これは割れ窓のほか、廃屋、ゴミの投げ捨て、落書きなどを示す地域の無秩序サインであり、このような些細な無秩序も放置すれば、コミュニティが通常維持する社会統制力を弱体化させるとした。その流れは、無秩序サインの放置→住民の不安感発生・地域離脱→地元民の秩序違反行為の累行・無秩序サインの増加→住民の不安感増大・積極的な地域離脱→重大な犯罪者流入・監視の欠如という崩壊過程を経て、地域は無法地帯と化し、重大犯罪が頻発するとされた（割れ窓理論については、本書18頁も参照のこと）。

　他方、サンプソンはローデンブッシュ（Robert J. Sampson and Stephen W. Raudenbush）とともに、系統的社会観察（Systematic Social Observation, 'SSO'）と呼ばれる革新的な手法を開発して、地域における無秩序を客観的に測定する調査を実施した[35]。これはSUV車にカメラを装着し、熟練した観察者が車に同乗し、ゆっくりと組織的に対象地区を回り、観察したことを映像として全て記録する手法である。特定地区で検証したところ、この調査データによって、全部ではないが、一部の地域で、「客観的な」無秩序状態の知覚を説明できたという。つまり、無秩序には「客観的な無秩序」と「知覚された無秩序」がありうる。このような区別を行うのは、無秩序状態が実際には発生していながら、無秩序に慣れすぎた地域住民が無秩序と感じない場合、逆に無秩序が

存在しないのに無秩序が存在すると知覚する場合があるからである。そこで、サンプソンらは、知覚された無秩序の例として、地域の人種的構成の例を挙げている。ある地区では黒人・白人いずれの住民も、当該地区で生じている無秩序を黒人居住地区の深刻な問題と知覚していたのである。この調査知見につき、サンプソンは、個々人は無秩序の主観的な評価を構成するうえで必ず「従前の信念を引き合いに出す」こと、アメリカ文化における人種の話はこれらの信念の重要な要素から成り立つなどと説明している。つまり、ある一定の環境において共有された無秩序状態の「主観的な」知覚はずっと後に個々人が有する無秩序状態の知覚を予測できるという。「客観的に」観察された無秩序、貧困のレベルはこのような主観的な個人の知覚で修正され、客観的な知覚とずれるのである。しかも、他人の評価に関して人は敏感であるという証言もみられ、やはり個人の知覚は修正される。

　この‘SSO’という調査手法には種々問題が指摘されたものの、この客観的な無秩序観察法は、社会心理学と構造社会学の統合に成功したとして高い評価を受けた。[36] しかしながら、サンプソンとローデンブッシュのこの研究知見はイギリスでは確認されていない。テイラー（Joanna Taylor）らのイギリス犯罪調査の統計分析では、[37] 近隣レベルにおいて、ある地域の人種構成は無秩序の知覚には影響せず、人種的多様性よりもむしろ貧困や困窮がもっとも強く反社会的行動の高い知覚レベルと相関していた。このように、地域における無秩序知覚に関しては英米の相異が確認されている。

　サンプソンのもう一つの主張、つまり無秩序知覚の長期的効果はどうであろうか。要するに、無秩序発生の原因は何かという問題である。無秩序の原因について、割れ窓理論はつとに地域における軽微な秩序違反の放置を挙げ、その状態が長期的に継続すると重大な犯罪へと至ると主張した。これに対して、サンプソンは、社会的不利条件、とりわけ貧困を問題とする。すなわち、無秩序は構造的不利条件と密接不可分であり、長期的な貧困と基本的に結合していると考えるのである。そして、この無秩序防止策として、割れ窓理論が軽微な違反行為の徹底した取り締まり（ゼロ・トレランス）を提唱したのに対して、サンプソンは外因的な介入を求める。外因的な介入とは、文字通り、外部からの介入策の導入である。特定地域の長期的な貧困を解消することが

無秩序の予防に連なり、その外因的な介入策によって、有望な住宅購入者、不動産取引業者、保険代理店、投資家、警察、政治家といった人々がこの地域を印象的に高く評価することができるという。このように、無秩序の知覚は近隣社会の長期的な社会的軌跡を形成し、その意味では、住民の主観的な知覚はたとえ不正確であっても、非常に現実的な社会的帰結をもたらすことは社会学的には自明の理とされる。ボトムズは、これを社会空間犯罪学に引き寄せ、犯罪、犯罪性に関連して、このような分析は回り回って住宅市場の重要性に引き戻してくれると述べている。実際、サンプソンもまさしく「住宅市場は人口分布のメカニズムとして機能するがゆえに、これを社会学や犯罪学に取り入れる必要がある」[38]と述べている。

2　シグナル犯罪の視点

　シグナル犯罪を主張するグループは他の「社会空間犯罪学」グループに比較して最も新しい動きであり、その主唱者も40歳代の若手研究者である。しかも、彼ら自身はグループとして活動しているのではなく、ボトムズ教授が便宜上、グループ化したに過ぎない。しかし、いうまでもなく、「文化（culture）」を基軸にする点で共通している[39]。

　ボトムズがこのグループの中で最も注目するのが、マーティン・インズ（Martin Innes）であり、彼の「シグナル犯罪（signal crime）」の視座である[40]（シグナル犯罪については、本書第2章参照）。これは今世紀に生まれた新しい視座であり、イギリスの近年の犯罪減少傾向と、それにも関わらず地域住民の依然高い犯罪不安感とのギャップを埋めるために開始された議論と言われる。すなわちインズはこれまでの犯罪学が「犯罪や無秩序行為に対する一般公衆の理解」を研究対象にしてこなかった点と住民の犯罪理解がどのように社会空間のシンボリックな構築と重なっているかという点から、「一部の犯罪・無秩序行為の発生（シグナル）は住民がリスク認識を形成するうえで他の事項よりも重要である」という見方を示したのである[41]。この中で、インズは、夫による妻殺害（DV）事件と下校中の少女の不審者による誘拐殺害事件の実際の例を挙げ、前者は凶悪で異常な事件でありながら、必ずしも一般地域住民の不安感を煽るものではないとし、それに対して後者の事件は前者に比し住民には

るかに大きな不安感を与えるという。その理由として、前者が所詮「他人ごと」であるのに対して、後者の事件は地域社会に潜在的なリスクを伝達するシグナルが含まれているからであるとする。

　ボトムズは、このシグナルという観点から、通常の人々は日常生活で遭遇する一定の場所、人、状況をリスクがあると考えるかもしれず、したがってシグナルは社会的記号論の過程を示し、それによって種々の犯罪・無秩序行為は特定場所における不安や脅威という観点から、かなりの影響力を有するかもしれないと述べている。たとえば、同様にインズらが行った「地域安全に対する潜在的な脅威」調査によると、地域住民の不安や脅威は地域によって異なるものの、若者のうろつき、薬物、ゴミ廃棄、落書き、公然酩酊といった類の無秩序行為はどの地区でもきわめて明瞭に脅威が認識されており、しかも驚くべきことに、この調査では侵入盗（burglary）よりもこれらの行為の方が大きな脅威と認識されているという調査結果が示された（本書26頁表1参照）。そこで、ボトムズは、これらの知見は、「脅威とみられる無秩序行為はしばしば反復されて、ひいては公共空間で発生するイベントとなる」という事実によって説明できるという。[42] つまり、地域住民は脅威として、(刑罰が科される)犯罪と(刑罰が科されない)無秩序行為を区別しているわけではなく、無秩序行為が反復されると住民からすれば犯罪と同程度、あるいはそれ以上に脅威を感じるのであり、それは「イベント」として理解されるということであろう。[43] 要するに、イベントは住民に強力なメッセージ（インズのいう「シグナル」）、つまり「自分の町は統制不能」と映り、不安感を煽るのである。

　他方、ボトムズは、「シグナル犯罪」のほかに、「統制シグナル（control signal）」という視点もあると指摘する。この背後にある考え方は、権威のある人・機関・組織（たとえば、警察のパトロール）、あるいは他の住民（たとえば、地域住民によるボランティア活動）による一定の行為は、多くの住民の信頼感を促進し、社会秩序の安全感を植え付けるメッセージを送達するということである。[44] そして当然ながら、その行為が行われないと逆に、住民の不信感が増幅され、社会秩序の安全感は失われる結果となる。

3　割れ窓理論と社会規範

　ボトムズと他の環境犯罪学者との最も大きな視点の違いは、社会規範(social norms) をその構想にふくめるかどうかにある。この点に関して、ボトムズは一貫して、地域における社会規範を問題としており、これは主流の環境犯罪学の論者が犯罪の誘因を物理的環境に求める点と大きく乖離している。

　ボトムズは、社会規範問題に言及するまえに、割れ窓理論を俎上に載せる。割れ窓理論は、前述したとおり、ジョージ・ケリングとジェイムズ・ウィルソンが主張した議論であり、その名を一躍有名にしたのは、1990年代前半、ニューヨーク市警察がこれに基づいて犯罪削減に成功したという報道であった。しかし、犯罪学的にいえば、割れ窓理論の功績は「近隣社会の無秩序という概念を社会科学の優先順位に引き上げたこと[45]」であるとされる。すなわち、従来、犯罪学では「犯罪 (crime)」が問題とされ、その前段階にあるとされる「無秩序行為 (disorder)」を無視してきたからである。この点を高く評価したのは、これも前述したサンプソンとローデンブッシュであった。すなわち、「(割れ窓理論は) 公共の無秩序行為の軽微な形態は、重大な犯罪に至り、都市荒廃の下降スパイラルに陥るという。この推定される前提は、落書きとか公共の場での薬物使用、路上のゴミ捨て、車の廃棄などの目に見える形の契機が犯罪者を魅了していると考えられ、これらの契機から、犯罪者は地域の人々は当該地域で起こっていることに無関心であると考えるのである[46]」。

　しかし、割れ窓理論は逆説的な２面性を有しているとラルフ・テイラー (Ralf Taylor) は指摘している[47]。この理論は、一方で、「その直線的な因果メッセージとその感情に訴えるタイトルゆえに、かつて、これほど都市政策の世界に影響を与えた理論はなかった」と評価する。他方で、この理論の実証的根拠は、他の長期追跡調査を行った結果では貧弱であるとし、実際他の多くの研究は、地域の無秩序行為はそれほど重大犯罪の予測因子となるわけではなく、サンプソンと同様に、むしろ近隣の社会構造的文脈の影響の方が大きいとしている。要するに、割れ窓理論の中心的な仮説「軽微な秩序違反を放置すれば、ゆくゆく重大な犯罪に発展する」は実証的には証明されなかったということである。このように、近年、一世を風靡した割れ窓理論に対する風当た

りが強まっている。

　むしろ近年、無秩序行為に関して強調されているのは、割れ窓理論のように他の犯罪の誘因としてではなく、その「規範違反的性質」である。つまり、地域における社会規範の存否が議論されている。これについて、キーズ・カイザー（Kees Keizer）らは、「社会規範（social norm）」という語には二つの含意があるとし、それらを識別している[48]。つまり、一定の地域・近隣社会の特定行動に対する共有された是認・否認の存在（禁止規範、injunctive norm）と一定環境に共通の特定行動の顕現（記述規範、descriptive norm）である。そこで、割れ窓理論との関係を考えると、割れ窓理論で構想された無秩序の種類は社会的環境であり、その社会的環境において禁止規範は記述規範と対立するという。たとえば、「街頭は公衆の利用のために清潔で快適でなければならない」という禁止規範は、「誰もが通りにゴミを捨てている」という記述規範と矛盾するからである。ここで問題となるのは、特定の環境において禁止規範が記述規範のメッセージと適合しているとき、禁止規範に説得力はあるか、ということである。

　ボトムズは、これを立証した実験の例を挙げている[49]。たとえば、スーパー・マーケットに隣接する建物内の駐車場の入り口に派手な注意書きがあるとしよう。それには、こう書かれている。「ショッピング・カートを元の場所にお戻し下さい。」これは禁止規範である。そこで、実験者は、わざと駐車場にあるすべての車のワイパーにこの趣旨を示す「ビラ」を挟んで様子をみた。実験のある日に、実験者が全てのカートをカート置き場に戻しておいてみた。別の日には、実験者がわざと4台のカートを無秩序に放置しておいた。そこで、これらの2日間の駐車場における自動車所有者の反応をみたところ、後者の状況では、カートを放置した運転者がこのビラを持ち帰えらずに床に捨てた比率が、前者の状況よりも2倍であった（58％対30％）。つまり、他の運転者もカートを放置したと考えた運転者は、自らも放置してよいと思い、さらにそれに影響されてビラも捨てたのである。これは逆にみると、きれいにカートがカート置き場に戻されたのをみた運転者は、自らもそのルールを遵守し、その流れでビラも捨てずに持ち帰ったと思われる。まさしく、前述の「特定環境で禁止規範が記述規範と適合するとき、説得力をもつ」ことに合致

する。[50]

　これらの知見は、割れ窓理論の主要な内容を支持しており、規範違反を目撃した人々は、自らも規範に違反する可能性があるとされる。それが記述的規範となっているからである。しかしながら、結果は割れ窓理論と一致するものの、完全に一致するわけではない。第１に、前述のカイザー[51]は、公共の道路で実験者の「さくら（confederate）」が道路沿いに自転車を走らせ、偶発的にミカンを落とし、自転車に乗ったままの姿勢でミカンを拾おうとしたところ、通行人はどのように反応したかという実験を行っている。通行人の40％が自転車の者を助けたが、別の「さくら」が近くでゴミを清掃している姿を見せたところ、通行人の助ける比率は２倍となった。実験者は結論として、これらの結果は規範を尊重するか、無視するかの些細なきっかけであるが、すくなくとも瞬間的には、街頭の人々の行動に影響を与える。これは割れ窓理論の前提を超えており、割れ窓と真逆の向社会的（prosocial）な規範的行動も同様に効果を示すという。

　次に、ピーター・セント・ジーン（Peter St. Jean）の研究である[52]。いわゆる物理的無秩序、たとえば落書きやゴミ廃棄などは、重大な犯罪者にとって無関心な事項であり、むしろ、彼らの関心は、その場所が実入りのいい（犯罪利益の多い）機会を与えるかどうかにある。たとえば若者のうろつきなどの社会的無秩序では、社会的無秩序と薬物取引者・強盗犯の間には、統計的相関があるという。しかし、これらの犯罪は、社会的無秩序がみられない状況では繁殖せず、対照的に高い社会的無秩序は高い犯罪率を生み出すには不十分であるとされる。

　要するに、割れ窓理論に関しては、近隣社会の研究が時間の経過に従い各種調査結果が発表され、初期においてはその仮説は否定される傾向がみられたが、他方、「(無秩序を放置すれば)無秩序は拡散する」ことは支持された。しかし、割れ窓理論の最終段階「重大な犯罪者は機会に敏感であり、無秩序地域に移動すること」はほとんど支持されていない。とくにセント・ジーンはこの仮説に強く反対している。また、カイザーは、近年の研究で、割れ窓理論の主張する「初期に無秩序の芽を摘む」(言い換えれば、厳格な取り締まり、つまり「ゼロ・トレランス」)以外の些細な方法で、無秩序を多く削減することができ

るとする。

　これらを総合して、ボトムズは基本的には割れ窓理論に対しては実証的にはあまり支持されていないと結論せざるを得ないとする[53]。その最大の理由は、カイザーなどの研究にみられるように、割れ窓理論は、規範的行動、公共の場における人々の行動に対する規範的影響の分析が欠如しているからである。つまり、主流のECCA環境犯罪学と親和性を示す割れ窓理論などを社会空間犯罪学の傘下で統合するという視点では、犯罪の発生する場における規範問題に触れざるを得ず、これがボトムズ論文とECCA環境犯罪学との大きな分岐点であると思われる。この点については、後述する。

IV　犯罪場所と地域社会

　ボトムズが犯罪の場所と考えたのは、たんに犯罪発生が多重化するホット・スポットなどの狭小の場所や地点ではなく、ひろく特定の地域社会全体を想定している。そのことによって、「場所」は犯罪現場という物理的要素から解放され、地域の文化・伝統に根ざす社会経済構造、人種的構成、社会規範の程度・存否などが視野に含まれるようになり、まさしく社会空間犯罪学が平面から立体へ構築されるのを可能にしている。そこで、ここでは、ボトムズが重視する地域社会のデモグラフィックな状況にいち早く着目したシカゴ学派の理論的伝統から、犯罪と地域社会の関係を論じる。

1　集合的効力 (collective efficacy)

　犯罪学の歴史において、シカゴ学派、つまりシカゴ大学社会学部の都市研究者が果たした役割は大きい。その歴史上、初めて社会問題を契機として、科学的な根拠をもって場所・地域の問題を実証的に扱ったからである。そこで、ボトムズの社会空間犯罪学としても当然ながら、シカゴ学派の研究には関心を寄せている。その理由は、第1に貧困地帯における高犯罪者居住率と犯罪発生率が関連するという証拠が依然、ゾーン（同心円）・モデル（上記図2）における社会解体の理論化を支えていること、第2に近年、シカゴ学派のルネッサンス期を迎え、多くの論考や見解、実証研究がみられ、いわゆる新シ

カゴ派を形成していることである。つまり、社会問題の場所に対する関心が復興している。旧シカゴ学派の共通した説明は、一定地域に集中する高犯罪者率と被害率は、社会的困窮によって特徴づけられるというものであった。しかし、この説明は不十分で、貧困の指標と犯罪者率・犯罪率との相関が完全には生じていないという批判がある。シェフィールド研究によると、必ずしも全ての貧困地帯が高犯罪者率を示すわけではなく、地理的に非常に類似した地域でもきわめて異なった比率を示しているからである。

そこで、新シカゴ学派が高い犯罪者率を説明する際に利用したのが、先にみたように、「社会解体(social disorganization)」という概念であった。ルース・コーンハウザー（Ruth Kornhauser）によると、コミュニティの構造・文化がその住民の価値を表現できず、その結果、共通した明瞭な非犯罪的価値や統制を提供できない場所は、社会解体が生じているという[54]。一般に、社会経済的要因と社会解体の概念は強く結びついているが、シカゴ学派は経済的要因と犯罪レベルの直接の関係を提示していないと批判する。ショウとマッケイは、遷移しつつある地帯ゾーン（前述のゾーン・モデル）の「居住者移動性」を強調したが、近年の黒人ゲットー社会に関する研究において、コーンハウザーは「疲弊し危険な近隣社会に共通するのは、比較的高い社会的融合と低レベルの社会統制である。そのような地域では、非公的な社会統制の欠如ゆえにリスクを抱えた子どもだけでなく、（成人）構成員の技巧、生活様式、思考傾向、習慣などにも限界がみられる。シカゴ市ゲットー社会の住民は、社会的には融合されながら、彼らの環境において子どもへの非公的社会統制が十分に及んでいない。その主要な理由は、強力な組織力、組織に必要な資源の欠如にあり、彼らの近隣社会では社会組織の指導層が機能していないのである」[55]と述べている。要するに、この説明の特徴は、旧シカゴ学派の初期理論よりは広範な政治的社会的構造過程と地域過程が密接に結びつけられていることである。また、これとは別に、人々の技巧、生活様式、思考方向、習慣などの社会資本(social capital)への言及も行っていることである。

このような、政治的構造的な地域要因が犯罪に影響をするという調査とは別に、近年、新シカゴ学派の「社会解体」概念を継受する動きがみられる。これが、ロバート・サンプソンの「集合的効力(collective efficacy)」の理論であ[56]

図4 集合的効力（collective efficacy）の構造

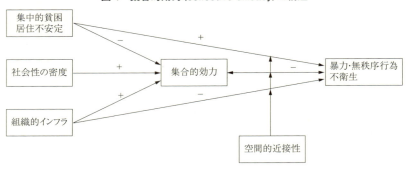

出典：Robert Sampson, Collective Efficacy Theory: lessons learned, Francis Cullen (eds.), Taking Stock, 2006., p.156.

る（図4参照）。集合的効力論は、社会解体論の派生物とみることができる。ボトムズは、社会解体、集合的効力の両概念について、明瞭な継続性はあるものの、重要な相異もあると指摘する[57]。具体的には、1980年代末の社会解体理論の検証において、「地元の友人ネットワーク（local friendship networks）」の存否は地域社会解体の重要な基準であるとし、この欠如が社会解体を示唆しているという。しかし、集合的効力論は、そのような仮説を採用せず、①一部の中産階級地域はほとんどそのような人的ネットワークを有しないにもかかわらず、それが必要なときは、うまく集合的効力を生み出すように組織している、②多くの荒廃した危険な近隣社会が共通して有するのは比較的程度の高い社会的統合と低度の非公式の社会統制である、という理解を採用する。前者つまり高い社会的統合は、一般的な広範囲の主流社会からの接触がなく比較的孤立しているがゆえに地域の構成員同士のつながりはむしろ強いことを示し、後者つまり、低い非公式社会統制はこのような地域環境が子どもに与える否定的影響を統制することは難しいという認識を示している。

このように、集合的効力論は、特定地域において、社会問題の広がりと、特定集団が共通化した価値を実現し効果的な社会統制を維持する能力とを結びつける考え方である。したがって、集合的効力は、「近隣の社会統制を支援するうえで、介入策への共有した期待と地域住民の団結と信頼を結びつけること」と定義される[58]。サンプソンによると、高犯罪率の地域社会が他と異な

るのは、種々の社会資本が欠如しているからであるとし、そのような社会資本があれば人々は集合的目標を決定でき、それを達成するために効果的に組織できると述べている[59]。この目標達成の組織化こそ、まさしくサンプソンが名付けた「集合的効力」であった。ここで、いっそう精密に議論されたのは、たんにコミュニティが非犯罪的価値を有しているかではなく、それらの価値を集合的に表現し、逸脱の脅威に対する価値を効果的に実行する地域の能力であった。サンプソンらは、実際、実証研究において、シカゴ市近隣社会における暴力犯罪の多様性は、部分的には、集合的効力に対する能力の相対的有無で説明できるとした。つまり、「集合的効力は比較的低い暴力犯罪率の予測因子である」と述べている[60]。しかしながら、このような集合的効力への有力な実証研究の知見がありながら、サンプソンらは自ら、「自分たちの問題を地域住民が集合して解決しようと活動を行うイメージが『集合的効力』の全てではない。シカゴにおける実証的研究では、広範囲な政治経済と結合した社会経済的要因、住宅的要因などの構造的変数の重要性も証明されている」とも述べている。したがって、「集合的効力が重要であると認識することは、地域レベルの不平等が（犯罪学の説明で）無視されてきた」ことを意味するものではない。

　このように、社会学的に有効な理論として「集合的効力」概念に対する評価は高いが、もちろん批判もないわけではない。その一つは、集合的効力が犯罪抑止に機能しない場面もあるという指摘である。すなわち、まさしくある種の犯罪は社会解体の所産ではなく、社会組織の所産であるように、ある犯罪組織のギャングは一定程度の集合的効力を提示する方法で近隣社会に影響を与えうるが、このように社会全体としては望ましくない集合的効力も存在するという批判である[61]。もう一つは、「理論はたんに社会の統制や支援の負担を住民に押しつけ、他の者が主張しているような『被害者非難』をしているに過ぎない」という批判である。これは、集合的効力論がいかにもアメリカの中産階級の価値を擁護し、いわばこれを欠く地域社会の住民、とくに人種的少数派で下層階級の住民を批判しているのでないかという疑念である。しかしながら、サンプソンはこのような批判に対して、シカゴ学派のアプローチと同様に、集合的効力を単独の概念とみなしているわけではなく、

社会の構造と権力のマクロレベル的な理解と結びつける必要があるとして、この批判に答えている。

2 犯罪への近隣効果 (neighbourhood effect)

　上述の近隣効果については、アメリカで1990年代に行われた「機会への転居 (Moving to Opportunity)」実験 (以下、'MTO' と呼称する) が参考になる。MTOは、1994年から1998年にかけて、ボルティモア、ボストン、シカゴ、ロサンゼルス、ニューヨークの5都市で実施された、近隣効果を試す壮大な社会実験である[62]。すなわち、アメリカの最貧困地域の公営住宅に居住する子どものいる低所得家庭4,600世帯に、資金援助を行って、はるかに貧困問題の少ない地域の民間住宅への転居機会を提供する実験であった。簡単にいえば、同じ世帯の構成員 (成人、若年者) が地域を移動して別の地域で生活した場合、どのような変化がみられるのか。変化があるとすれば、現に居住する近隣社会の影響があったと考えることができるからである。この実験は直接、犯罪問題と関わっているわけではないが、結果によっては、場所と犯罪、地域と犯罪の関係が明らかになる可能性がみられ、そのため犯罪学者も注目した社会実験であった。

　MTOの条件を満たす世帯は、次の3つのグループ、①統制群、つまり何ら特別な補助を受けないグループ、②実験群、つまり低犯罪地域への転居補助券 (housing voucher) を受けたグループ[63] (さらにその補助券の有効利用についての助言を受けているグループ)、③中間群、つまり別の地域への転居補助券は受けたが助言は受けていないグループ、に分けられた。その後、4年から7年後には中間調査 (interim study) が実施され、さらに10年から15年経過後、つまり2008年から2010年にかけ、転居した世帯は面接調査を受け、最終的な評価研究 (final study) が行われた。すなわち、他の地域に移動した成人および若年者にMTOの長期効果が現れているか、これらの効果は時間経過に従い、どのような変化がみられるか、その変化のメカニズムは何かを問うものである。

　2011年に発表された最終評価研究によると、成人に対する転居効果は、第1に、身体的健康が改善したことである。具体的には統制群に比較して、肥満や糖尿病の罹患率が低下した。さらに転居に伴なって身体的制約は受けな

かったとされるが、高血圧、健康に関連するリスク行動には有意差はみられなかった。第2に、鬱病や心理的苦悩などの精神面も改善した。第3に、経済的自己充足への影響はみられなかった。他方、若年者に対する効果として、第4に、身体的健康の影響の有意性は測定できなかった。第5に、MTOは女子には精神衛生、たとえば心理的苦悩、気分障害、パニック症候群、反抗的行為障害の改善など良好な影響を及ぼしたが、男子にはみられなかった。第6に、問題行動に対しては性別で異なった影響がみられたものの、犯罪・非行による検挙に対する影響はほとんどなかった。第7に、数学・読み書き達成度には顕著な影響はみられなかった。これらの結果から、総じて言えば、転居した世帯や人々へのMTOの影響は、社会経済的要素、たとえば世帯収入、さらには教育的要素、たとえば子どもの学業成績にはMTOの効果はみられず、ただ、健康面で改善があったことが想定外の効果であった。とくに、若年女子への影響は顕著で、問題行動にも改善がみられたことが指摘できるという。

このMTOの結果を犯罪学的視点、社会空間犯罪学の視点から、ボトムズは次のように分析する。上記の結果で、とくに注目するのは、若年者（平均年齢19歳）の過去30日間におけるマリファナ吸引・喫煙・飲酒、妊娠に関与する行為といった「危険行動（risky behaviour）」の問題である（表1参照）。これらの行動につき、検挙データによると、実験群の若年女子は暴力犯・財産犯では統制群（つまり、転居しなかった若年女子）に比較し有意な逮捕率の低下がみられるが、若年男子では財産犯につき統制群（転居しなかった若年男子）よりも有意に高い逮捕率を示した。若年男子の結果は想定外とされ、なぜなら犯罪率の低

表1　MTOの主要な結果

調査項目	成　人	若年男子	若年女子
経済的自給	有意差なし		
精神衛生問題	改善（＋）	有意差なし	改善（＋）
身体健康問題	有意差なし	悪化（－）	有意差なし
教　育		有意差なし	改善（＋）
リスク行動なし		悪化（－）	改善（＋）
総合評価	有意差なし	悪化（－）	改善（＋）

出所：Anthony Bottoms., *The Handbook 5th ed.*, p. 465.

い地域への転居からみて、原因や理由が見いだしにくいからである。しかし、その実験中に行われた中間調査や補充面接調査では、同様の結果が示されており、必ずしも誤りではないという。なぜなら、中間調査では、実験群少年の問題行動に関する自己報告（self-report）では、統制群よりも高い非行率を示しているからである。

　このような実験群青少年の非行に関して、なぜ男女差が生じたかにつき、複雑ながらも、ボトムズは次のように考察する。第1に、若年男子は転居先の地域においても、支配的な娯楽として、従来からの公共の場における「うろつき」活動を継続したことが考えられる。しかし、こうした行動は新しい地域では既存の住民からは受け入れられず、おそらく若年男子の方の行動は女子のそれよりも住民には不安に感じられたのではないかという。しかも、この地域は集合的効力が強く、年配の住民が地域の子どもに介入する機会が多い。これは、いわば集合的効力の負の側面であって、解釈すると、地域の年配者による若年者への介入がなされたが（たとえば、若者の不品行をたしなめるような行動）、それが逆に若年者には腹立たしさとして感じられ、それが犯罪や非行に導いたのではないかと思われる。また、地元の警察官に職務質問などを受ける比率は、新参として若年少年の方が少女よりも高いのは自然である。これらを総合して、ボトムズは、若年少女が統制群に比較し、新しい地域環境に有意に満足しているのに対して、少年は以前の居住地域の仲間とも依然つきあいが継続し、新しい近隣環境に十分適応できていないことが、彼らの危険行動に対する近隣効果の性差として現れたものと考察している。そこで、ボトムズは、このような現象を「性差近隣効果（gendered neighbourhood effect）」と呼んでいる。

　MTOの調査結果では、最終的に次のことが明らかになった。①MTO実験で、新しい地域に転居する最大の理由は、安全な街に住みたいという願望であって、経済状況の改善ではない。②個々の住民の犯罪傾向（ないし規範遵守）に対する近隣効果は、しばしば存在するが、現在の学問状況からして、これらの効果の正確な内容は確定するには至っていない。③それらを理解するうえで、地域の人種的社会経済的な分断や社会的向上の機会の欠如などの歴史的パターンといった、マクロレベルの社会構造装置を説明する必要がある。

住民の日常経験を形成するうえで、地域性を超えた要因がしばしば重要である。④MTOの危険行動調査結果が示すように、地域における社会生活・社会効果の形成は非常に複雑であり、同じ地域でも人口集団によって相異があり、地域内の構造、文化、機関の微妙な相互作用から、この複雑さは生まれるのであり、犯罪学者もこの点を理解する必要がある。

V　社会空間犯罪学と環境犯罪学

　前述したゾーン・モデルを利用したショウとマッケイのように、1930年代、アメリカ・シカゴ学派（シカゴ大学社会学部）は犯罪者（非行少年）の居住場所を地図上に示し、これによってその居住地域と犯罪との関連性を研究した。しかし、犯罪者は常に自宅近くで犯罪を行うとは限らない。そこで、居住場所ではなく、犯行場所の研究を開始したのがレイ・ジェフリー（C. Ray Jeffery）を初めとする環境犯罪学派であった。それは1970年代のことである。では、なぜシカゴ学派の研究から40年間「場所に関する研究」の空白期間があったのか。ボトムズ論文にその説明はないが、思うに、1930年代以降、犯罪者処遇研究が全盛期を迎え、とりわけ施設つまり刑務所における犯罪者の社会復帰をめざす諸種の処遇プログラム開発が盛んで、要するに、犯罪を未然に予防する手法よりも犯罪者を改善して再犯を防ぐことに強い関心が寄せられたからであろう（いわゆる「改善モデル」の時代）。

　ではなぜ1970年代に環境犯罪学の思想が生まれたのか。これについては、トレバー・ベネット（Trevor Bennett）らの解説がある。すなわち、1970年代アメリカでは、刑務所の再犯予防効果に関する悲観論、いわゆる 'Nothing Works' 論が台頭し、次第に犯罪者処遇論が衰退した。その結果、いわゆる「正義モデル」が台頭したが、他方、1960年代末から欧米社会では犯罪は激増し、これに対応するためには、刑罰（抑止刑）の強化か第三の道が模索されていたが、そこで、刑罰を使用しないで犯罪を未然に防ぐ環境犯罪学（イギリスでは状況的犯罪予防論（situational crime prevention））の手法が関心を集めるようになったのであるとする。

1 ECCA環境犯罪学

　ECCAグループが主張する環境犯罪学は明らかに「犯罪者（offender）」よりも「犯罪（crime）」に関心を強く有する学問的視座であり、シカゴ学派が「犯罪者」の地理的居住場所を問題にした点とは対象的である。もっとも、このグループの環境犯罪学理念も犯罪者の居住場所に全く興味がないわけではなく、上述のように、このグループに属するブランティンハムらは、犯罪者の自宅からどの程度離れた場所で犯罪が行われたか（journey to crime）を問題にしている（前述図1参照）。しかしながら、その他のECCA環境犯罪学メンバーは、居住場所の社会経済的な、あるいは人口統計学的（デモグラフィック）な文脈には、ほとんど関心を示さないのも事実である。これは、環境犯罪学が伝統的な主流犯罪学と一線を画すことを意識しているからにほかならない。すなわち、主流犯罪学は長年、犯罪者研究を継続してきたが、そこで扱われたのは民族少数派の者、崩壊地域・スラム街の居住者、社会的低位の貧困者、崩壊家庭の出身者などであり、この文脈では人種差別、貧富の格差、崩壊家庭が強調され、犯罪者はいわば「スラム街に住む貧困で母子家庭の黒人少年」とステレオ・タイプ化されてきたからである。まさしくジェイムズ・ウィルソン（James Q. Wilson）が、このような犯罪問題には展望がないと喝破したように、原因論としても無意味とする論調が環境犯罪学には強くみられた。要するに、環境犯罪学は、他方で、「犯罪機会があれば、誰もが犯罪を行う可能性がある」として人種、性別、社会的条件を犯罪問題から排除したのである。つまり、「誰も」とは出自や生活環境を超える要素であり、環境犯罪学は犯罪問題を犯罪原因論から解放したといえる。ボトムズが指摘するように、フェルソンの「日常活動理論（routine activity theory）」が犯罪発生に3つの要素を指摘しながら、その一つの動機づけられた犯行者の説明が不足しているのも、もともとECCA環境犯罪学としては、犯行者は誰でもよく（いわゆる性悪説）、階級、人種、出身地域を問わない前提からくる帰結である。

　いずれにせよ、それ以来、環境犯罪学は学界内でも一定の地位を築き、今日に至っている。このように学界に有力な影響を持ち得たのは、コンピュータ化された「犯罪地図（crime mapping）」の発明であるとされる。すなわち従

来の手動「ピン・マップ」（紙媒体の地図に犯罪発生場所のピンを押したもの）に代わって、大量の地理・犯罪情報とその分析を視覚的に可能にしたからである。こんにち、アメリカはもちろんイギリスでもすべての警察で犯罪発生地点は罪種ごとにコンピュータ化された地図で示されており、他方で、この情報は一般公衆にも開放されている。近年、わが国でもようやくこの種の手法は導入され始めているが、明らかに規模が異なる。

　環境犯罪学を主導する理論的枠組みは、上述したように、「日常活動理論」[69]と「合理的選択理論（rational choice theory）」である。前者は1979年に発表された論文に基づくもので、当時アメリカ社会は犯罪激増の波が押し寄せ、その要因としてフェルソンらは犯罪者ではなく、犯罪機会の増大を挙げた。すなわち、第二次大戦後のアメリカでは、戦後ベビーブームによって生まれた子たちが非行を行う年齢に達したこと、女性の社会進出に伴い昼間留守家庭が増えたこと、同様に社会進出した女性たちが家事のために多くの電化製品を買い込んだこと、などを住宅侵入盗の激増要因に挙げた。日常活動理論を一躍有名にしたのは、この社会変動の三兆候を集約して、犯罪発生には、a. 動機づけられた犯行者の存在（motivated offender）、b. 標的となる物・人の存在（suitable target）、c. 監視する者の不存在（absence of capable guardian）が関与していると断定した点である。逆にいうと、犯行者はこのような条件が揃った状況（convergence）つまり犯罪機会が与えられた状況で犯罪に及ぶとしたのである。

2　ECCA環境犯罪学に対するボトムズのコメント

　これにつき、ボトムズは2点を指摘する。第1は、フェルソンは犯罪発生要素として3つの条件を並列的に提示しながら、その後の研究では、もっぱらb. 標的とc. 監視者の2つについてのみ議論し、もう一つの要素である、a. 犯行者についてはほとんど言及がないこと、第2に、c. 監視者については、後述する新シカゴ学派の集合的効力と結合可能なこと、である。最初の点について、犯行者が存在しなければ犯罪は発生しないことは自然現象と比較すれば明らかであるが、しかし、前述したように、環境犯罪学の出現自体の原点に立ち戻ると犯行者研究が遅れている点はある程度納得しうると思われ

る。というのも、繰り返しになるが、環境犯罪学は伝統的犯罪学が100年以上継続してきた犯行者研究を批判して登場してきたからである。むしろ、環境犯罪学が学界の内外で支持者を増やしてきた背景には、この点につきる。前述したように伝統的犯罪学者が扱ってきた犯行者・犯罪者・非行少年像は、崩壊した地域社会で貧困家庭に育った民族少数派の者であり、それを対象としてきた研究は、彼らを社会の異常者として扱ってきたからである。これに対して、環境犯罪学は後述するように、人を全く同等の合理的選択者として位置づけ、犯罪機会があれば誰もが犯罪を行う可能性があるとして、民族・人種、社会的階層、貧富の差別や区別を認めない。この点こそ、環境犯罪学がアメリカ社会の構造性や階級性をクリアしたと言われる所以である。

　次に合理的選択理論である。この理論は主としてロナルド・クラークとデレク・コーニッシュ（Ronald Clarke and Derek Cornish）によって展開されてきた。もともとクラークは1970年代イギリス内務省の研究官として勤務し、当時、内務省は状況的犯罪予防の研究を盛んに進めており、クラークもこれに従事した。状況的犯罪予防とは、人間の行動は状況に応じて変化するという前提に立つもので、したがって、同じ者でも文脈の異なる環境では異なった行動をとる。その例として、クラークらが示したのが、犯罪ではないが、ガス自殺の事例であった[70]。つまり、1970年代、イギリスでは自殺率が急減するが、その理由は家庭使用のガスを有毒性の石炭ガス（coal gas）から無毒性の天然ガス（natural gas）へと変えたことによると主張したのである。犯罪学的な意味合いで言えば、自殺念慮の強い者でさえ、ガス自殺ができないと分かっても他の手段で果たそうとはしないこと、つまり、犯罪も発生の環境要素を変更すれば、犯罪は未然に防止できるということである。これがまさに状況的犯罪予防の根幹であった。

　この状況的犯罪予防を支えたのが合理的選択理論である。近年において合理的選択理論とは経済学などさまざまな領域で使用されているが、犯罪学においては犯行を目標指向の行動としてとらえ、犯行者は合理的選択者として、リスクや労力を伴う犯罪実行から多様な満足を得ることを求める者、つまり合理的選択を行使できる主体（agents exercising rational choice）である。状況的犯罪予防との関係でいえば、「状況的予防の展開を支援するために認識され

た、ちょうどよい理論が合理的選択理論」である[71]。そこで、これらの行動を止めるには、犯行者の意図を予測し、その意図を状況操作によって食い止めるか、外せばよいのである。

3　ホット・スポット研究

さらに、ボトムズは、ECCAのサブグループともいうべき研究集団にも着目している。この集団は犯罪多発地点（hotspot）の警察活動のあり方に関心を示すことから、「ホット・スポット・ポリシング（hotspot policing）」（'HSP'グループ）と称されている。研究活動の中心はディビッド・ワイスバード（David Weisburd）であり、彼らの立場は「警察活動の主要な関心を『人』から『場所』に移せば、警察はより効果的になりうる」[72]という言葉の中に示されている。これらのグループも、日常活動理論や合理的選択理論に依拠していることは間違いないが、ECCAグループほど明瞭な理論的視座がない。しかし、ボトムズ教授はこのグループが警察活動の正統性に関心を示したことを評価しており、他の社会学的アプローチと結合する潜在力があるとしている[73]。

ボトムズは、『オックスフォード犯罪学ハンドブック』第4版で「場所に関する犯罪学」の研究者グループを3つのグループに分類した。すなわち、①犯罪イベント（criminal event）[74]研究に焦点を当て、主として「日常活動理論」（フェルソン）や「合理的選択理論」（クラーク）の理論的視点を採用するグループ（いわゆる「環境犯罪学国際グループ（ECCA）」）、②地域社会の社会的構造・ダイナミクスを研究し、とくに地域社会の生活が青少年の犯罪性進行に与える影響に興味を示すグループ（シカゴ学派の流れをくむ「新シカゴ学派」）、③前2者とはかなり異なり、人口統計学的、文化的アプローチに従うグループ（「文化犯罪学」ないしは「記号論に依拠する左派系」）である。同第5版では、さらにこれらを理論的に統合して、「社会空間犯罪学」概念を提起したのである。

Ⅵ　おわりに──結論に代えて

誰にも理解できることであるが、犯罪は必ずある地点、地域で発生する。犯罪と場所は密接不可分の関係にある。他方、犯罪はまた必ず誰か人によっ

て起こされる。いわゆる犯行者、犯罪者と呼ばれる人たちである。したがって、犯罪発生には、場所と人は必須要件である。そこで、問題となるのが、場所と人を犯罪学的にどの程度、重視するかということである。上述のように、旧シカゴ学派は科学的な意味で初めて「場所」に着目した。これは画期的であって、従来は、犯罪学はもっぱら「人」に着目していたからである。つまり、どのような人間がどのような理由で犯罪を行っているのかという視点であり、そしてその原因は何かという疑問から生物学的、遺伝学的、人類学的、心理学的な視点から探求された。原因が分かれば、それを除去することによって犯罪を防ぐことができると考えられるからである。これが主流犯罪学である。他方、環境犯罪学、とくにECCAグループは「場所」を重視し、「人」への関心が希薄である。この理由はすでに触れたが、機会があれば誰もが犯罪を行うという仮説からは、人への探求が希薄になるのは当然である。この「人」への関心を弱めたことは、ECCAグループのいわば功績であるとされる。なぜなら、繰り返しになるが、犯罪者は人種的少数派であり、貧困で崩壊家庭の出身であるという主流犯罪学の犯罪者イメージを解放したからである。ここには階級的出自が捨象されており、犯罪学が階級の産物という批判をかわすことができたのである。

　それでは、ボトムズはどうか。端的にいえば、ボトムズは、「場所」も「人」も重視し、その間にある「規範」も考慮し、さらにそれらを結合して理解しようとする。これが社会空間犯罪学である。まさしく、「規範」を媒介した社会的要素と空間的要素の相互作用に着目して、犯罪問題を考察しようとする。そもそも、ボトムズが『オックスフォード・ハンドブック』初版から第3版まで論文タイトル名を「環境」犯罪学としたのも、ECCAグループのように、「場所」それも「犯罪が発生する現場」という意味では毛頭なく、まさしく「社会空間」としての環境であった。社会空間には、単に物理的な物や人が含まれるだけでなく、その内部にある種々の社会的装置や地域の組織、制度があり、しかもこれらにはそれぞれ固有の歴史、文化、伝統、慣習、規範、思考などが浸み込んでいる。ボトムズはこれらを総合して社会空間と呼んだのであり、これらを変数として生み出されるのがまさしく犯罪や無秩序であった。したがって、これを分析するには、有効なツールや概念が必要であり、その

一つがサンプソンの「集合的効力」であった。ボトムズが頻繁にサンプソンの文献を引用するのも、その表れとみることができる。推測にすぎないが、ボトムズは自ら新シカゴ派の一員として位置づけているようにもみえる。

　最後に、若干の課題を提示したい。というのも、はたしてボトムズが上記の理論構成を採用したとして、最終的にどのような犯罪対策を講じることになるかという問題である。もちろん、理論社会学の任務は、社会の実態に対する実証的な分析にとどまるとする限り、その対策まで言及する必要はないとはいえ、ボトムズは犯罪学者であり、このような分析を踏まえて、犯罪予防策をどのように構築するかには関心がある。これに対してECCA環境犯罪学の犯罪予防策は非常に単純明快である。「犯罪発生要素」の一つを除去すればよいと考えるからである。クラークの「25の技法」[75]が示すように、個々具体的な予防策が詳細に提示され、実際に多くの場面で活用されている。世界各国の実務家がECCA環境犯罪学を好むのも、この理由による。これに対して、犯罪はたんに物理的環境によるだけでなく、社会の諸々の要素が関係していると考えるボトムズ「社会空間犯罪学」は、犯罪対策の処方箋が描きにくい側面があるのも事実である。地域の子どもの行動には近隣効果があるいうのであれば、地域の貧困対策など古くから行われている伝来的な手法に依存するしかなく、その効果の即時性はみられないであろう。

　このように考えてくると、犯罪が激増し大きな社会問題化している場合にはECCA環境犯罪学が威力を発揮するようにみえる。しかしながら、即時性ゆえに、長期的展望的な効果は期待できない。他方、地域の長期的な衰退傾向による犯罪問題の深刻化には、地域固有の社会空間的要素の分析が必要であり、その対応も長期的スパンで考える必要がある。その意味でも、「場所」と犯罪の関係を研究し続ける社会空間犯罪学の利用価値は高いと思われる。

1) ボトムズ教授（Professor Sir Anthony Bottoms）は、ケンブリッジ大学・シェフィールド大学名誉教授であり、長くケンブリッジ大学犯罪学研究所長、ウルフソン講座教授を務め、現在イギリス王立アカデミー会員。2000年には、その功績によって女王よりナイト爵位（knighthood）が授与された。
2) Anthony Bottoms, Developing Socio-Spatial Criminology, M. Maguire et al. (eds.), *The Oxford Handbook of Criminology 5th ed.*, 2012, pp. 452-489. なお、以下の引用で

76 第Ⅰ部　犯罪学一般

は、この書については、'The Handbook' と略称する)。
3) ボトムズは、もともと「場所 (place)」と「空間 (space)」を識別している。彼によると、「場所」は地理的な位置を示し、明瞭な境界線によって特定され、その中で人々は出会い、種々の活動に従事する。他方、「空間」は、これよりはるかに広範な意味がある。環境犯罪学者が「空間」に着目するのは、ある社会活動が地域帯（ゾーン）によって顕著に識別されるからであり、近代の交通手段やITの発達はこれらの空間的分離を架橋している、などと「空間」は理解されるという（A. Bottoms, *The Handbook 2nd ed.*, 1997, p. 586）。
4) 実は、ボトムズは別の書では「犯罪の地理学 (geography of crime)」というタイトルで寄稿している（Anthony E. Bottoms, The Geography of Crime, Gerben Bruinsma and David Weisburd (eds.), *The Encyclopedia of Criminology and Criminal Justice*, 2014, pp. 1943-1956.）。しかしながら、その内容はほぼ本稿と同様の「社会空間犯罪学」である。おそらくその書が百科事典の性格であることから、まだ馴染みのない「社会空間犯罪学」という名称を使用することを躊躇し、広く知られた「犯罪の地理学」にしたのではないかと考えられる。もっとも、犯罪地理学となると、その歴史はシカゴ学派よりもはるかに長く、その嚆矢は19世紀フランス学派に遡り、若干ニュアンスが異なる。
5) 1970年代初めに、ほぼ同時期に犯罪学者ジェフリーと建築学者ニューマンが同様の概念を展開し、都市計画や住宅設計に環境犯罪学の手法を採用したことで、欧米ではCPTEDの用語が急速に広まった（C. Ray Jeffery, *Crime Prevention Through Environmental Design*, 1971及びOscar Newman, *Defensible Space: Crime Prevention Through Urban Design*, 1972.）。わが国では現在、CPTEDは都市工学者が好んで使用している（一例として、山本俊哉「日本における環境設計を通した犯罪予防（CPTED）の適用と展開」刑法雑誌54巻3号、2015年）。
6) ECCAは1990年に組織され、米国ラトガース大学犯罪司法学部に本拠地を置き、毎年世界各地で研究発表会を開催している。日本からは筆者が一人参加しており、1996年には東京でもこの研究発表会が開催された（なお、この東京大会で発表された論文は、季刊誌「犯罪と非行」（日立みらい財団、1996年）110号、111号の特集「環境犯罪学と犯罪分析」に掲載されている）。
7) ボトムズは『ハンドブック』第2版で、「環境犯罪学」という用語を使用したことにつき、このトピックにはしばしば「犯罪の地理学」、「犯罪の生態学」などの名前がつけられることがあるが、名称自体は大して重要ではない。しかし、自分たちの見方は「環境犯罪学」と名付けるのがもっともふさわしいと述べている（A. E. Bottoms, *The Handbook 2nd ed.*, 1997, p.306.）。
8) ボトムズ自身は、『ハンドブック第4版』から「環境犯罪学」という論文タイトルをやめた理由につき、一つには自然環境破壊の問題などを扱うグリーン犯罪学などが「環境犯罪 (environmental crime)」を使用する場合と混同がみられること、二つ目に、「社会空間」という語は社会と空間の相互作用を理解する領域であり、それが研究の中

核であるが、「ECCA環境犯罪学」はこれに言及しないこと、などを指摘している（A. E. Bottoms, *the Handobook 4th ed.,* 2007, p. 529）。

9) 環境犯罪学全般では、犯罪の発生する「場所」と同時に、発生する「時間」（time）も重視するが、「時間」に関しては必ずしも十分な研究は行われていない。数少ない研究として、Ellen G. Cohn, the Prediction of the Police Calls for Service: The Influence of Weather and Temporal Variables on Rape and Domestic Violence, *Journal of Environmental Psychology,* vol. 13(1), pp. 71-83, 1993. なお、ロナルド・クラーク、ジョン・エック（守山　正監訳）『犯罪分析ステップ60』（成文堂、2015年）では、犯罪発生の季節性、周期などを扱う。

10) ボトムズは1968年にシェフィールド大学で初代の犯罪学専任講師に任命され、そこで研究資金を得て、シェフィールド市の犯罪分布についての研究を開始している。この研究が地域における住宅市場と犯罪との関係を扱った『都市の犯罪者（The Urban Criminal）』（John Baldwinとの共著、1976）に結実した。

11) Paul Brantingham and Patricia Brantingham, *Patterns in Crime,* 1984, p. 362.

12) George Rengert and John Wasilchik, *Suburban Burglary,* 1985, ch. 3.

13) この研究では、犯行場所との関係で、犯罪者の戦術（tactics）と戦略（strategy）が区別されており、前者は財産犯罪の標的探索パターンにおける短期の作戦的考慮であり、機会的要因の影響を受け、後者、つまり戦略的考慮により予め設定された地理的枠組みの狭い範囲で行われるが、この戦略的考慮は土地の知悉度と関連し、情緒的要因に基づく可能性が高いという。

14) Paul Wiles and Andrew Costello, The Road to Nowhere: The Evidence for Travelling Criminals, *Home Office Research Study* 207, 2000.

15) A. E. Bottoms, *op. cit.,* 2007, p. 543.

16) 地理的プロファイリングの手法の開発者としてリバプール大学のディビッド・カンターが知られる（David Canter, *Mapping Murder: The Secrets of Geographical Profiling,* 2003）。彼は他の研究者とともに、逆に犯行場所から犯罪者の自宅を推測する「円仮説（circle theory）」を打ち出し（David Canter and Paul Larkin, The Environmental Range of Serial Rapists, *Journal of Environmetal Psychology,* vol. 13(1), 1993, pp. 63-69.)、警察機関の捜査に役立てられており、わが国でも一部の警察がこの仮説を利用して放火犯を検挙した事例がみられる。簡単にいえば円仮説は、連続犯が行った犯罪の現場で最も離れた2点を選び、それを結ぶ直線を直径とした真円を作成して、この円の中に犯罪者の居住場所があるとする説である。

17) A. Bottoms, *op. cit.,* 2012, p. 547.

18) Clifford Shaw and Henry McKay, *Juvenile Delinquency and Urban Areas,* 1942. なお、Ernest Burgess, The Growth of the City, R. E. Park, E. W. Burgess, and R.D. McKenzie (eds.), *The City,* 1925, p. 14も参照。

19) G.B.ヴォルド、T.J.バーナード（平野龍一他監訳）『犯罪学─理論的考察』（東京大学

出版会、1990年)、195-196頁。
20) このほか、イギリスの研究者テレンス・モリス (Terence Morris) も、1950年代にクロイドン市で行った犯罪者居住率はシカゴのゾーン仮説と一致しないと結論づけている (Terence P. Morris, The Criminal Area: A Study in Social Ecology, 1957.)。
21) John Baldwin, Anthony E. Bottoms and Monica A. Walker, *The Urban Criminal: A Study in Sheffield*, 1976.
22) James Q. Wilson, *Thinking About Crime*, 1975.
23) その一例が、Per-Olof Wikström and Rolf Loeber, Do Disadvantaged Neighborhoods Cause Well-adjusted Children to Become Adolescent Delinquents?: A Study of Male Juvenile Serious Offending, Individual Risk and Protective Factors and Neighborhood Context, *Criminology*, vol. 38(4), 2000, pp. 1109-1142.である。
24) James Q. Wilson and Richard J. Herrnstein, *Crime and Human Nature*, 1985, p.311.
25) P-O. H. Wikstrom and R. Loeber, *op. cit.*, pp. 1109-1142.
26) A. E. Bottoms, *op. cit.*, 2007, p. 559.
27) *Ibid.*, pp. 559-560.
28) J. Baldwin, A. E. Bottoms and M. A. Walker, *op. cit.*, 1976.
29) John Rex and Robert Moore, *Race, Community and Conflict: A Study of Sparkbrook*, 1967.
30) この理由として、住宅金融会社は移民のローン契約に疑念を抱いていたこと、市当局も移民に公営住宅を賃貸させるのに資格を得るまで5年間を要するように設定していたことなどがあり、要するに住宅市場の政策によって、地域ごとに人口構成が大きく異なったとしている (A. E. Bottoms, *the Handbook*, 1st ed., p. 69.)。
31) まずストックホルム研究では、地域の住宅類型と社会的人口構成において、さまざまな地域の犯罪者率の偏りの大半は説明できること、ピッツバーグ研究では、公営住宅地域に居住する少年において、非行の危険因子を有する少年も危険因子を有しない少年とともに、非行率において顕著な相異は見られなかったことが明らかになり、住宅類型が犯罪や非行の発生に重要な影響を与えていると結論した (Per-Olof Wikström, Delinquency and the Urban Structure, P. O. Wikström (ed.), Crime and Measures Against Crime in the City, National Council for Crime Prevention, Sweden, 1990.)。
32) A. E. Bottoms, *op. cit.*, 2007, pp. 563-564.
33) アンソニー・ボトムズ (斎藤・守山訳)「ヨーロッパとアメリカ合衆国における環境犯罪学の諸側面」甲南法学第38巻3・4号 (1998年) 191頁以下。
34) George L. Kelling and James Q. Wilson, Broken Windows, *Atlantic Monthly*, vol. 249(3), 1982, pp. 29-38.
35) Robert Sampson and Stephen W. Raudenbush, Systematic Social Observation of Public Spaces: A New Look at Disorder in Urban Neighborhood, *American Journal Sociology*, vol. 105, 1999, pp. 603-65.

36) A. E. Bottoms, *The Handbook 5th ed.*, 2012, pp. 483-484.
37) Joanna Taylor, Liz Twigg and John Mohan, Investigating Perceptions of Antisocial Behaviour and Neighbourhood Ethnic Heterogeneity in the British Crime Survey, Transactions of the Institute of British Geographers (NS), vol. 35(1) 2010, pp. 59-75,.
38) Robert Sampson, Analytic Approaches to Disorder, *British Journal of Sociology*, vol. 60(1), 2009, p. 90.
39) 「(文化とは) 獲得された行動の外在的内在的パターンから構成され、シンボルを媒介して伝達される。その文化の基本的核は伝統的な考え方から成り、とくにそれに付着した価値を含む。一方で、文化は活動の所産として考察され、他方で、さらなる活動の条件的要素として考察される」という古典的な定義を利用して、ボトムズは、文化の鍵となる概念を「シンボル」と「価値」に分け、従来あまり犯罪学では扱われることのなかった「隠喩(metaphor)」と「規範(norm)」の領域に立ち入っている。よく知られるように、シンボルはもともと記号論で扱われる領域であるが、記号論では言語や視覚的メディアを通じたコミュニケーションにおけるシンボルの機能に焦点を当てる。そこで、特定の場所に放たれた信号は著しく行動に影響を与えるメッセージを送ることができる点で記号論は社会空間犯罪学に寄与できるとする (A. E. Bottoms, *op. cit.*, 2012, p. 457)。
40) Martin Innes, Signal Crimes; Social Reactions to Crime, Disorder and Control, Oxford University Press, 2014. なお、シグナル犯罪については、守山 正「犯罪不安感に関する一考察――『シグナル犯罪』論を手がかりに」拓殖大学論集((法律・政治・経済編) 17巻1号 (2014年) 23頁以下を参照 (本書第2章に所収)。
41) Martin Innes, Signal Crimes and Signal Disorders: Notes on Deviance as Communicative Action, *British Journal of Sociology*, vol. 55(3), 2004, pp. 335-355.
42) A. E. Bottoms, *op. cit.*, 2012, p. 481.
43) 但し、近年イギリスでは従来の法制では取り締まることができなかった無秩序行為・反社会的行動に対して、民事裁判所の命令 (Anti-Social Behaviour Order, 'ASBO') でこれを中止させることができる制度を採用し、それに違反する行為には刑事罰が科されるなど、反社会的行動対策が進行しつつある (この状況については、渡邉泰洋「イギリスにおける"ASBO"政策の展開――若者の反社会的行動への対応」犯罪と非行159号 (2009年) 165-188頁を参照。)
44) Anthony E. Bottoms, Disorder, Order and Control Signals, *British Journal of Sociology*, vol. 60(1)., 2009, pp. 49-54.
45) Robert Sampson and Stephen Raudenbush, Seeing Disorder: Neighborhood Stigma and the Social Construction of 'Broken Windows', Social Psychology Quarterly, vol. 67 (4), 2004, p.319.
46) *Ibid.*, p.319.
47) Ralf B. Taylor, Breaking Away from Broken Windows: Baltimore Neighborhoods and

the Nationwide Fight Against Crime, Grime, Fear, and Decline, 2000.
48) Kees Keizer, Siegwart Lindenberg and Linda Steg, The Spreading of Disorder, *Science,* vol. 322(5908), 2008, p. 1681-1685.
49) A. E. Bottoms, *op. cit.,* 2012, p. 477.
50) 実は、ケリングとウィルソンは割れ窓理論を構想する際に、この実験と極めて類似したジンバルドーの実験をヒントにしたと言われる。つまり、ジンバルドーらはアメリカの二つの地区（比較的犯罪が多発している地区としていない地区）を選び、路上に古びた車を放置してそれぞれの地区の通行人の様子を観察したところ、犯罪多発地区では放置後、直ちに通行人によって車は破壊されたが、他方の治安がよい地区では実験後2週間を経ても何ら変化がなかったという。そこで、実験者は治安のよい地区の車の方をわざと一部破壊して様子をみたところ、今度は通行人が犯罪多発地区と同様に、次々と車を破壊したという。これが割れ窓理論の「軽微な違反行為を放置すると次々と同様の違反行為が地域に蔓延し、地域は崩壊する」という仮説を打ち出したのである（Tim Newburn, *Criminology,* 1st ed., 2007, p. 575.）。
51) K.Keizer, S. Lindenberg, and L. Steg, *op. cit.,* p. 121.
52) Peter St. Jean, *Pockets of Crime: Broken Windows, Collective Efficacy and the Criminal Point of View,* 2007, p. 202.
53) A. E. Bottoms, *op. cit.,* 2012, p. 478.
54) Ruth R. Kornhauser, *Social Sources of Delinquency,* 1978.
55) *Ibid.,* p. 245.
56) 'collective efficacy' の訳語については、「集合的効力感」がしばしば使用されているが（たとえば、島田貴仁「住民の相互信頼は犯罪を抑制するか：集合的効力感からのアプローチ」青少年問題638号, 2010, pp. 14-19.）、しかし、もともとのサンプソンらの定義は「近隣地域における社会統制の支援に介入するという共有された期待を伴う紐帯と信頼の結合」ないしは、「集団ないしコミュニティが集合的に達成したいと望むことを達成する組織的能力」とされ（Robert Sampson, Networks and Neighborhoods: The Implications of Connectivity for Thinking about Crime in the Modern City, McCathy H. et al (eds.), Network Logic: Who Governs in an Interconnected World? 2004, p. 157）、必ずしも感情や感覚ではないことから、本論では「集合的効力」という訳にとどめる。いわば、わが国でしばしば使用される「地域力」、もっといえば「地域の問題解決力」という語感に近いように思われる。
57) A. E. Bottoms, *The Handbook 4th ed.,* 2007, p. 546
58) Robert Sampson and Stephen Raudenbush, *Disorder in Urban Neighborhoods: Does It Lead to Crime?* U. S. Department of Justice, National Institute of Justice, 2001, p. 2.
59) Robert Sampson, *Crime in Cities: The Effects of Formal and Informal Social Control,* A. J. Reiss and M. Tonry (eds.), *Crime and Justice,* vol. 8, 1986, pp. 271-311.
60) *Ibid.*

61) *Ibid.*
62) アメリカ住宅・都市開発省（U. S. Department of Housing and Urban Development）が資金補助を行った実験で1994年に開始された。この実験で課題とされたのは、「高貧困地域から低貧困地域への転居は、低収入家庭の社会経済的側面を改善できるか」とされ、まさしく近隣効果を検証したものである。したがって、必ずしも犯罪問題と関連するわけではないが、議論の中には貧困を回避するというよりも犯罪不安を避けて移住する人々が含まれており、そこで、ボトムズは犯罪学の視点から考察したものと思われる。
63) この補助券は、有効期間が1年で、低貧困地域の民間住宅を賃借する場合にのみ有効で、その賃借料の割引に使用できる。また、同時に、補助券には、転居先の地域における賃借に関して助言や相談活動も付随している。
64) 2003年に発表された中間調査（interim study）では、最終調査結果とは異なり、男女とも若年者の暴力犯罪による逮捕率が大幅に減少したこと、MTO効果には性差が大きく、とくに若年女子に良好な結果がみられ、他方、重大犯罪を除くリスク行動には若年男子に不利な影響がみられた。これらの性差は、10年から15年後の最終調査では縮まっている。
65) A. E. Bottoms, *The Handbook 5th ed.*, 2012, pp. 465-468.
66) Trevor Bennett and Richard Wright, *Burglars on Burglary*, 1984, pp. 2-4. なお、この間の事情について詳しくは、守山正「犯罪予防をめぐる『状況』モデルと『社会』モデル──欧米における展開」犯罪社会学研究18号（日本犯罪社会学会編、1993年）121頁参照。
67) James Q. Wilson, *Thinking About Crime*, 1975.
68) A. E. Bottoms, *op. cit.*, 2012, p. 454.
69) もともと、この論文は1979年にローレンス・コーエンとの共著論文として発表されている（Lawrence Cohen and Marcus Felson, Social Change and Crime Rate Trends: A Routine Activity Approach, *American Sociological Review*, vol. 44, no.4, 1979, pp. 588-608.）。この理論を集大成したマーカス・フェルソン『日常生活の犯罪学』（The Everyday Life and Crime）はわが国でも翻訳されている（守山　正監訳、日本評論社、2005年）。
70) Ronald Clarke and Pat Mayhew, The British Gas Suicide Story and Its Criminological Implications, in M. Tonry and N. Morris（eds.）, *Crime and Justice, A Review of Research*, vol. 10, 1988, pp. 79-116.
71) Derek Cornish and Ronald Clarke, Rational Choice Perspective, R. Wortley and L. Mazerolle（eds.）, *Environmental Criminology and Crime Analysis*, 2008, p. 38.
72) David Weisburd, Cody Telep and Anthony Braga, *The Importance of Place in Policing: Empirical Evidence and Policy Recommendations*, 2010, p. 7.
73) A. E. Bottoms, *op. cit.*, 2012, p.456.

74) 「犯罪イベント」論とは、基本的に犯罪発生要素として、犯行者を重視するのではなく、犯罪を誘発する物理的社会的諸条件を重視する視座であり、犯罪はイベントとして諸種の条件が重なり合って、つまり犯罪機会が与えられて初めて発生するものであり、犯行者は犯罪発生の単なる一要素に過ぎないと考える。そこで犯罪を予防するには、その発生条件（犯罪機会）を除去することを主張する。従来の犯罪学が犯罪の原因をもっぱら犯行者に求め、犯行者を改善することで犯罪を予防する見方とは大きく異なる。

75) Ronald Clarke, Situational Crime Prevention, R. Wortley and L. Mazerolle (eds.), *Environmental Criminology and Crime Analysis,* 2008, p.184-185.

第Ⅱ部

警察研究

第4章
警察コミッショナーの導入
──警察の民主性と政治性──

I　はじめに

　2012年11月に行われる選挙といえばアメリカ大統領選であるが、実は、イギリスでもきわめて重要な選挙が行われる。しかも、初めての国民選挙で選出される制度であることから、現地のマスコミ報道はかなり加熱気味である。
　すなわち、11月15日にイギリス（イングランドとウェールズ）では初代の警察コミッショナー（the Police and Crime Commissioner、以下 'PCC' とする。直訳としては、「警察犯罪コミッショナー」であるが、語感から誤解を与えるおそれもあり、ここでは単に「警察コミッショナー」とした）を選出する国民投票が行われる。これは、イギリス警察制度50年ぶりの大改革とも言われ、今後の警察組織の運営や活動のあり方に大きな影響を与えることが予想されている[1]。この構想は、以前から保守党内部で議論されており、2010年総選挙で勝利した保守党のマニフェストにも掲げられていた政策で、今回、いよいよその実現を図るものである。
　PCC制度は簡単に言えば、各選挙区（各警察管区に該当）の選挙で選ばれた民間人（地域社会の代表）が警察機関のお目付役を果たそうというもので、警察活動の民主性を担保し、それによって警察の正統性を保証するものである。具体的には、主として、警察当局の説明責任を追及し、それによって効率的、効果的な警察活動を確保することがその目的である。従来、各警察管区の最高幹部は本部長（chief constable）であったが、PCCにはその本部長の任命と解任（hire and fire）さえ可能な強大な権限が与えられることから[2]、従来の警察組織からみれば大きな脅威となるものと思われ、現にこの構想に対して警察組織はこぞって反対してきたし、政府と警察の関係は現在最悪の状況にあるともいわれる。もともと、このモデルはアメリカ合衆国からの借用であるが、

イギリスの制度は微妙に異なっている[3]。実際には、イングランドとウェールズの警察管区43地区のうち、ロンドン市警察と首都圏警察の管区を除く41地区で、それぞれのPCC 1 名が選出される（なお、ロンドン市警察は市長が、また首都圏警察は女王がそれぞれコミッショナーを任命する）。11月15日の選挙の後、同月22日には新警察コミッショナーが就任することになっている。すでに、有名無名の候補者が出揃い、また各地で演説会が開催されており、投票を待つばかりの状況である。しかしながら、このPCC制度には、ポピュリズムによってさらに厳罰化が進むのではないか、PCCの専制政治につながるのではないか、という種々の疑問や批判が投げかけられ、また有権者である国民自身も必ずしも関心は高くないとの報道もあり、投票率の行方にも関心が集まっている（各種世論調査によると、20％前後が予想されている）。

　本章では、イギリス刑事司法制度の最新のトピックであるPCC制度を紹介する[4]。

II　創設の背景・経緯

　イギリスで最初にPCCの構想を打ち出したのは、シンクタンクの 'Policy Exchange' であった。1990年代、彼らは、アメリカのボルティモアやニューヨークなどで行われている制度、つまり市長などが警察を監督するアメリカ様式を再検討した。アメリカ様式の方がイギリスの現行制度よりも警察戦略に対して柔軟に対応できるし、中央集権化された官僚主義的警察運営を回避できると考えたからである[5]。このシンクタンクはその考えをもともと関心の強かった保守党に提案したのである。この背景には言うまでもなく、アメリカ・ニューヨーク市長ジュリアーニ氏が採用したコンプスタット（Compstat）[6]などの警察政策によって治安対策が成功したという事情もある。

　実際、イギリスでは、2003年10月の当時野党であった保守党の大会で、影の内務大臣は、警察が事件に対して適切に対応しなかった具体的な例を挙げながら、次のように述べている[7]。

　「われわれは近隣社会の警察活動に対して、人々が直言できるようにしたいと思う。本日、ウェブサイトにおいてパブリック・コメントの募集を開始

第 4 章　警察コミッショナーの導入　87

した。地域の警察活動を住民の手に戻すためのラディカルな提案である。他の諸国では、このようなやり方はうまく行っており、われわれもそれをやっておかしくはないだろう。地域の警察活動への内務大臣の権限を弱め、警察活動を地域の人々の直接的で民主的な統制下に置くのである。地域の警察本部長はあなたが選んだ人（つまり警察コミッショナー）に答えねばならないのである。」

　しかしながら、その後もしばらく労働党政権が継続したために、上記の提案はしばらく日の目を見ることはなかった。もっとも、当時より労働党政権も警察改革の必要性は認めており、当初、警察運営の監督を担う、地方政府下部の公安委員会（police authority）のメンバーを選挙で選ぶ方法なども検討されてきた。すなわち、公安委員会の活動は一般公衆にとって可視性に乏しく、説明責任の形態としてはあまりに脆弱であり、明瞭ではないとされたのである。

　他方、2006年当時保守党（野党）党首であったディビッド・キャメロン氏（現首相）も公安委員会改革を提案しており、公安委員を選挙で選ぶか、住民投票で選ばれたコミッショナー、シェリフ、市長などの個人がこれに代わるか、これらによって、イギリスでは初めてコミュニティに住民が望む優先順位の高い警察活動を主張する権限が真に与えられるだろうと述べている[8]。その後、保守党内部には警察改革相（影の内閣）が新設され、選挙職の'PCC'（コミッショナー）構想が一段と強まることとなる。その主要な眼目は、繰り返しになるが、公安委員会はコミッショナーに代替されること、内務大臣の役割は警察活動に対して地域レベルではなく、全国レベルへと焦点を変えること、警察予算の執行は選挙民とコミッショナーの間の合意で決定されること、その結果、警察活動の効率化がはかられること、警察本部長は日々の活動に対する戦略のみに関与すること、コミッショナーは本部長を任命・解任できること、自ら警察本部の活動目標（target）を設定し、計画を策定し、予算を執行できること[9]、などである。これらのことから、この時期ほぼ現在のPCC制度の概要は決定されていたといえよう。

　2008年労働党政府は緑書（green paper）を発表し、そこで「犯罪・警察活動代表（crime and policing reprensentatives）」の国民投票案を提案し、公安委員会の

一部の者はこの代表として選挙で選ばれること、この代表は370地区の犯罪・秩序違反削減パートナーシップ（Crime and Disorder Reduction Partnerships, 'CDRPs'）の議長となると定め、法案も準備したが、地方政府協会（Local Government Association）や警察連合（Police Federation）からの強い反対にあい、法案を取り下げる事態となって、この計画は頓挫した。しかしながら、雲行きが変わったのは2008年にロンドン市長としてアメリカ生まれのボリス・ジョンソン（Boris Johnson）氏が選出され、彼がいずれ自分は首都圏警察公安委員会の議長を務めると公言したときである。当時の首都圏警察本部コミッショナーはイアン・ブレア（Ian Blair）氏であったが、ジョンソン市長はこの案に猛反対していたブレア氏を辞任に追い込み、そこでにわかにPCC構想が浮上した。すなわち、地方警察の責任は誰が担当するかという問題が再浮上したのである。つまり、従来警察が独占してきた地域社会の安全問題を「住民の手に戻す」という発想であった。

このようにして、上述したように、2010年の総選挙において保守党はこの案をマニフェストに掲げ、警察は直接選挙された者による監視を通じて責任

図1　PCC導入前後の警察制度比較

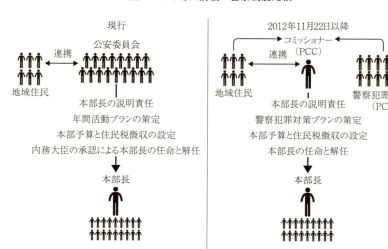

出典：イギリス内務省HPを参考に作成した。

を一層問われるとした。そして、この選挙で勝利した保守党は政権安定のために自由民主党（Lib Dems）と連立政権を樹立し、この構想についても合意に達した。こうして、その後に発表されたのが、後述の『21世紀の警察活動』であった。これが1964年警察法以来50年ぶりの大改革と呼ばれたのである。その中核は従来から議論のあった、地方公安委員会の廃止である。以前から、地方公安委員会の存在について、外部から分かりにくく（low visibility）、また地域住民はその存在すら知らないほど活動が形骸化し、十分に警察活動の監視役を果たしていないという批判がみられたからである。

　基本的に、PCC創設には、近年の警察に対する地域住民、引いては政治家の不信感の強まりという背景がある。すなわち、犯罪は減少しながら、地域住民の犯罪不安感はむしろ上昇しており、警察に対する説明責任を求める声は強かったからである。他方で、警察官の種々の不祥事も大きなトピックとなり、その中には汚職や不法逮捕などが含まれていた。さらには、警察官のあまりに多額の給与水準、あるいは警察支援組織（たとえば、Association of Chief Police Officers（ACPO）など）の巨大化など、警察機関の傲慢とも受け取られる事態は、ますます地域住民の心が警察から離れる結果となった。それに加えて、警察組織の形骸化した官僚主義は、効率性を阻害しているという指摘は1990年代から聞かれたのである。そこで、19世紀イギリス近代警察の基礎を築いたロバート・ピール（Robert Peel）の理念にもう一度立ち戻ろうというのである。イギリス内外の学会でも、しばしば「警察の正統性（legitimacy of police）」についての議論が盛んであることは、イギリス警察の深刻さの一部をうかがわせる。

　そこで、地域を代表する政治家、つまりPCCが警察をコントロールし、監督する必要が生まれたと思われる。実際、PCCには強力な権限が与えられ、警察予算の編成権や予算配分の権限のほか、究極的には従来、それぞれの管区でトップの地位にあった警察本部長を任命し、解任する権限が与えられる。PCCの年収は管区の規模によって、6万5,000ポンド（1ポンド＝130円換算で、850万円）から10万ポンド（同1,300万円）と言われ、給与水準は本部長クラスよりも低いにも関わらず、権限は上回るという逆転現象が生じている。そこで、一般住民からは、警察内部の上下関係、組織階層がわかりにくくなるのではな

いかという見方もある。

　もっとも、PCCを監視する制度も準備されている。それが後述する警察犯罪対策委員会（the Police and Crime Panel、以下'PCP'とする）である。PCPは、PCCの解職請求権（リコール）などの権限があり、PCCの公正性と均衡性を担保する制度、つまりその暴走を止める役であるが、この機関の存在はPCCの制度の導入とともに、さらに警察制度を複雑にするように思われる。

　要するに、PCCが警察活動の民主性を確保する制度であるとしながら、PCCは結局、地域住民の意向に耳を傾けるのではなく、PCPの言いなりになるのではないかという懸念も払拭できない。

Ⅲ　保守党諮問文書「21世紀の警察活動」

1　諮問文書とその特徴

　保守党（the Conservative Party）と自由民主党（the Liberal Democrats）が連立して2010年5月政権を獲得したのち、一つの諮問文書が発表された。それが『21世紀の警察活動〜警察と国民の再結合（Policing in the 21 Century: Reconnecting Police and the People）』である。

　政府はマニフェストに従い、急進的な警察改革を計画し、PCCの導入を予定していたが、それに先立ち、一般の意見、いわゆるパブリック・コメント（というより、今回は比較的専門的な者の意見であった）を募集し、これらを参考にして作成されたのがこの諮問文書であった[10]。

　その核心は、まさしくこの新たな警察コミッショナー（PCC）の創設であり、中央政府の官僚主義的責任に代わって、公衆の民主的責任が提案された。すなわち、PCCの任務はその業務を行う地域において、警察に対して地域住民への説明責任を果たすことを求め、他方で警察予算などの資源を必要なところに適切に配分し、犯罪の削減と地域安全の改善を果たす手法に一般公衆の発言力を強めることであるとした。

　この諮問文書の鍵となる改革の特徴は次のとおりである。

　　　・　現行の地方公安委員会に代わり、警察の説明責任を問う国民に直接

第4章 警察コミッショナーの導入　91

　選挙されたPCCが権限を持つことによって、警察と国民の結びつきを強め、犯罪削減と地域安全の改善を地方関連機関のパートナーと共に果たす。
・　これまた新しく創設されたPCPは、PCCの機能を精査するために、地方自治体に初めて警察活動への関与権限を与える。
・　PCCに警察活動のチェックとバランスの枠組みを与え、勅任警察監察部（Her Majesty's Inspectorate of Constabulary）とは独立した活動を行う。
・　専門的な裁量権を強化し、官僚主義を廃し、警察官の時間をペーパー・ワークから解放する。
・　公衆保護を強化する警察活動と予算節約のコラボレーションを図る。
・　国家警察活動改善庁（the National Policing Improvement Agency）を段階的に廃止し、これに代わって、新たに国家犯罪対策庁（the National Crime Agency）を立ち上げ、組織犯罪と国境警備を担当させる。
・　地域の会合、近隣監視計画、ボランティア団体を通じ、一般公衆のメンバーを含む全ての者に犯罪を削減する際の明瞭な役割を与える。

2　諮問文書の構成

　この諮問文書は以下の項目ごとに、諮問で得られた回答者のコメントを提示し、それに対応した政府の回答を併記する形式で記述されているが、ここでは回答者コメントを項目化して、政府の回答のみ記述する。

① **民主的説明責任の強化**（Increasing democratic accountability）
　基本的には、一般公衆に自分の近隣における警察活動に対してどのように行われるべきかを直接発言させることが狙いである。このために、公衆を代表し犯罪や反社会的行動との闘いを指導するのがPCCであり、警察本部長（chief constable）に対する説明責任を追及し、地域の警察活動をコミュニティのニーズに対応させる役割を果たすものとする。

② **官僚的説明責任の排除**（Removing bureaucratic accountability）
　官僚的説明責任を民主的説明責任に置き換え、警察官をデスクワークから解放し、警察活動に専心させる狙いである。すなわち、地域警察活動への政府干渉（Whitehall interference）を終結させ、官僚主義を廃して、地域独自の判

断を促進して、当該業務の指導者は官僚主義を最小限にとどめる責任を有するものとする。

③ 効率的な地域警察活動のための国家的枠組み（A national framework for efficient local policing）

警察業務は、納税者の血税を有効に使用することを共に考えるべきである。そこで、効率的で効果的な警察活動を行わなければならない。それは一般公衆にとって可視的で、利用可能でなければならず、それによって公衆にも多大な協働意識が生まれ、全面的な協力も可能になり、警察も公衆もそうすることが最善の利益となる。

④ 犯罪に対する協働的取り組み（Tackling crime together）

犯罪を削減するのは警察だけではない。刑事司法機関全体も犯罪を削減するのに共に効果的に活動する必要がある。犯罪者に法の裁きを受けさせ、公平で公正な正義を果たし、被害者や証人を支援して再犯を防止するのである。公衆も犯罪削減において明瞭な役割を演じ、犯罪予防に積極的に取り組み、近隣の安全を維持し、犯罪者に法の裁きを受けさせるために、警察と協力しなければならない。警察と同様に、これまで刑事司法機関や地域安全パートナーは政府（Whitehall）の意向を気にするあまり、地域社会を蔑ろにしてきた。これらの機関はまた、対立する国家の課題や企画によって引き離され、被害者や地域にシームレスなサービスを提供することができなかった。他方、政府もあまりに長い間、抑圧的に地域に業務を科し、地域が積極的な役割を果たすのを妨げたのである。

Ⅳ　PCCの権限・資格——2011年警察改革及び社会的責任法

1　権限と義務

PCCの権限については、2011年警察改革及び社会的責任法（Police Reform and Social Responsibility Act 2011）[11]に規定がある。実質的には、1996年警察法（Police Act 1996）、2003年警察改革法（Police Reform Act 2003）の一部改正に当たる。2011年法の第1部「警察改革」第1章には、ロンドン以外の警察管区で

はPCCが設置されること（第1条1項）、PCCは単独法人であること[12]（2項）、PCCは選挙で選ばれ職務を果たすこと（3項）、当該管区の警察本部を管理し効率的効果的な運営を確保すること（6項）、警察本部長やその管理にある者の執行状況につき説明責任を問うこと（7項）を規定し、PCCの説明責任の内容について詳細な規定が置かれている（8項）。この中には、警察犯罪対策プランの策定と実施、戦略的警察活動の条件の決定、国務大臣によって発せられた実施指針、他の機関・地域住民との協働体制の効率と効果、経費支出の遵守、諸法令が科した平等性と多様性に関する義務の遂行、2004年児童法（Children Act 2004）が科した児童の保護・福祉の増進の義務の遂行など、幅広く、詳細な説明責任が含まれる。

先述したように、2011年法ではPCCは当該管区の警察本部長の任命権（第38条1項）、任務停止権（2項）、解任権（3項、4項）を有するが、但し、PCPはこれらの権限に基づく決定を拒否することができることになっている（なお同法附表8条参照）。

次に、同法第1部第3章には、「地域安全と犯罪予防」と題して、第5条以下に規定がある。すなわち、PCCは通常選挙が行われた会計年度内に警察犯罪対策プランを発行、改訂する義務があり（1項）、その草稿においては同管区の警察本部長に諮問すること（6項）、同草案をPCPに送付し、またPCPによる勧告を検討し、回答すること（同項）、同プランの再検討の機会を設けること（同9項）、確定・改訂したプランを本部長ほかの関係者に送付すること（10項）、同様に発行すること（同項）など詳細な規定がある。このように、PCCにとって、警察犯罪対策プランの策定は同管区の警察活動の有り様を決定する重要な機能と考えられる。なお、警察犯罪対策プランの内容については、第7条で規定があり、それによると、活動の目的、警察組織の長が行うべき警察活動の内容、警察組織の長が実行するために提供しうる財源その他の資源、警察組織の長が警察活動に関して報告するための手段・方法、警察組織の長が行った警察活動の評価を行う手段・方法、犯罪・反社会的行動（anti-social behaviour）の削減のために地域の個人・団体に与えられる補助金とその提供の条件などが詳細に定められている。他方、国務大臣はPCCなどの地方機関に同プランについての指針を与えることとし、PCCらもこの指針を配慮

しなければならず（同4項）、当然ながら、このプランに対してはコミッショナー自身も警察本部長も履行する義務が生じる（第8条）。

PCCなどの選出された地方機関が関係当局、地域組織・個人と連携して協働活動を行う義務については第10条に規定がみられる。さらに、管区内の他の刑事司法機関と協働し、効率的で効果的な刑事司法活動を提供するために協定を締結する義務も規定する（3項）。この刑事司法機関には、警察組織の長、検察庁（Crown Prosecution Service）、大法官（Lord Chancellor）、刑事施設を統括する大臣、少年犯罪対策チーム（Youth Offending Team,'YOT'）、公私の保護観察機関、保護観察を指揮する司法大臣などが含まれる。

そのほか、一般公衆に対する一定の情報の伝達や公表が義務づけられ（11条）、この情報にはPCCなどの地方機関や警察の長の活動内容、実績が含まれるほか年次報告書の公刊（12条）、逆に警察活動に対する一般公衆・被害者の意見の聴取（14条）も行わなければならない。

このほかのPCCの権限（例えば、「警察本部長の任命と解任」（38条以下）、など）、義務、選出（50条以下）については、前述のとおりである。

2　被選挙権

PCCの候補者は18歳以上で指名候補の日までに警察管区内の選挙権を登録した者である。上院議員は立候補ができない。下院議員はできないわけではないが、立候補して当選した場合PCCに任命される前に辞職の必要がある。なお、PCCの任期は4年であり、したがって4年ごとに選挙が行われる（但し、初回に限り任期は2016年5月までの3年半となっている）。

なお、PCCの欠格事由は以下の通りである。
①　PCCの選挙における候補者として指名されたが、別の警察管区でも同日選挙活動を行う者。
②　イギリス（イングランドとウェールズ）の国民、EU諸国の国民および資格あるイギリス連邦諸国の市民以外の者。
③　実際に有罪の判決を受け、拘禁刑が科され、刑務所に入所した者。
④　直接間接に警察に雇用されている者。
⑤　1975年制定の下院議員欠格法（House of Commons Disqualification Act

1975）の一定要件の下で資格のない者で、これには公務員、軍隊の兵士および、地方自治体の事務職員などが含まれる。
⑥　イギリス連合王国の外部の国または領土の立法部に属する者。
⑦　選挙の行われる警察管区内における一部または全部に属する地方自治体の職員である者。これには選挙の行われる警察管区内の地方自治体の管理下で雇用される者を含む。
⑧　債務救済命令・仮命令、破産宣告命令などが命じられた者。
⑨　1983年国民代表法（Representation of the People Act 1983）・1998年監査委員会法（Audit Commission Act 1998）の下で資格を欠く者。

　なお、候補者は立候補するにあたり、指名を受けるためには警察管区内で推薦人100名の署名を確保し、5,000ポンドの供託金を支払わなければならない。指名は2012年10月19日正午に締め切られている。

3　立候補の状況

　このような状況の中で、最終的に192名が立候補した。労働党と保守党は全区（41区）に候補者を擁立し、自由民主党は24区で擁立している。イギリス民主党は5名である。なお、候補者の約28％はどの政党にも所属しない者、いわゆる無所属である。その結果、7区で無所属の候補者がおり、またある区では6人の無所属候補が乱立している。男女別では、192名中女性は35名で18％を占める。このほか、弱小政党（緑の党、正義と反腐敗党、イギリス自由党）がそれぞれ1名を送り出している。立候補者数でみると、多い区では10名（Devon and Cornwall）、少ない区では2名（Staffordshire）と幅があり、激戦区と無風区の差が著しい（表1参照）。

　一時期、著名人の立候補が噂され、たとえばBBCの人気番組「クライム・ウォッチ（Crime Watch）」元キャスター、ニック・ロス（Nick Ross）氏、湾岸戦争で大きな功績を挙げ一躍有名になったティム・コリンズ（Tim Collins）氏らも名前が挙げられたが、実際の候補者をみると、必ずしも著名とされる人々は多くない。唯一、トニー・ブレア政権時代に副首相を務めたジョン・プレスコット（John Prescot）氏が目立つ程度である。むしろ、候補者の中で際立つのは、以下の表1に示されるように、市議会議員（43.2％）や警察関係者

表 1　立候補者の所属状況

所属・性別		立候補者数	比　率
男女別	女性	34名	17.1%
	男性	165名	82.9%
前　職	国会議員	14名	7.0%
	市議会議員	86名	43.2%
	警察本部職員	40名	20.1%
	警察官	32名	16.1%
	軍関係者	17名	8.5%
	治安判事	13名	6.5%

（36.2％）であり、中には、元警察本部長も含まれており、このPCC制度に対して警察組織からは異論が強く唱えられているにもかかわらず、その警察関係者から立候補者が多いのは皮肉と言わざるをえない。

V　警察犯罪対策委員会（PCP）

　PCCの創設に伴い、前述のように、これを統括する警察犯罪対策委員会（Police and Crime Panel、'PCP'）も創設された（警察改革及び社会的責任法第28条）。これは、連立政権のもう一つの政党、自由民主党のアイディアと言われ、保守党が強力な権限を持たせようとしているPCCに若干の歯止めをかけ、対抗措置をとる目的ともいわれる。すなわち、それぞれの警察管区内にはPCPが設置され、PCCに対する説明責任を問い、他方で警察活動の影響における透明度を強調してPCCを支援する（88頁の図1を参照）。しかし、実際には、PCCとPCPの政治的立場の違いから対立する恐れもあるし、PCPの創設によって、PCCが直接地域社会に果たす責任が希薄化する懸念もある。なぜなら、民主性の確保としてPCCを導入しながら、住民によって選挙されないPCPがPCCを統制するのであれば、やや矛盾であるように思われるし、実際にはPCPの構成員がどのように選ばれるのかも不明瞭である。

1　PCPの機能

　その主要な機能は、上述したように、基本的にはPCCの監視・統制役であり、PCCの暴走に歯止めをかける役割といえる。具体的には以下の通りである（2011年警察改革及び社会的責任法28条2項以下）。

① PCCの総合的な実績を精査すること。
② 警察犯罪対策プランの展開を再検討し寄与すること。
③ 多くの地域住民が市民税を通じて警察業務に関与しうる方策につき、PCCの提案を再検討すること。
④ PCCの年次報告書を公開の場で精査すること。
⑤ PCCによる任命（警察本部長含む）を再検討すること。
⑥ PCCが2年以上の拘禁刑が科されうる犯罪の嫌疑をかけられた場合は、その機能を停止すること。

2　PCPの構成

① 警察本部が10か所以下の警察署から構成されるとき、PCPの構成員は10名とする。
② 警察本部が10か所以上の警察署から構成されるとき、警察署の数と同じ人数の構成員とする。
③ 追加の構成員をPCPに加えることは可能だが、PCPの規模は20名を超えてはならない。
④ 各地方自治体はPCPに少なくとも1人の構成員を代表させなければならない。
⑤ 誰をPCPの構成員にするかの選択は主に関係機関の判断にゆだねられる。

　実際には、PCPの構成員は主として市議会議員の中から選ばれるものと考えられている。

VI　PCC制度の問題点

　前記内務省・パブリックコメント（諮問）の募集では、多くの批判や課題が寄せられている。筆者なりに、主要な2つの点を以下に指摘したいと思う。

1　PCCの政治性

　PCC個人の力だけでは全管区内の警察活動を効果的に監督し、個々の地域社会への関与を維持するのは困難という意見は多い。そこで副コミッショナーを任命したり、強力な執行部を創設したりする必要もあるとする考えもある。またPCCによる警察活動の「チェックとバランス」は重要とされながらも、地域ではPCCと警察本部長の責任をどのように位置づけるか、混乱が生じる懸念を表明する傾向もある。さらに、PCCを監督するPCPも存在し、責任ラインが一層複雑化して、地域の住民には警察組織構造の理解が困難になることも予想される。

　PCCの役割に関して、最も多くの懸念がみられたのはその政治性である。今回の立候補者をみても、主要政党は各選挙区に候補者を擁立し、自党の主張を拡張しようとする動きがみられる。キャメロン首相は、この点につき、できるだけ無所属の地域有力者が立候補するのが望ましいとしながら、実際保守党は全選挙区に候補者を擁立している。他方で、何ら社会資源や実務的経験のない無所属の候補者にも、懸念が示されている。いずれにせよ、問題となるのは、警察本部長が行った捜査上の決定を政治的に覆すことにならないかどうかである。そして、これに反発すると警察本部長はPCCによって解任される恐れがある。したがって、警察本部長にも何らかの防御権を与えるべきだとする意見がみられる。

　他方、PCCは警察本部ばかりでなく、他の刑事司法機関と意見の対立をみることも予想される。そこで、他の刑事司法機関のパートナーとの関係を明瞭にすべしという意見がみられるのは当然である。

2　警察の独立性

　イギリス警察の伝統的な価値、それが独立性（independence）である。つまり、政治介入からの独立である。したがって前記「政治性」とこの「独立性」は表裏一体の関係にある。警察官は個々の事件処理において裁量権を保持するという独立性は、批判こそあれ、種々の法的判断においても確立され、警察運営は政治が介入できない聖域と理解されてきた。それは150年間もイギリスで保持されてきた伝統である。したがって、この観点からいうならば、警察運営は政治勢力がとって代わることはありえないことになる。しかし、それを脅かしているのがまさしくPCCの導入である。これに対して、政府、とくに内務省は、PCC導入によって警察運営の独立性は侵害されるものではなく、警察本部長は依然として運営上の種々の決定を行う巨大な職権と自由を有しており、ただ今後は警察コミッショナーを通じて地域社会が設定した優先事項に合致する運営上の責務を負うにすぎないと説明している[13]。そこで、「運営上の独立」とは何かが問題となる。すなわち、本部長の権限の限界は何か、どのような形態の政治的介入なら適切なのか[14]。要するに、個々の事件における捜査、捜索、犯人検挙に限定されることなのか。そこで想起されるのが、PCC導入を最初に提案した前述シンクタンク'Policy Exchange'の報告書である。ここには、警察は地域の安全のために最前線の活動にのみ専心すればよいという趣旨が書かれていたのである。

　警察の独立性に対する最大の脅威は、PCCの本部長任命・解任権であろう。今後、この影響から警察幹部の自らの退任や離職が早まることが予想されており、またこの権限が濫用されるようになれば、結局は中央政府の介入がみられることになるという観測も流れている。

Ⅶ　おわりに

　政府と警察の関係が一段と悪化した遠因には、2010年成立の連立政権による大幅な警察予算の削減にあった。もちろん、新政府の予算削減は警察の領域に限ったことではないが、しかし、近代警察を世界で初めて誕生させたイ

ギリス警察の矜持を著しく傷つける結果となった。しかもPCC構想が警察活動の地方化や非中央集権化をうたい、内務大臣の介入を削減するといいながら（しばしば、イギリスでは非中央集権化のことを「（政府が所在する）ホワイトホールの力を弱める」という表現で示される）、結局、地方警察活動の大半（約4分の3と言われる）の予算は中央政府によって配分されているという事実も、この構想に対する疑念を抱かせる結果となっている。

　PCC国民選挙に関しては、前述したように、各種世論調査では、投票率は20％前後ではないかとしており、2010年の総選挙の65％と比較すると圧倒的に低い。その原因は、有権者が候補者の情報を知らないことにあり、また初めてのPCC選出選挙であるために、戸惑っている様子が伺われる。このために、政府は広報に躍起になっており、全ての世帯にパンフレットを配布している。

　他方で、選挙のボイコットを訴える動きもみられ、その中には、元首都圏警察コミッショナー、先述のイアン・ブレア氏も名を連ねる。もとより、当然のことながら、多くの警察関係者はこの制度の導入に反対してきたが、これに限らず、筆者がイギリス人の知人数名に話を聞いても、この制度に賛成する者は決して多くない。彼らは、この制度が警察活動を民主化するというよりも、警察活動がいっそう政治化し（politicised）、人の目を引く派手な戦略ばかりに集中する人気取り政策（populism）と相まって、いよいよ厳罰化が強まることを懸念しているのである。

　PCCの着想は、アメリカ・ニューヨークの成功物語から得られている。キャメロン現首相が就任直後、その立役者であるビル・ブラットン（William Bratton）氏に首都圏警察本部コミッショナーの就任を要請したことは、まさにニューヨークの効率的警察を模範にしたいという強い意向であった（結局、内務省が警察官はイギリス国民でなければならないという慣例から強く反対したため、首相のアドバイザーに留まった）。その元市長ジュリアーニ氏の強力な警察運営がPCCをイメージさせたのである。このPCC制度といい、「割れ窓理論」や「ゼロ・トレランス（非寛容政策）」に根ざすASBO政策といい、近年イギリスの刑事司法政策にはアメリカ的な手法が大きな影響を与えており、研究者の中には、刑事司法の「アメリカ化（Americanization）」を指摘する声が少なくない。以前の

イギリス人は自前の制度に誇りを持っていたように見受けられたが、このようなアメリカ化は、現代のイギリス社会が犯罪問題に直面して自信を喪失していることの現れであろう。

1) 本章の執筆に当たり、以下のウェブ上の記事を参照した。①イギリス内務省（http://www.homeoffice.gov.uk/media-centre/press-releases/consultation-police-pay-review）、②ガーディアン紙（the Guardian, http://www.guardian.co.uk/news/datablog/2012/oct/19/police-crime-commissioner-list-analysed）の2012年4月16日、同年9月20日、10月2日、10月19日付けの記事、③BBCのHP（http://www.bbc.co.uk/news/uk-politics-19504639）、④警察機関のHP（http://www.policecrimecommissioner.co.uk/）、など。
2) 実は、イギリスでは1970年代、80年代に地方公安委員会（police authorities）が警察幹部を更迭する試みがしばしばみられたが、実際は時の内務大臣が却下したために、更迭される事例はみられなかった。
3) Tim Newburn, Police and Crime Commissioners: The Americanization of Policing or A Very British Reform? *International Journal of Law, Crime and Justice*, vol. 40(1), 2012, pp. 38。一般的に、アメリカでは大半の警察コミッショナーは住民投票で選ばれているわけではなく、通常は市長が任命している。直接選挙される 'Sheriff' は警察機関に所属しない。各カウンティ内の市町村の法執行を行っている（イギリスBBC、2012年9月11日付ニュースによる）。
4) すでに、この動きについては、守山 正「イギリス新政権の刑罰政策」犯罪と非行169号（2011年）219-238頁で簡単に触れている。そこでは、「警察犯罪対策委員会」の新設としたが、「警察犯罪コミッショナー」が正しい。
5) T. Newburn, op.cit., p. 33.
6) 'Comp Stat（コンプスタット）' は1990年代のニューヨーク警察本部長ウィリアム・ブラットン（William J. Bratton）氏と次長ジャック・メイプル（Jack Maple）氏が考案した警察活動の手法で、犯罪記録の収集・地図化・伝達とその機能的な活用により犯罪を劇的に減少させたとして賞賛された。その内容は4点あり、正確で時宜にかなった情報、迅速な職員の配備、効果的な戦略、間断のないフォローアップと評価が強調される。その語源は、'Computor Statistics' の略語という説がある。
7) 2003年10月7日付イギリス・ガーディアン（the Guardian）紙による。
8) 2006年7月10日警察財団における講演による（http://www.police-foundation.org.uk を参照）。
9) 警察改革相（影の内閣）の報告書「人々のための警察活動（Policing for the People）」（Police Reform Task Force, 2007、p. 220）による。
10) 諮問の内容は、主として政府が予定している警察改革と警察改革及び社会的責任法案に関するものであり、4つの課題に関する23個の設問がもうけられた。対象者は、

全国・地方・地域の組織、警察本部・警察署、最前線の実務家、協会、関係する集団・個人である。諮問はPDF形式の質問で7週間、英語とウェールズ語で内務省のホームページに掲載され、回答者は各自ダウンロードして、それぞれ記入し、無記名で内務省に送信、郵送する方式であった。また、これに関して地域の会合やイベントが9回開催されている。その結果、総計895通の回答が寄せられた（この諮問文書の最後の頁に、回答者の詳細について記述がある）。

11) なお、同法はPCCに関する警察改革のほか、酒類販売免許（licensing）、議事堂付近のデモ活動（demonstration）に関する規制などを含む法令である。
12) 但し、PCCを補佐するために副PCCを任命できる（警察改革及び社会的責任法18条1項）
13) 2010年12月13日のテリーザ・メイ内務大臣の議会における発言。
14) T. Newburn, op. cit, p. 42.
15) ASBO政策については、渡邉泰洋「イギリスにおける"ASBO"政策の展開～若者の反社会的行動への対応」犯罪と非行159号（2009年）165頁～188頁を参照。
16) T, Newburn, op.cit, p. 42.

第5章
リストラティブ・ジャスティス(RJ)の問題点
——1998年犯罪・秩序違反法をめぐる論争——

I　はじめに

　イギリス（イングランドとウェールズ。以下同様）では、1998年犯罪・秩序違反法（The Crime and Disorder Act 1998. 以下、1998年法とする）によって、リストラティブ・ジャスティス（Restorative Justice, 修復的司法、以下、'RJ'）の思想が法制上、初めて導入された。実務上は、かなり以前から地方によっては行われていたし、また類似の制度も存在したが、今回の改革で明瞭に法制度にまで高められた点で画期的である。RJの思想や制度の起源・定義については諸説があるが、いずれにせよ、いわゆる西欧文化とは異なった人々が生み出した伝統的な紛争解決法であり、西欧社会が根ざす近代合理主義の下に国家を主体とした現行刑事司法制度が運営されながらも、その行き詰まりが看取されるなか、西欧研究者によって、特に東洋その他の文化圏の中に新たな司法の模索が始まったといえるであろう。また、1980年代から主流になった正義モデル（justice model）に対する反動や懐疑、つまり改善モデル（reform model）への回帰をみることもできるであろう。しかし、他方、以下にみるようにRJ思想のそもそもの問題点やその運営にかかわる問題点も少なくない。
　そこで、本章では、イギリスの1998年法を素材として、リストラティブ・ジャスティスの合理性を探る。

II　1998年法とリストラティブ・ジャスティス

　1998年法は、前述のとおり初めてイギリスの刑事司法制度に「リストラティブ・ジャスティス」関連の規定をもたらしたとされる。この語が法規定上に

現れているわけではないが、少なくとも、同法の最も重要な目玉の1つとして、特に若年者犯罪に対する主要な対応にこの思想の諸要素が混入している点は注目に値する。すなわち、同法は第67条から第72条までを「若年犯罪者〜非拘禁的命令」の章として独立させ、実質的にRJに関する条項を定めている[6]。この用語は前述のように、様々な定義や態様があるが、ジェイムズ・ディグナン（James Dignan）は、伝統的な刑罰使用による刑事司法の運営よりは柔軟で、建設的な方法であるとする[7]。すなわち、この根底にある思想は3つのR、つまりResponsibility, Restoration, Reintegrationで示されるとされ、責任（Responsibility）つまり、犯罪者の行動の結果と被害者が受けた衝撃を家庭問題として把え、家族の間で話し合うことである。ファミリー・カンファレンスが実施されるのはこのためである。第2の目的は、修復（Restoration）つまり、犯罪者が直接被害者に対して、あるいは地域社会に対して適切な修復活動を提供することである。第3に、再統合（Reintegration）つまり、可能であれば加害者と被害者の和解を模索し、被害者と加害者の双方を地域に再統合する努力を行うことであるとされる。1998年法には、修復的介入として各種の処分が規定されている[8]。

さらに、ディグナンは、内務省が作成したドラフト・ガイダンス[9]に依拠しつつ、修復的手法として次のものを掲げる[10]。

1 被害者との協議

1998年法によると、犯罪者に特定個人（被害者）との修復を行うよう命令する場合、被害者の同意が得られなければならない。RJを設定するのは、同法によって立ち上げられた地方当局の組織で多機関協働体制をとる少年犯罪対策チーム（Youth Offending Team, YOT）であるが、この組織は、どの種の修復活動が適切であるかを検討する際に、ガイダンスに従って被害者の意向を説明するよう求められる。要するに、リストラティブ・ジャスティスは被害者の意向を中心に構成されているが、法令上被害者が受けるべき協議の資格についての規定は見当たらない。しかも、被害者との協議がこれ以上事件に関わりたくないと考える被害者にとって有害である場合もある。しかし、いずれにせよ、修復的司法は被害者の意向に沿って進められるべきで、その意味で

被害者との協議は重要である。

2　被害者及びその家族の支援・指導

　被害者・家族は、その衝撃のあまり犯罪の結果に対処することに困難を来す場合が多く、そのような場合、通常、被害者支援組織（Victim Support. 以下、VSとする）とYOTが連携して助言や支援が与えられる。特に、被害者が若い場合、家族や保護者に対する支援が行われる。被害者が少年で家族が犯罪の結果を十分に認識していない場合には、VSの特別チームがこの種のニーズに合致した活動を行う。通常、このような活動には情報の提供、助言、情緒的支援などがある。この意味で、VSの活動もリストラティブ・ジャスティス活動の一翼を担っている。修復命令実施のために地方に設置されたYOTは、必ずしもこの種の活動の責任を全て負担するわけではないが、実際には、VSとの連携は緊密である。

3　犯罪者の手紙による謝罪

　犯罪者による謝罪の手紙は、犯罪者が被害者に対して感情移入できる契機を与えるばかりでなく、被害者にもたらされた害悪を認識し、犯罪結果に取り組むのを支援する。これにより、犯罪者は謝罪、あるいは被害者のために直接的な修復活動を行うことを求められる。

4　被害者のための直接の活動

　犯罪者の責任感と悔恨を示す具体的な場面は、被害者に対する直接的な活動を行うことである。

5　直接・間接の仲裁

　仲裁は、加害者・被害者のフェイス・トゥ・フェイスの関係において、あるいは職員を介しての間接的な関係において、相互理解と自主性の増大の可能性を与える。被害者にとって、仲裁は犯罪者の動機や状況を理解する機会であり、犯罪によって引き起こされた情緒的な害悪の修復に役立つ。犯罪者にとっては、仲裁は被害者の善良さに接触する機会であり、犯罪者自身の自

敬の念を構築する機会でもある。したがって、犯罪者が有罪の答弁をしない場合や犯行の責任を全面的に認めない場合は、仲裁に参加する必要はない。

6　ファミリー・カンファレンス

RJは基本的に両当事者の交流が前提であり、第三者である司会役（mediator）が招集し、会合を進める。関与者は当事者ばかりでなく、犯罪によって影響を受けた者であり、範囲が広い。この中には、犯罪者・被害者の家族、親しい友人、関係する機関職員などが含まれる。この目的は、犯罪によって提起された問題を取り扱い、被害者との関係を修復し、犯罪者の再犯を回避するためになされるべき事項を解決することにある。

7　地域社会に対する修復

犯罪者によって行われるべき実践的なRJ活動は、被害者に対するばかりでなく、地域社会全体に対する場合もある。特に、被害者がいかなる修復にも応じない場合には、修復は地域社会が対象となる。あるいは、被害者によっては、自分自身に対するよりは、地域社会に対する修復を望む場合もみられる。さらに、RJの性格は行われた犯罪のタイプと関連することが求められる。

8　被害者に対する認識

被害者がRJやその関与を望まない場合でも、犯行の諸結果、特に被害者へのあり得べき影響に対する犯罪者の認識を促進することは可能である。被害者の事情や感情に対する認識は犯罪者の意識を変化させる可能性がある。これは、犯罪者が自らの行動とその結果に直面することを求められる認知行動的アプローチ（cognitive behavioral approach）である。この手法は、1980年代重大犯罪や常習犯罪を犯した少年に対する集中的中間処遇（intensive intermediate treatment）と類似している。そのほかにも、怒りの感情の処理法や薬物治療などがある。

9 代理被害者の利用

これは、現実の被害者が現われなかったり参加しなかったりする場合に、かつて被害経験があり、かつ犯罪者に会うことを望むボランティアを使う方法である。これは、現実の被害者救済というよりも、犯罪者の処遇面を重視する手法であろう。

以上のように、ディグナンは基本的にRJに対して肯定的であり、楽観主義に立つ。

Ⅲ 少年司法とリストラティブ・ジャスティス

1998年法は、リストラティブ・ジャスティス関連の処分を10歳以上18歳未満の犯罪少年に対して適用する。すなわち、第67条と第68条において、刑事法院ないし青少年裁判所は犯罪を行った18歳未満の者にRJ命令を言い渡す権限が与えられた。もっとも、言渡し権限は、当面導入実験を行った裁判所にのみ認められる。この導入実験は1998年10月から18ヶ月の期間にわたって行われた。

政府の白書『もはや言い訳は許されない（No More Excuses）』は、RJ命令について、次のように述べる。

「新しい刑罰であり、裁判所が賠償命令を言い渡さないすべての事件において、少年犯罪者に科すことを検討しなければならない。当該命令は、3か月内の最大24時間のRJ作業を命じる。このRJ作業には、謝罪の手紙を書くこと、本人の被害者への直接の謝罪、落書きの清掃、損壊した器物の修理などが含まれる。政府の提案は、命令を下す前に被害者の観点を探ることを確実にすることである。被害者が直接のRJを望まない場合、RJは地域一般に対してなされる。」[11]

RJ命令の特徴は、その対象者が必ずしも被害者本人（又はその家族）だけではなく、当該犯罪によって影響を受けた間接的な被害者も含む点である。例えば、傷害事件の現場に居合わせ、それを目撃したことによりショックを受

けた者などがこれに当たる。RJ命令は、総計で24時間を超える作業を若年犯罪者に求めることはできない。RJのための命令はいずれも、RJがなされるべき人の同意を得なければならない。

　より一般的には、第67条5項に従い、RJ命令に定められた遵守条件は裁判所の意見において、犯罪の重大性あるいは、犯罪とそれに関連する一つ以上の犯罪との関連において均衡しなければならない。これが意味するのは、RJ内容と犯罪の重大性との均衡である。これは、求められる作業の性質やそれに要する時間数に適用される。裁判所は、少なくともそれが犯罪自体の性格によって正当化されない場合には、RJ活動を求めるのは適切ではないと判断する。第67条6項は、その意味で、裁判所に対する法的チェック機能を果たす。すなわち、RJ活動のある形態、例えば作業が危険で、特に不快で品格のない性質の活動が不適切であることは疑いない。また、RJ命令における条件は、実施可能な限り、犯罪者の宗教的信仰や通常労働する時間、学習する時間との抵触を回避しなければならないとされる。RJ活動は、「担当官」（保護観察官、ソーシャル・ワーカー、YOTのメンバー）の監督の下になされる。

　裁判所がRJ命令を言い渡す場合、まず判決前報告書（pre-sentence report）を獲得しなければならない。すなわち、第68条1項によると、裁判所はRJ命令を言い渡す前に、保護観察官、ソーシャル・ワーカー、YOTによる報告書を獲得し検討しなければならない。報告書には、少年犯罪者にとって適切な作業タイプ、当該命令に含まれるべき遵守条件に対する被害者の態度などが記載される。RJ命令を言い渡す前に、裁判所は、当該犯罪者に対して、通常の言葉で、次のことを説明しなければならない。①当該命令の効果や命令に含まれる遵守条件の効果、②犯罪者がこれらの遵守条件に違反した場合の結果、③当該命令に関して裁判所により命令の執行状況についての再審査を行うこと、などである。対象少年の人権面を配慮した事項といえよう。

Ⅳ　リストラティブ・ジャスティスへの批判

　1998年法におけるリストラティブ・ジャスティス（RJ）に対する批判をアリソン・モリスとロレイン・ゲルスソープ（A. Morris and L. Gelsthorpe）の主張に[12]

基づいてまとめてみよう。

第1に、比較的軽微な犯罪がRJの処理を受けることで、かえって均衡を失してしまうことである。例えば、テームズ・バリー警察において行われている修復的警告（Restorative Cautioning）制度は、通常は警告で済まされるべきケースを取り込んでおり、RJの部分の負担が増え犯罪の重大性との均衡を要請する1998年法とも矛盾する。リチャード・ヤングとベンジャミン・グールド（R. Young and B.Goold）も、リストラティブ・カンファレンスの現場では、警察官主導の犯罪事実に対する恥付け（shaming）が行われており、犯罪者はもちろん、被害者もほとんど警察官の質問に答えるだけにとどまっており、十分な会話が行われていないと指摘する。[13] 要するに、カンファレンスがかえって制裁の範囲を拡大するネット・ワイドニング（net widening）の結果を生んでおり、それが少年を再非行に導くこともあるという。

第2に、今日、警察の裁量的な警告多用への批判から、潜在的には権限が警察から治安判事裁判所に移行しつつある。前述したように、こんにち「言い訳」や「交渉」を許さない政治的状況があり、譴責から最終警告へ、さらには裁判所へと手続が深く進行する中にRJは位置づけられており、一般に、保守化傾向の強い裁判官本位の在り方に対する懐疑論が生まれている。これもネット・ワイドニングと同じ文脈の批判といえよう。

第3に、前述の政府白書「もはや言い訳は許されない」において、RJ命令は、少年犯罪者を犯罪結果に直面させ、彼らが引き起こした害悪を直視させるのに有効な方法と評価し、「改善と社会復帰の触媒」であり、被害者にも利益を与えるものと位置づけている。しかし、もとより同法の根底にある厳罰主義、関係当事者の責任追及という姿勢からは、結果的には応報的な態度にならざるを得ず、社会復帰・改善という目的とは矛盾する。

第4に、1998年法においては、被害者の視点、意向、意見が重要とされながら、RJへの被害者の関与は必ずしも大きくないことである。他国の法制では、カンファレンスへの出席権、見解を述べる権利、裁判所で処理する選択権など多彩であるが、イギリスにおいては、被害者が加害者に会う可能性のみが残されているにすぎない。他方、犯罪者側においても、RJ命令は裁判所による命令であって、本人の同意は不要である。したがって、犯罪者がRJの

鍵となる意思決定者であるとの視点が欠落しているといわなければならない。

これらの批判は、RJそれ自体に対するというよりも、運用上ないし立法上に関するものであるが、実際には、RJをどのような形で制度化、法制化するか、その困難性の一端を示している。これらに加えて、当該措置がとられた後の再犯予防効果も不明とされ、1998年法の基本思想に対する疑念とも相まって、イギリスではこの種の批判が少なくない。

V　おわりに

1998年法は、労働党が久しぶりに政権を奪還して作り上げた犯罪対策であり、特に少年犯罪に対しては、白書「もはや言い訳は許されない」に示されたとおり、各機関の弁明や言い訳を許さぬ厳しい機関運営を求めている。そして、ASBO政策と同様に、少年に対する各種の処分は保守党でさえ手を着けなかった、「犯罪前」の行為に対して国家の強制力を介入させたのである。端的にいって、この法には、すべての少年は危険であるという少年悪鬼（juvenile devil）論が前提になっており[14]、そうだとすると、RJ思想の根底をなす性善説とは明らかに対立する。

このように1998年法は、一方で厳罰主義や管理主義を貫きながら、他方でRJという柔軟な方策を盛り込んでいる。これは、矛盾ではないのか。

もとより、ニュージーランドのマオリ族のように、構成員の少ない部族間の紛争処理に機能していたRJを、今日のような都市化した先進社会において適用すること自体無理があり、また、あくまでも現行刑事司法制度の枠内でこの制度を機能させることにも無理があるとする見解も可能であろう。けだし、RJの真骨頂は、関係当事者の自主性・自律性であって、他からの働き掛けや強制には馴染まないからである。ところが、イギリス制度では、その枠組みや手続は、結局公的機関の手中に収められており、当事者の自主性は初めから換骨奪胎の状況に瀕している。

現行刑事司法制度は歴史的にみて、一定の合理性をもって出現したことも間違いない。国家刑罰権の確立と同時に、裁判の民刑分離原則が定着し、加

害者と被害者が対面し、あるいは対峙するのは民事法廷の場に移され、被害者の意向はこの場で示されることとなった。この民事法廷においては、両者は私人として全く同等の立場でそれぞれの主張を競い、それを第三者である裁判官が比較考量によって判断する。場合によっては、示談や裁判官による和解勧告が下され、当事者間で決着をみることも少なくない。

　イギリス1998年法では、RJは刑事裁判の有罪確定ないしは犯罪者の有罪の答弁後において言い渡される、刑事処分の一つとして位置付けられている。少なくともイギリス法では、RJは刑罰の一態様であり、これを背景として加害者に修復を求める以上、強制的に働かざるを得ない。理論は別にして、有罪後において、加害者と被害者が対等な立場にあるとは、実際上、到底思われない。圧倒的に、被害者は加害者よりも優勢な立場にある。だとすると、RJは、あまりにもストーリーが明瞭なドラマのように、人間関係の希薄な都市化社会では、被害者優位の儀式となりがちであって、その本来的特性である当事者間の自主性・自律性は基本的に成立が困難となる。事実、イギリスにおいても批判があるように、結局はRJが加害者の謝罪の場となっており、逆にいうと、被害者が加害者に対して様々な感情をぶつけ、いわば糾弾する場に堕することが懸念される。ましてや、わが国のように、基本的に他人に対する関心が高いか、あるいは他人の言動を殊更気にする社会風土の下では、かつての白眼視、あるいは「村八分」に至る危険性をはらんでいる。この種の「私刑」こそ、正に現行刑事司法制度が歴史的な反省から危惧した事態であり、加害者と被害者との直接の対峙を回避し、国家が被害者の感情を客観的に代行するシステムを採用する契機を与えたのである。

　このように考えてくると、被害者の態度・意向が建設的に加害者の社会復帰を支援するようなオプティミスティックな理想郷を想定しない限り、RJを支持することは困難であるように思われる。

1) 　本来の"disorder"の邦訳として「騒乱」を当てる者がいるが（たとえば、浜井浩一「イギリスにおける20世紀最後の少年司法・非行少年処遇改革〜1998年犯罪及び騒乱法を中心として」法律のひろば6巻52号（1999年）56頁以下）、「騒乱」とは複数の者による一地域の平穏を害するような集団暴動を指すのが一般であるから、明らかに誤訳である。本法全体の趣旨を理解すれば分かるように、犯罪の前段階、つまり犯罪構成

要件には該当しないような、ちょっとした迷惑行為やトラブルを想定しており（本法には、これを具現する行為として「迷惑、脅威、騒動」といった表現がみられる）、したがって、本稿のように「秩序違反行為」とでも訳するのが妥当であろう。

2) 既に、イギリスでは、RJ思想の枠内で考え得る制度として、被害者・加害者仲裁制度、賠償命令、コミュニティ・サービス命令などが存した。しかし、例えば、コミュニティ・サービス命令は刑罰そのものであり、地域への謝罪、賠償という側面は二次的にすぎない。被害者・加害者仲裁制度は、被害者の声を取り入れ、被害者への賠償を行い、あるいは両者が顔を突き合わせる意味ではRJに近い性格を有するが、これは被害者救済運動の中から生まれたものであり、一次的に被害者の利益を優先する傾向を持つ。これらの制度は総じてダイバージョン的、あるいは過剰拘禁回避的性格が強い。この点で、やはり、被害者・加害者双方の利益を追求するリストラティブ・ジャスティス思想とは袂を分かつ。

3) マオリ族のほか、ケルト族、サモア人、アフリカ部族、さらには古代アラブ、ギリシャ、ローマの各文明に存するとか、インドのヒンズー教徒、古代仏教、儒教の伝統にもみられるとする見解もある（John Braithwaite, Restorative Justice, M. Tonry (ed.), *The Handbook of Crime and Punishment*, 1998, p. 323）。これらは、結局、リストラティブ・ジャスティスの定義が定まっていないことによる混乱であろう。

4) なお、同法に関する文献として、守山 正「イギリス労働党の少年司法政策〜1998年犯罪・秩序違反法を中心に」宮澤浩一先生古稀祝賀論文集第3巻383頁以下（2000年）、高木勇人「犯罪対策と情報〜イギリスの性犯罪者法、犯罪・秩序違反法」警察学論集52巻9号174頁以下（1999年）、木村裕三「イギリス少年司法における司法と福祉」刑法雑誌39巻1号127頁以下（1999年）。

5) 1998年犯罪・秩序違反法は、主として、少年犯罪、性犯罪、暴力犯罪及びこれらの犯罪者の扱いに関する規定から構成される。少年犯罪に関しては、修復的司法のほかASBO（反社会的行動命令）を規定している。

6) 第67条
第1項 本条は刑が法によって規定されている犯罪以外の罪で児童ないし若年者が有罪判決を受けた場合に適用する。
第2項 本条ないし下記の68条の規定により、犯罪者が有罪判決を受けたことによって、あるいは受ける以前に、裁判所は命令（修復命令）を言い渡し、犯罪者に命令に定められた修復作業を下記の者に行うよう求めることができる。
　(a) 特定された個人ないし複数の個人、あるいは
　(b) 地域社会一般
　また、特定されたすべての者は当該犯罪の被害者、あるいはそうでない場合は犯罪によって影響を受けた者として裁判所によって確認された者でなければならない。
第3項 裁判所は、国務大臣によって当該命令の実施のための措置が当該命令に指名された地域で実施可能であることを承認されない場合、あるいは当該承認が棄却され

ている場合は、修復命令を命じることができない。
第4項　裁判所は、犯罪者に関し、
 (a) 拘禁刑あるいは1933年法第53条1項における刑を言い渡すことを予定している場合、
 (b) 地域作業命令、結合命令、1969年法第12条から第12条Cを履行するうえで科される遵守条件を含む監督命令、あるいはアクション・プラン命令を言い渡すことを予定している場合、
修復命令を命じることができない。
第5項　修復命令は、
 (a) 総計で24時間を超える作業を行うこと、
 (b) 対象者の同意なく修復作業を行うこと
を犯罪者に命じることができない。
第6項　上記第5項により、修復命令に定められた遵守条件は、裁判所の意見において犯罪の重大性、あるいは当該犯罪と当該犯罪に関連した犯罪との結合した程度と均衡しなければならない。
第7項　定められた遵守条件は、実践が可能な限り、以下のことを回避するものとする。
 (a) 犯罪者の宗教的信仰と矛盾すること、あるいは犯罪者が従うべきあらゆる地域命令の遵守条件と矛盾すること、及び
 (b) 犯罪者が通常労働し、あるいは学校その他の教育機関で学習している場合にはその時間と抵触すること。
第8項　修復命令によって求められる修復作業は、
 (a) 担当官の監督の下で行うものとする、そして
 (b) 当該命令の実施日から3か月以内に行うものとする。
第9項　修復命令は、命令を言い渡す裁判所あるいは次項の履行のうえで当該命令に含まれるあらゆる準備を変更する裁判所において、犯罪者が現に居住し、あるいは将来居住する小治安裁判所管轄区を指名することができる。
第10項　本節において、「担当官」とは、修復命令の関係では、当該命令に定められた下記の一つを意味する。すなわち、
 (a) 保護観察官
 (b) 地方当局ソーシャル・サービス部のソーシャル・ワーカー
 (c) 少年犯罪対策チームの構成員
第11項　裁判所は、修復命令を言い渡す権限のある事件において、修復命令を言い渡さない場合には、その理由を示すものとする。

7)　James Dignan, *Youth Justice Pilots Evaluation, Interim Report on Reparative Work and Youth Offending Teams*, November 1999, p. 8. なお、James Dignan, Progress and Problems in the Quest for Restorative Justice; Reflections on Developments in an English County, *A Paper Presented to the International Criminology Congress,*

Budapest, August 1993も参照。

8) すなわち、最終訓戒（final warning）と結合した「社会復帰プログラム」、修復命令（reparation order）（67条）、アクション・プラン命令（action plan order）（69条）、監督命令（supervision）（71条）などがリストラティブ・ジャスティスの関連条項である。これらの具体的な活動を担当するのが、各地域に設置された少年犯罪対策チーム（Youth Offending Team）である。

9) Home Office, *Reparation Order: Draft Guidance Document*, February 26, 1998.

10) J. Dignan, op. cit., pp. 9-12.

11) Home Office, *No More Excuses: A New Approach to Tackling Youth Crime in England and Wales*, 1997, at para. 9. 12.

12) Allison Morris and Loraine Gelsthorpe, Something Old, Something Borrowed, Something Blue, but Something New: A Comment on the Prospects for Restorative Justice under the Crime and Disorder Act 1998, *Criminal Law Review*, Jan 2000, pp. 18-30.

13) Richard Young and Benjamin Goold, Restorative Police Cautioning in Aylesbury: From Degrading to Reintegrative Shaming Ceremonies, *Criminal Law Review*, Feb 1999, pp. 126-138.

14) この点につき、守山・前掲論文398頁参照。

〈追記〉

　その後イギリスのリストラティブ・ジャスティスの状況はどうであろうか。リストラティブ・ジャスティスに対する評価研究はすでにいくつか行われている。中でも、シェフィールド大学ジョアンナ・シャプランド教授らが各種の調査を行っているが、その一つにリストラティブ・ジャスティスと経費との関係を調査した研究がある（Joanna Shapland et al, Does Restorative Justice Affect Reconviction? *The Fourth Report from the Evaluation of Three Schemes*, 2008）。この研究において、しばしば引用されるのが、「１ポンド毎に８ポンド節約」というコスト・ベネフィット成果である。この調査結果は2008年に発表されたもので、全国３ヶ所（ロンドン、ノーサンブリア、テームズ・バリー）で実施された調査に基づき、リストラティブ・ジャスティスを実施した経費が１ポンド当たり刑事司法全体で平均８ポンド節約したとする（実際にはロンドンでは14ポンド、ノーサンブリア１ポンド、テームズ・バリー２ポンド節約したという）。調査は基本的に、リストラティブ・ジャスティスを受けた者（成人犯罪者）の再犯率（最初の犯罪から２年以内の再有罪判決、犯罪の重大性、その他警告などの処分）とそのコストを基準に内務省の出費の観点から実施され、実験群と統制群（リストラティブ・ジャスティスを受けていない者）の比較で行われた。要するに、リストラティブ・ジャスティスを受けたことにより、再犯が減少したか、犯罪の重大性は低下したか、行った犯罪は被害者や刑事司法制度に対してコストを減らしたか、などが調査された。その結果、冒頭のように、リストラティブ・ジャスティスはコストパフォーマンスがよいというものである。

　具体的には、次のような調査結果がみられた。
・実験群の（リストラティブ・ジャスティスを受けた）犯罪者は統制群の犯罪者に比べ、個別の再犯件数が少ない。
・もっとも、次の２年間の再犯可能性を見積もると、統計的に有意とはいえない。
・再犯罪の重大性について、両群において統計的に有意な差はみられない。
・ただし、ノーサンブリア調査群では、再犯可能性、再犯罪の重大性につき、統制群に比較し大きな影響がみられ、これは次の２年間にも再犯が減少する可能性が高い統計的有意性が示された。
・この調査の一部では、犯罪者がリストラティブ・ジャスティスは自分の犯行によって与えた害を理解したと答えた程度と次の２年間で有罪となった者の比率・有罪によるコストとの関係は統計的に有意な肯定を示した。
・リストラティブ・ジャスティスにおいて被害者に会うことを望んだ犯罪者は、再犯可能性が低く、その頻度やコストも低いという統計的有意性が確認された。
・リストラティブ・ジャスティスに積極的に参加した犯罪者はそうではない犯罪者に比べ、次の有罪判決のコストが統計的に有意に低い。
・リストラティブ・ジャスティスは役に立つと答えた犯罪者は有意に再犯可能性が低く、再犯の頻度、コストも少ない。

　このグループはこの前年にも報告書（Joanna Shapland et al, Restorative Justice, the

Views of Victims and Offenders, *The Third Report from the Evaluation of Three Schemes*, 2007）を発表しており、そこでは、同じ3地区のリストラティブ・ジャスティスに参加した被害者、加害者いずれもがその過程や結果に満足しているとして、評価している。

これらの結果からみると、イギリスのリストラティブ・ジャスティスは全体的に良好な運用が行われているように感じられる。また議会が行った調査（House of Commons Justice Committee, Restorative Justice, *Fourth Report of Session 2016-17*, 2016）でも、再犯の減少と被害者への利益付与という点では肯定的な評価が与えられている。しかしながら、シャプランド調査による「1ポンドの出費で8ポンドの節約」というフレーズには懐疑的であり、また性犯罪、家庭内虐待、ヘイト・クライムについてリストラティブ・ジャスティスの使用を疑問視している。さらに、次のような点を勧告している。
・青少年司法制度には十分に定着しているが、被害者の関与を改善すること
・関係機関・当事者の間におけるデータ共有についての問題はリストラティブ・ジャスティスの発展に障害となっており、データ共有のテンプレイトを作成すること
・被害者がコンプライアンスを理解することに努め、コンプライアンス改善の制度を導入すること
・被害者のリストラティブ・ジャスティスにおける資格・権利の付与、たとえば年齢問題などを合理化すべきである。

他方、一部の研究者の論稿（たとえば、楊曄「イギリスにおけるリストラティブ・ジャスティスの問題点」犯罪と非行157号154頁以下、2008年）では、イギリスのリストラティブ・ジャスティス制度の運用自体に批判的である。一つはリストラティブ・ジャスティスに法的根拠を与えた1998年法で導入された付託命令に関する問題で、司法関係者らがリストラティブ・ジャスティスを刑務所過剰拘禁の回避策と理解している傾向であると指摘し、またリストラティブ・ジャスティスは有罪の答弁を前提に行われるために対象者は無実であっても弁護士等から有罪の答弁を勧められ、付託命令が答弁取引に利用されているという現実を指摘している。さらには、付託命令実施の関係者が十分な研修を受けていないために、リストラティブ・ジャスティスは軽微な量刑であると理解し、司法関係者はリストラティブ・ジャスティスが再犯可能性を低下させることを期待せず、たんに軽い処分の扱いを求めているにすぎないという。このほかにも、リストラティブ・ジャスティスが被害者指向を強めているために、本来的な加害者・被害者対等という理念から離れ、いわば一方的な加害者謝罪の場に堕しているとする。

このような文脈からは、依然リストラティブ・ジャスティスは多くの問題を抱えていると言わざるを得ない。他の国の報告でも、リストラティブ・ジャスティスに参加した犯罪者がその後、自殺に至るケースも目立つといった報告もあり、リストラティブの理念と現実の乖離状況がみられる。その意味でも、イギリスの運用に今後どのような改善策が施されるのかを注目しなければならない。

第6章
ストーキングの実態と対策

I　はじめに

　およそどの国でもストーカー（stalker）、ストーキング（stalking）[1]は今日的問題として深刻に受け止める傾向にある。当初、ストーカーはアメリカやイギリスでは女優やニュース・キャスター殺害事件を契機に注目され、著名人（celebrity）固有の問題として扱われる傾向にあったが（いわゆる「スター・ストーキング」）、こんにちではそのような限定はなく、一般人の誰にでも、どのような人間関係にも発生しうる問題として捉えられている。実際、多くの国で社会を震撼させる一般人同士の深刻なストーカー事件が発生しており、これらの事件を契機に、立法措置や法改正が行われている。

　各国のストーキング犯罪の定義はまちまちであるが、一般に次の３つの要素が含まれるという[2]。①複合的な望まれない「つきまとい」、②確かな脅威、③被害者の不安誘発、である。これらを踏まえ、法令上の定義はともかく、法医学的には種々の定義が試みられてきた。たとえば、「相手に脅威を与える意図的で悪意ある反復したつきまといや嫌がらせ」、あるいは、「ある者が他人に、反復して望まれない侵入や会話を押しつける一連の行動」などがある[3]。

　但し、各国の法制をみると、ストーキングが犯罪構成要件に該当するか、しないかのグレーゾーンの範囲に属する行為であるために、その法的対応では担当部局の苦悩が感じられる。たとえば、好意を持った相手に花束を贈ること自体は比較的よくみられる行為であるが、望まれないのに送り続ければ、相手に脅威や恐怖を与えることとなる。１回的な行為であればさほど問題とならないのに対して、それが繰り返され、それが脅威や苦痛に転じることがストーキングの本質である。英米の文献や法令では、しばしば、これを‘course of conduct’（以下、「一連目的行動」）と表現し、１回的な行為と複数回の

行為の意味を厳密に区別している。

　近年、世界的にみると、ストーキングの犯罪化（criminalisation）、刑罰化（penalisation）の傾向が看取される。わが国をはじめ、イギリス、デンマーク、オーストラリア、ベルギー、イタリア、アメリカ・カリフォルニア州などが少なくとも現在、ストーカーに対して刑罰をもって対処している。

　このようなストーカーをめぐる状況の中で、近年ストーカー対策として法改正を行ったイギリスの状況を紹介する。

II　イギリスのストーキングの状況

　イギリスでストーカー事件として最も著名なのがジル・ダンドー（Jill Dando）事件ある。ダンドーは有名なBBCの女性キャスターであり、しかも'Crime Watch'という長寿の人気「犯罪事件解決」番組を担当しており、そのためにストーキングの果てに殺された事件はイギリス社会にストーキングの恐ろしさを改めて印象づけた。

　2010・11年のイギリス犯罪調査（the British Crime Survey, 'BCS'）では、ストーキングを「交際相手、家族などにより、わいせつ、威嚇を含む、被害者が望まない手紙や電話、被害者の自宅や職場付近での待ち伏せやうろつき、つきまとい、覗き、個人の財物へのいたずら、損壊など苦痛、不安、恐怖を引き起こす反復した行動」と定義している。

　同調査によると、16歳から59歳までの女性18.1％、同男性9.4％が16歳以降の時期に、ストーキングの被害経験があり、過去1年間では、同年齢層で女性4.1％、男性3.2％がストーキング被害の経験があるという。そして、最も共通したそのストーカーは、現在ないしは元の配偶者・同棲相手・恋人であった（39％）。

　また、内務省の別の調査では、ストーキングの加害者・被害者関係は、無関係者（未知の者）2％、近隣の者16％、知人41％（日頃の顔見知り24％、以前の友人11％、職場同僚3％）、親密な者41％（以前の交際相手33％、親戚4％、現在の交際相手1％、友人4％）であった。但し、この調査で近隣者が含まれるのは、1997年法（詳しくは後述）が近隣のもめ事もストーカーを含むハラスメントに含める

からであり、また新旧の交際相手の中には配偶者も含まれることに注意を要する。

　以上の調査から、ストーキングの多くが以前に何らかの交際、交流があった者同士の関係破綻から発展していることが理解される。とくにイギリスではDVとの関係が重視されており、DVからストーキングへの流れが強調されているように思われる。

　次に、実際にストーカーに対して、どのような処分が行われているのか。後述の表2を参照してもらいたいが、イギリスの法制がストーキングをハラスメント（嫌がらせ）の一つに位置付けていることから、わが国の恋愛感情に基づくストーキング概念に相当する部分が明らかにできない限界がある。つまり、表2の統計のハラスメントには、隣人同士のもめ事、人種的宗教的な嫌がらせ、事件の目撃者・裁判での陪審員への脅迫、労働関係の労使もめ事などがハラスメントとして幅広く含まれており、恋愛感情の拗れとしてのストーキングを抽出することが困難になっており、わが国との比較が難しい。

Ⅲ　イギリスのストーキング関連法案

　イギリスのストーキング対策として最初に成立したのが、1997年ハラスメント保護法（the Protection from Harassment Act 1997, 以下「1997年PHA」と略す）であった。この法以外でも、ストーキングを個々に処罰する法令がみられ、同法成立以前はこれらの法律の多くで対処されてきた。これらには次のような主要法令がある。但し、イギリスでは、法令上ストーキングそのものの定義がないために、広くハラスメント（嫌がらせ）として捉えられていることは前述した。このため、表1に見るように、かなり広範な法令で処理されている。

　①　1861年人身犯罪法（the Offences Against the Person Act 1961）は、殺害の脅威を与える犯罪や重大な傷害行為を処罰する。

　②　1994年刑事司法及び公共秩序法（the Criminal Justice and Public Order Act 1994）は、目撃者・証人への威迫を犯罪とする。

　③　1988年刑事司法法（the Criminal Justice Act 1988）は、実際の殴打や直接の物理力の威嚇を通常暴行として犯罪とする。

表1　ハラスメント関連犯罪と法令

行動タイプ	行動範囲	適用可能な法令
苦痛・不安を惹起目的で書状や品物の送付	手紙、電子機器、電話、その他の手段	1988年悪意通信法第1条
ハラスメント	ハラスメント、恐怖、苦痛を惹起する一連目的行動	1997年ハラスメント保護法（PHA）第2条
人を暴力の不安に陥れる行為	複数回の機会で暴力使用の不安を惹起する行動	同上第4条
人種的宗教的なハラスメント及び暴力不安	PHA第2条・第4条の人種的宗教的なハラスメント犯罪の加重行為	1998年犯罪及び秩序違反法第32条
公共電気通信システムの不適切使用	・不品行、わいせつ、威嚇的ないし攻撃的なメッセージを送信ないし送付させる行為 ・迷惑、不都合、不必要な不安を引き起こす目的で、メッセージを送り、あるいは公共の電気通信網を執拗に使用し、相手が偽と分かるメッセージを送付すること	2003年通信法第127条
過激なポルノ画像の所持	人の生命を脅かす行為を描写した画像、あるいは全体的におぞましい、わいせつな画像	2008年刑事司法及び移民法
暴力の不安や暴力の挑発	全当事者が住居外に居る状況で、被害者に違法な直接的暴力の不安、嫌がらせ、恐怖、苦痛を惹起させ、暴力を挑発し、暴力が利用され、挑発されると人が考える状況で、威嚇的、虐待的、侮辱的な言動、威嚇の示威、虐待的、侮辱的記述、サインその他の可視的著作物を利用すること	1986年公共秩序法4条
意図的な嫌がらせ・害悪・苦痛	全当事者が住居外に居る状況で、他人に嫌がらせ、恐怖、苦痛を惹起する意図で、威嚇的、虐待的、侮辱的な言動、威嚇の示威、虐待的、侮辱的な記述、サインその他の可視的著作物を利用すること	1986年公共秩序法4条A
嫌がらせ・恐怖・苦痛	全当事者が住居外に居る状況で、当該行動によって嫌がらせ、恐怖、苦痛が惹起される可能性のある者の見聞きした範囲で、威嚇的、虐待的、侮辱的な言動、威嚇の示威、虐待的、侮辱的な記述、サイン、威嚇的、虐待的、侮辱的なその他の可視的著作物を利用すること	1986年公共秩序法5条
殺害の威嚇	他人に威嚇が遂行されるという不安を感じさせる目的で、殺害の威嚇を行うこと	1861年人身犯罪法第16条
証人・陪審員への威進	意図的に事件の証人、陪審員を脅迫し、それによって司法の捜査や審判の妨害、悪用、干渉を意図すること。他人に害悪の不安を惹起する目的で、その者が事件の被害者、刑事手続における証人、陪審員であることを知り、あるいは信じて、意図的に害悪を与え、その威嚇を行うこと	1994年刑事司法及び公共秩序法第51条
暴力その他による脅迫・迷惑	他人に法律上の権利を行使させないようにするため、故意に法的権限なしに、他人を脅迫するために暴力を用い、つきまとい、その者が所有する財物を隠匿し、自宅や職場を監視して、固有の行動をすること	1992年労働組合及び労働関係（統合）法第241条

出典：National Policing Improvement Agency, Practice Advice on Investigating Stalking and Harassment, 2009, p.16-18.

④　1986年公共秩序法（the Public Order Act 1986）は、暴力不安の惹起や暴力挑発を犯罪とし、これには暴行を示唆する威嚇、虐待、侮辱的言葉、行動、サインなどが含まれる。違法な直接的暴力が用いられることを相手に信じさせる意図や暴力を挑発する意図は、故意のハラスメント、恐怖、苦痛の犯罪となる。

⑤　1990年コンピュータ不正利用法（the Computor Misuse Act 1990）は、別の犯罪を行い、促進する意図で、不正な他人のコンピュータ内へのアクセス、内容改竄などの行為を犯罪として処罰する法令である。また、コンピュータ操作を不能・困難にする意図で、ないしは不注意で不能・困難にする犯罪も規定した。

⑥　1998年悪意通信法（the Malicious Communications Act 1998）は、苦痛や不安を引き起こす意図で手紙や資料を送付する行為を犯罪とする。

1　1997年ハラスメント保護法（the Protection from Harassment Act 1997, PHA）

　この法律は、従来、ストーキング被害者が一連の不穏な行動に動揺し、脅威を感じる状況がありながら、ほとんど保護が与えられなかった中で、1995年、96年に相次いで、比較的重大なストーカー事件が発生したことから成立した（1997年6月16日施行）。同法ではハラスメントに関して2種の犯罪が新たに創設された。一つは、第2条のハラスメントに当たる簡易手続犯罪（summary offence）、もう一つは第4条の暴力使用に対して被害者が恐れる状況に対する両用審理可能犯罪（either-way offence, 治安判事裁判所か刑事法院いずれでも審理可能）である。すなわち、第1条(1)で、「人は、他人へのハラスメントに至る、ハラスメントであることを知っているか、知るべきであった一連目的行動を継続してはならない」（ハラスメント禁止）とし、第2条で、「第1条に違反して一連目的行動を継続した者は有罪とする」（ハラスメント犯罪）として、刑罰は最高6月の拘禁刑か法令上限内の罰金刑か、その併科である（4条(4)(b)）。また、第4条(1)では、「その一連目的行動が少なくとも2回以上、暴力が行われるという不安を他人に引き起こした者は、その一連目的行動がそれらの機会に他人に不安を与えることを知っているか、知るべきであったとき、

有罪とする」(暴力不安惹起犯罪) として、その刑罰は、正式起訴犯罪として有罪の場合は最高5年の拘禁刑か罰金刑か、その併科である (4条(4)(a))。このように、ストーキングの行動を犯罪化し、以前にはほとんど何もなされなかった事件への公的介入を可能にした。しかしながら、これらの行為はあくまでも「ハラスメント」の一種であって、同法には 'stalking' という語は用いられていない。

同法の成立に先だって協議会 (consultation) が組織され、報告書が発表されている[11]。同報告書は、ストーキング行為そのものに焦点を当て、行為者を「ストーカー (stalker)」と呼称した。1997年の議員立法法案 (Private Members Bill) は、当初同種の行動リストを列挙してストーキングを定義しようとしたが、不完全であるとして、ストーカー、ストーキングの用語の導入は見送られた。まさにストーキングではその範囲が狭すぎるという理由であった。当時の政府は、ストーキング解決策は、ストーカー、つまり加害者対策よりも被害者にもたらされる危害に焦点を当てるべきとする被害者保護対策を考えていたからである。したがって、法案はその後、第1次的にはストーキングの処理を目指しながら、ストーキングと同質のハラスメントの事件を広くカバーすることが意図されたのである[12]。

1997年PHAの特徴的なところは、ストーカーが行った種々の行動が別々に扱われると、犯罪とはならない点である。つまり、ストーカーが同種の行為

表2 1997年ハラスメント保護法適用状況

	2006年		2007年		2008年		2009年		2010年	
	起訴	有罪	起訴	有罪	起訴	有罪	起訴	有罪	起訴	有罪
	8,101	5,531	7,395	5,322	7,674	5,638	8,650	6,646	10,990	8,487
1997年ハラスメント保護法 (PHA) 違反態様
2条	−	−	−	−	−	−	−	−	6,025	4,655
3条	−	−	−	−	−	−	−	−	68	29
4条	−	−	−	−	−	−	−	−	1,439	765
5条	−	−	−	−	−	−	−	−	3,349	2,920

<注> 2条犯罪:ハラスメント犯罪
　　　3条犯罪:ハラスメント禁止命令の条件違反
　　　4条犯罪:暴力不安惹起犯罪
　　　5条犯罪:制限命令違反
出典:Home Office, Consultation on Stalking (2011), p36を元に作成した。

を執拗に続行した場合に、初めて犯罪となり処罰が可能となる。それが、この構成要件である「一連目的行動（course of conduct）」である。また、同法は、刑事処分のほかに、民事処分（第3条禁止命令、第5条制限命令）の手段も採用した。このようにして、前述のように、同法1条及び2条では、恐怖や苦痛を引き起こす「ハラスメント」犯罪とし、第4条では、少なくとも複数回暴力が用いられるという予測が可能な状況で人が他人に不安を引き起こす場合は、「暴力不安惹起犯罪」として、それよりもさらに重大な犯罪とされたのである。

このように、同法はストーキングやサイバー・ストーキングを含むハラスメントの多くの形態をカバーしているため、同法の下で、2010年には1万件を超える起訴がなされ、実際に約8,500名が有罪判決を受けている（表2参照）。

2　民事的対応

1997年PHAは、上述のように民事的対応についても規定している。第1に、被害者は第3条で民事的対応、つまりハラスメントを差し止める禁止命令（injunction order）を民事裁判所に求めることができる。民事裁判所での立証は、刑事裁判所における「合理的な疑いを超える」検証ではなく、証拠の比較衡量となる。禁止命令は、被告人がハラスメントに至るような行動を取ることを制限する目的で発出される。被害が発生している場合は、もちろんハラスメントから生じた不安や財産の損失に対して賠償が命じられる。

民事的禁止命令は、民事裁判所によって言い渡され、禁止命令を発出してもらう費用は法律扶助が受けられない場合、禁止命令を申請する者、つまり被害者などが支払うことになる。1998年以降、民事命令違反は犯罪となり、これは両用審理可能犯罪（triable either-way offence）と呼ばれ、前述のように、治安判事裁判所か刑事法院のいずれでも審理可能である。刑罰は最高5年の拘禁刑か上限のない罰金刑である。

第2に、PHA第5条では、有罪判決を受けた者に量刑を言い渡す裁判所は、制限命令（restraining order）を言い渡すことができる。これは、ハラスメントや暴力不安を引き起こす特有の行動形態を禁じるものである。無罪判決が出た場合や有罪が控訴裁判所で逆転した場合でも、裁判所がハラスメントから

保護するために、制限命令が必要であると判断した場合に言い渡すことができる。制限命令の違反には、最高5年の拘禁刑か上限のない罰金刑が科される。

3　1997年PHAの評価

内務省は、1997年PHAの使用や効果についての評価研究を行っている[14]。

この研究は、1998年に警察から検察に送致されたハラスメント事件167件を検証したものである。方法としては、検察庁の記録データが分析され、同時に警察官、検察官、治安判事、被害者に対するインタビューも行われている。

これによると、同法の犯罪規定の適用状況は妥当であるが、実務者間に存在する混乱を解消する必要があるという。そこで、同法が意図する事柄について何らかのガイダンスや実施要領を発行し、機会あるごとに実務家の研修をさらに進めるべきとする。この評価研究が指摘する同法の効果の鍵となるのは、①警察は適切な時期に活動を行なうこと。警察が明瞭にすべきことは、ハラスメントの対応に何をなすべきか、どのような証拠を収集すべきか、事件をどのように処理すべきか、ということである。そのためには職員の研修が必要であり、また警察と検察庁との連携も再検討すべきである。②被害者が可能な救済方法を知るべきであること。そのために、同法に含まれるハラスメントに対する救済策について当局の広報活動が必要である。③加害者の起訴については慎重なアプローチをすること。なお、制限命令は通常12か月から18か月継続され、保釈条件と同様に、ハラスメント行動を続行するストーカーを止める効果がみられた。④適切な刑罰を言い渡し執行すること。制限命令違反については、警察によって十分に処理されていない側面がみられた。

他方、インタビューした多くの実務家は、ハラスメントへの介入には1997年PHAは歓迎すべきツールであり、とくに治安判事はハラスメント処理に自信が与えられたと感じている、という。実務家は1997年PHAの最も重要な特性は制限命令だと考えており、被害者の保護に役立っていると評価している。しかし、報告書は制限命令を効果的にするには、被害者に同命令の内容や条件を伝えること、命令を下す前に四囲の状況を勘案すること、警察が同命令違反を効果的に処理することが肝要であるとしている。

この評価研究は、他方で、同法が失敗であると考えられる部分も指摘している。それは、民事処分（禁止命令や制限命令）と刑事処分のどちらを使用するのが適切であるか、という点について実務者の間で混乱がみられることである。これは、1997年PHAの性格をめぐる問題であって、同法が深刻なストーキングを扱うことがメインなのか、DVや隣人紛争の処理が目的かに関連する混乱である。全般的に、警察は刑事処分と民事処分の双方を好む傾向があると言われる[15]。また、警察においても、2条犯罪、4条犯罪の事件を立件する是非や時期をめぐる不確実性がみられる、という。その理由は、第1に1997年PHAが「ハラスメント」という用語の下、あまりにも広範な行為を取り込んでいて現場で混乱が生じていること、第2に、ストーキングが継続的な性格であることから、警察介入の適正な時期として、ストーキング行為のどの時点を捉えるかという困難な問題がある。実際に、報告書では、警察は近隣や家庭のもめごとをハラスメントとして処理するには、同法は適切ではないと考え、軽微な事案は民事裁判所で処理すべきとする傾向にあると指摘する。確かに、イギリスの文脈でなくても、これらの事案は民事的解決になじむ問題であり、当事者双方が加害、被害をめぐってもめることは十分に考えられる。

　これらの問題は、要するにストーキングの処理や対応について、1997年PHAの性格自体が曖昧なことに加え、実務機関の間に確固たる指針や方針がないことに帰因すると思われる。そこで、当然ながら、PHAの性格自体を明瞭にする必要があり、そのためには、ストーキングを他のハラスメントとは区別し、とくに犯罪として位置づけることが重要であるというのがこの評価を行った報告書の見解であろう[16]。

　また、これほどストーキング問題の法令上の意味づけが複雑なイギリスでは、この評価研究でも指摘されているように、ストーキング処理について実務家向けのガイダンスや取扱要領を発行し、これに基づいて職員の研修を行うことが必要である。

4　2012年自由保護法（the Protection of Freedoms Act 2012, PFA）

　1997年PHAについては、成立後に早くもその限界が指摘されてきた。その

第1は、同法が本来的にはストーキングの問題を解決するために創設されたにも関わらず、上述のとおり、いわゆる典型的伝統型のストーカー事案にはめったに適用されず、むしろいわば低レベルのハラスメント、つまり隣人間のもめごとや元配偶者・交際相手の嫌がらせに適用されてきたからである。その理由は、たびたび強調されているように、法令上、'stalking'という語が使われていないためとされる。このため、警察内部ではストーキングに対して同法を適用できるという理解に乏しく、その処理に適切な活動を行うことができない状況にあると言われる。実際、成立後も種々のストーキング被害者支援団体や実際に法執行を行う警察からも、同法の使いにくさが指摘されてきた。[17]

　そこで、2011年7月に内務省内に「ストーキング法改正キャンペーン(Stalking Law Reform Campaign)」が立ち上げられ、1997年PHAが被害者にどの程度の影響を与えているか、その意見の収集が図られた。このキャンペーン中、被害者やその家族が参加するセッションが開催され、彼らからは法律上、明瞭に'stalking'という名称の犯罪を挿入すべきである、専門家に明解な指針を提供するためにストーキング行為を法律に定義すべきとの意見が寄せられた。セッションに参加した被害者支援団体からも法改正に賛意が述べられ、ストーキングという固有の犯罪を創設すべきであり、これは刑事司法機関に対してストーキングの深刻さを伝達するため、また当該問題の規模と範囲をよりよく理解するためでもある、との意見が示された。[18]

　他方、キャメロン首相も法改正に言及し[19]、その後、2012年10月、内務省回状が発せられ[20]、1997年PHAの改正に言及し、かつ新種の犯罪を導入することが明らかにされた。これが2012年自由保護法（以下、「2012年PFA」とする）である。事実、その第111条、112条によって1997年PHAが改正された。改正点は、回状が示唆したように、3つの新しい犯罪を創設した点にある。これは、一般に「ストーキングの犯罪化（criminalisation of stalking）」と呼ばれている。[21] 2012年PFAはストーキング犯罪としては、以下の行為を規定した。

　①2条(A)(1)「ストーキング」
　この例として、人のつきまとい、あらゆる手段による人への接触や接触の試み、人に関連するあらゆる記述や資料（ネタ）の公表、インターネット、E

メール、その他電子通信の利用の監視（モニタリング）、公私の空間を問わない俳徊、人が所有する財物への干渉、人の監視や覗き行為、などが例示されている。

②4条(A)(b)(i)「暴力不安を惹起するストーキング」

2条(A)(1)の規定と異なり、ストーキングが将来、暴力を伴うことが予想される場合、不安を増幅することから、刑が加重されたものである。

③4条(A)(b)(ii)「深刻な恐怖や苦痛を惹起するストーキング」

深刻な恐怖や苦痛は、被害者の日々の日常生活に実質的な不便さを与えることから、刑が加重されたものである。ここでいう被害者の「不便」とは、ストーキングを避けるための引っ越し、身体的精神的な変調、自宅警備装置の導入、職場への通勤ルートの変更などが含まれるという。[22]

これらの行為は従来ハラスメント概念で括られていたもので、ハラスメントに含まれた複数の行為を明瞭に分離し、刑罰を科したのである。

新規定によると、第2条犯罪はハラスメントを引き起こす一連目的行動がストーキングと結びつくとき成立する。前述のように、これに該当する行為が例示されているが、もちろん、全ての行為を網羅しているわけではない。同様に、4条犯罪は少なくとも2回以上の暴力使用の不安をもたらす一連目的行動がストーキングに至る場合に成立する。そのうち、最も大きな改正は4条(A)(b)(ii)であり、被告人が被害者に深刻な恐怖ないし苦痛を惹起する一連目的行動を執拗に継続した場合である。「深刻な恐怖ないし苦痛（serious alarm and distress）」とは、被害者の日常の活動に実質的に不都合な影響を与えるもので、被告人がこれを知っていたか、知っているべきであった場合に成立する。この新型犯罪は、ストーキング・ハラスメント行為が繰り返される事件の問題に巧妙な解決策を提供するものと評価されている。[23]

Ⅳ　イギリスのストーキング対策の実際

イギリス政府とくに内務省は、2010年9月ストーキング政策の会議を主催し、ストーキング被害者支援活動を行う8つの慈善団体と協議した。これらの団体には、3つの主要な団体、つまりPAS（Protection Against Stalking「反ス

トーキング保護団体」)、NSS（Network for Surviving Stalking「ストーキング克服ネットワーク」)、SLT（Suzy Lamplugh Trust「スージー・ランプルー・トラスト」）が含まれている。検察庁（CPS）は、関連団体との協議により、ストーキングやハラスメントの事件の起訴に関して検察官に対する新しいガイダンスを発行した。その後、このガイダンスにはサイバー・ストーキングに関する助言も含むように改訂された。さらに、2010年12月には警察と検察の間で全国ストーキング会議が開催され、最善の実務を共有することが目指された。

1　警察の対応

　2011年になると、ACPO（Association of Chief Police Officers,「警察幹部協会」）は、上級警察官の研修にストーキング・ハラスメントの内容を含めるようになり、そこでNPIA（National Policing Improvement Agency,「国家警察活動改善庁」）と協議を行い、警察監察官（Inspector of Constabulary）も警察のストーキング・ハラスメントへの対応状況を検証するなどしている。

　警察は、ストーキングに対して、いわゆる「ハラスメント警告（harassment warning）」ないしは「警告通告（warning notice）」といった警察情報通知制度（Police Information Notice, 'PIN'）を活用している。これらについては、法令上の根拠はない。この制度は、対象者に口頭、あるいは文書で、告発がなされていること、行為者に自らの行動を反省させること、それによって潜在的に起訴を回避できる旨を伝える警告である。

　警察が発する警告の機能は、以下のとおりである。[24]
①公衆一般に1997年PHAに関して、処罰の条件を知らしめ、一般予防を図ること
②警察の初期介入の効果として、個人間のもめ事がエスカレートするのを防ぎ、ハラスメントに至る行動からさらなる事件が発生するのを防ぐこと
③行為者が、自らの行動が1997年PHAの下でハラスメントに当たることを知っていたことを証明し、訴追の支援にすること
④告訴者が起訴を希望しないときに、警察が独自の対応を提供できること

　この警告制度PINに関しては適用ガイドラインがあり、それに準拠する。

PINが発せられるのは、行為が未遂で、たとえば一連目的行動が続行されない場合、つまり被害者がハラスメント行為を1回受けて通報したとき、などである。このほか行為者が純粋に自らの行為が1997年PHAの下で犯罪を構成することを知らない場合であり、知らないことにつき合理的根拠がある場合である。但し、PINの通知を受けたことが即座に自らの悪意ある行動を認めたことを意味しない。これは単に1997年PHAについての情報およびストーキングを含むハラスメント嫌疑に対する警察の捜査の状況についての情報を得たに過ぎないからである。この理由から、対象者に警察のPIN発出に対する不服申立の権利はない。つまりPINが発せられただけでは、行為者の個人情報は全国警察コンピュータには登録されず、またPIN自体は犯歴として扱われることもないとされる。

しかし、このPIN制度についても批判がある。すなわち、この警告が発せられる手続が問題とされる。要するに、警告の相手方に対して十分な聴聞の機会を与えていないこと、手続自体に厳格さが欠け、被害者に誤った安心感を与えているという[25]。警告を発出したことがストーキング停止に至らないことが多いからである。

新法（2012年PFA）では、警察権限も強化された。第2条Bでは、第2条Aハラスメント犯罪につき、行為者の自宅敷地内への立ち入り捜査を可能にした。すなわち、治安判事は2条A犯罪が行われたと考えるに合理的な根拠がある場合は、捜索令状を発行する。

一般に、警察には家宅捜索や財産の押収・保管の権限が与えられている。これらの権限は1984年警察及び犯罪証拠法（the Police and Criminal Evidence Act 1984）で規定されているが、通常は重大な犯罪である正式起訴犯罪に限定されているから、本来犯罪を構成するか否か境界線にあるストーキングに適用することは困難である。つまり1997年PHAは、第2条でハラスメント自体を簡易手続犯罪（summary only offence）[26]としており、したがって、警察はPHA第2条では私有地への立ち入り権を行使することは困難であった。しかし、1997年PHA第4条における、より重大なハラスメントは、治安判事裁判所か刑事法院で審理可能、いわゆる両用審理可能犯罪で、警察の立ち入り捜査が可能とされている。

さらに、立ち入り捜査・財産押収の権限を拡張できないかが議論されてきた。というのも、サイバー・ストーキングのような事件では、行為に使用されたコンピュータや他の電子機器（たとえば、スマートフォン）への捜査や押収が必要であり、それによってストーカー行為者の全体像が明らかになり、訴追もしやすくなるからである。つまりサイバー犯罪は、行為者と被害者が非対面であり、遠距離から行為を行うことが可能であるから、それに対応する捜査手法が必要という主張である。しかし、これについても捜査権限の拡張は不要であるという反対論がみられる。サイバー犯罪（ハラスメント）においても、犯罪（ハラスメント）を立証するのに、被害者は自分が受信したEメールその他のメッセージを警察に証拠として提出できるからである。

しかし、いずれにせよ、上述のように、2012年PFAによって、これらの問題は一応の決着をみた。

2　各種団体の取り組み

イギリスでは、上述のように多くのストーキング被害者支援団体が活動している。しかも、これらの団体は各種公的機関と連携し、いわゆる多機関協働体制を構築している。とりわけストーキング対策では、第1に被害者との最初の接触における効果的な電話応対、第2に最も脆弱な被害者を見出すための適切なリスク評価手段の利用、第3に特定地域における団体同士が合意したケース・マネジメント原則の共有、などが意識されているという[27]。

イギリスのストーキング被害者支援組織としては、次の主要なものがある。

①　全国ストーキング・ヘルプライン（National Stalking Helpline, NSH）

2010年4月に組織された団体で、イギリス連合王国全体をカバーして活動している。この団体は、3つの慈善組織が共同して運営しているもので、これには下記SLT, NSS, PASが関わる。この運営資金の一部は内務省が助成している[28]。

NSHによると、発足以来1年間で、被害者等2,327人がこの組織に電話相談しており、その内訳はほぼ女性8割、男性2割であった。さらに、この約半分はこの組織に接触する前に警察に相談しており、その4分の3は警察対応に不満足であったと答えている。当然ながら、警察対応が不十分であったた

めに、当組織に接触したものと思われる。

② 反ストーキング保護団体（Protection Against Stalking, PAS）

この団体は、子どもがストーカーに殺害された被害者遺族によって創設された。PASの女性代表は多くの複雑な殺人、その他性犯罪・暴力犯罪を検討、分析し、数百の事例について心理学的な検証を行い、介入や予防の機会を考察してきた。

③ スージー・ランプルー・トラスト（Suzy Lamplugh Trust, SLT）

その活動の一部として、ストーキングを扱うなど個人の安全を図る慈善団体である。

④ ストーキング克服ネットワーク（Network for Surviving Stalking, NSS）

NSS女性代表は、テレビ会社ITNのキャスターを務めていた時期にサイバー・ストーキングの被害を受けている。現在、サイバー・ストーキングの研究を行うため、ベッドフォードシャー大学で活動している。

⑤ 警察幹部協会（Association of Chief Police Officers, ACPO）

警察本部副部長を務める人物が中心になって、ストーキングやハラスメントの対応を図るため定期的な会合を開催し、警察の対応を検討している。2010年には、ストーキング向けの受付場所（single point of contact）を設置する組織を開設した。

⑥ 固執性威嚇アセスメント・センター（Fixated Threat Assessment Centre, FTAC）

執着的固執的な行動をめぐる精神保健問題を扱う組織である。このFTACは、もともと王室や政治家などストーキング・ハラスメント被害を受けた要人を扱うために創設された。FTACの目的は、精神に障害のある者をその居住地域の精神医療施設に送致し、被害者の安全を保護する一方、当人の治療も施すことにある。そして、治療を行う精神科医にストーカーの警察記録を提供し、効果的な治療を行うことを支援する。FTACの資金は警察と精神保健機関が拠出しており、それにより多くの研究論文を公刊している。その成果が認められ、2009年にはACPO（警察幹部協会）優良賞を受賞した。

これらの成果は、ストーキング対策に悩む警察活動に反映されており、警察は実際、ストーカーの犯行に焦点を当てたプログラムを開発し、精神状況に関連する問題に対処している。

⑦ 全国ストーキング戦略グループ (National Stalking Strategy Group)

　このグループは内務省自体によって組織されたもので、上記ACPOのストーキング・ハラスメントのワーキンググループを支援している。要するに、種々の分野からの専門家で構成されており、警察をはじめ検察、内務省、司法省からの代表者が関与している。とくにこれらの機関が対処しなければならないリスク・アセスメントの重要性に照準を定め、警察対応の改善と訴追の促進を図っている。

　このグループが活動の参考にしているのが、以下のオーストラリアのメルボルンで行われている試みである[29]。そこで、FTACとも連携しながら、この試みがイギリスにも適用できるか検討中であるとされる。

V　おわりに

　上記で紹介したように、イギリスのストーキング対策は依然として、多様な「ハラスメント」処理の範囲で行われている。2012年PFAでようやく法令上、'stalking' と言う語が用いられ、これに含まれる行為が例示されたものの、1997年PHAの「ハラスメント」概念に変更はなく、ストーカーがその一つに過ぎないことには変わりはない。両法で「ハラスメント」として想定されているのは、ストーキングのほか、反社会的行動、隣人のもめごと、他人ののぞき見、学校でのいじめ、動物虐待など多様な行為であり、しかも、新法でも法令上でストーキングを定義づけることは見送られた[30]。このように、イギリスでは、ストーキング問題がすっきり整理されているわけではなく、その対応に逡巡している姿が看取しうる。それは、ストーキング行為が市民的自由の範囲に一部含まれる微妙な問題だからであり、またどちらが加害者で被害者であるのか、判明しない場合もあろう。さらに、冒頭で述べたように、「好意のある相手に花束を贈る」行為と「相手が望まないのに花束を贈り続ける」行為の境界線は実際には意外と明瞭ではない。

　いずれにしても、イギリスではストーカー処罰が可能になったとはいえ、もちろん、これでストーキング問題が解決するわけではなく、各機関の対応が必要なことは言うまでもない。これまでストーカー問題は、被害者の保護

に力点が置かれてきた。わが国のストーカー規制法もその文脈にある。それは要するに、被害者がどのようにストーカーを回避し、あるいは逃避するかの視点であった。しかし、いうまでもなく、ストーカー問題を根本的に解決するには、被害者の保護だけでなく、治療を含めた加害者へのアプローチも必要である。被害者がいかに逃避しても、加害者の感情が治癒されない限り、根本的な解決に至らないからである。実際、この手法は多くの悲劇を生み出してきた。近年、にわかにオーストラリアのモナッシュ大学の加害者治療に世界的な注目が集まるのも、まさにこの点にある。

　ストーキングに関して、もう一つイギリスで指摘されている課題は、サイバー・ストーキング（cyber stalking）である。今後、ますます遠隔の人的接触が増大し、いわゆる非対面型のストーキングが増えることが予想される。イギリスの新法では、すでにあらゆる電子通信手段によるストーキングが処罰対象になっており、その点では一歩わが国よりも進んでいると思われるが、課題も少なくない。これはイギリスに限ったことではないが、サイバー・ストーキングに対するイギリス当局者の意識は、法令上多様なハラスメントを含むがゆえに、とくに高いように思われる。インターネット絡みのストーキングは形態が複雑であり、次々と新たな手段が生まれており、その分野の専門家でさえ知識が追いつかない現状にある。また、加害者、被害者が遠隔地、場合によっては海外であることもあり、異なった法の適用の問題を含め捜査も一段と困難を極める。これについては、イギリスでは、サイバー・ストーキングのカテゴリーで統計を取り始めており、検察庁はとくにこの分野向けのガイダンスを作成して対処しているが、これはわが国にとっても示唆的であるように思われる。

1)　いうまでもなく、ストーカーは行為者、ストーキングは行為であることから、海外の文献は識別している。わが国では、これら両者をストーカーと総称しているが、本章では、識別する意味で海外の例によることにする。
2)　J.Reid Meloy and Alan Felthous, Introduction to this Issue: International Perspectives on Stalking, *Behavioral Sciences and the Law*, vol.29(2), 2011, pp.139-140.
3)　Ibid., p.1.
4)　デンマークは世界で初めてストーキング法を成立させた国であるとされる。早くも

1933年には施行され、法令には英語の 'stalking' に当たる語が用いられたという。すなわち、「他人の平穏を侵害する反復して一定の期間なされる行為」と定義している(Ibid., p.1)。

5) Laura De Fazio, Criminalization of Stalking in Italy: One of the Last among the Current European Member States' Anti-Stalking Laws, *Behavioral Sciences and the Law*, vol. 29(2), 2011, pp.317-323.

6) 本稿が考察の対象とするのはイングランドとウェールズであるが、スコットランドでもほぼ同様の傾向にある。スコットランドではストーカー対策として、2010年刑事司法および販売許認可（スコットランド）法（2010年12月13日施行）があり、同法39条では、ストーキング行為に当たる行動や行為が列挙されている。

7) これは、1999年ジル・ダンドー（当時37歳）が自宅玄関付近で拳銃で撃たれて殺害された事件であり、その後の捜査で、それ以前から彼女が不審者につきまとわれ、ストーカーに悩まされていたことが明らかになった。捜査は難航したが、1名の被疑者が首都圏警察によって逮捕され、第一審判決では有罪で終身刑の判決を受けたが、控訴し証拠不十分として無罪となり釈放され、その後有罪判決を受けた者はおらず、事件は迷宮入りしている。

8) イギリス犯罪調査（BCS）は1982年から開始され、当初犯罪被害調査として公式の警察統計から漏れた暗数調査や警察通報態度などの意味あいがあったが、その後、たんに被害調査にとどまらず、犯罪問題に対し幅広く人口統計学的な意義を持つようになり、また、2001年以降は毎年実施されるようになって、現在は年齢層も少年にまで拡張して、不安感調査にまで広げられている。2013・14年調査では、名称が「イングランド・ウェールズ犯罪調査（Crime Survey for England and Wales）」に変更され、イングランドとウェールズの5万世帯に調査員による面接調査が実施されている。なお、ストーキングに関しては、1998年調査から調査対象となっている。

9) 2001年BCS調査でも、前年にストーカー被害に遭った者は女性で8％、男性で6％とされ、推計で女性約120万人、男性90万人が被害に遭っていることになるとしている(Sylvia Walby and Jonathan Allen, *Domestic Violence, Sexual Assault and Stalking; Findings from the British Crime Survey*, 2004, p.vi)。

10) Home Office, *Consultation on Stalking*, November 2011, p.5.

11) Home Office, *Stalking : Solutions*, July 1996.

12) Home Office (2011), op.cit., p.5.

13) 2004年家庭内暴力、犯罪及び被害者法（the Domestic Violence, Crime and Victims Act 2004）の12条によって修正された。

14) Jessica Harris, An Evaluation of the Use and Effectiveness of the Protection from Harassment Act 1997, *Home Office Research Study 203*, 2000.

15) Ibid., p.44.

16) とくにIbid., p.45.

17) Home Office (2011), op.cit., pp.25-27
18) 2011年10月12日第3回エビデンス・セッションにおける慈善団体'Victims and Witnesses'元代表ルイーズ・キャッシー氏の発言。
19) 首相は、2012年3月8日「国際女性の日」に演説を行い、ストーキングを「忌まわしい行為であり、被害者にとって生き地獄である」として、新法（2012年PFA）では固有の犯罪とすることを明言している（BBC News UK, 2012年3月8日配信）。
20) Home Office circular 018/2012.
21) Emily Finch, *The Criminalisation of Stalking; Constructing the Problem and Evaluating the Solution*, 2001.
22) Judith Gowland, Protection from Harassment Act 1997: The 'New' Stalking Offences, *The Journal of Criminal Law*, vol.77(5), 2013, p.396.
23) Ibid., p.395.
24) Ibid., p.7.
25) Ibid., p.7.
26) 'summary only offence'とは、治安判事裁判所のみで審理される、重大ではない犯罪であり、治安判事が行使できる限定的な量刑権限で十分と考えられる犯罪である。
27) Home Office (2011), op.cit., p.11.
28) 内務省は女性・少女対象暴力対策アクション・プラン（Ending Violence Against Women and Girls : Action Plan 2013）を立ち上げており、この一環として、各種ストーキング・ヘルプラインに毎年90万ポンドを支出している。これは、家庭内暴力（DV）の被害者（男性、女性、同性愛者、両性愛者、性転換者）支援活動を維持するもので、この資金の一部がNSH（全国ストーキング・ヘルプライン）に提供されている（ibid., p.11）
29) Home Office (2011), op.cit., p.12.
30) E. Finch, op.cit., p.2.

第Ⅲ部

犯罪者の処遇

第7章

犯罪者処遇の機関連携
――シームレスな刑罰の執行――

I はじめに

　依然として高い再犯率が続くイギリスにとっても、こんにち矯正と保護の連携は重要な課題である。そこで、政府はこれまで両機関の融合を図る試みを幾度となく行い、1970年代くらいから、犯罪者処遇の場面では、連携を意味する「シームレス」とか「スルーケア」などの用語を掲げてきた。しかしながら、後述するように、両機関の間には根深い伝統的な対立があり、職場文化・犯罪者観の相異から、その連携は必ずしも容易に進んでいない。しばしば「刑務所を出たら、断崖絶壁」と言われるように、現実には犯罪者のシームレスな処遇にはほど遠く、両機関を遮る大きな壁がそそり立っている。従来、これらの機関では、「われわれの任務は、相手の機関から犯罪者を救い出すことだ」とさえ囁かれてきたからである。

　しかしながら、1990年代以降、両機関に関連する大きな二つの動きがみられた。その一つは刑事司法の民営化（外部委託）であり、もう一つは矯正と保護の統合であった。前者は、伝統的な刑務所当局、刑務官の権限を縮減する動きであり、保護観察の業務効率化を図る動きである。他方、後者は表向きシームレスな犯罪者処遇の強調ではあるが、実質的には、再犯防止に対する成果主義の導入であった。とりわけ、近年、更生保護機関に対する批判は著しく、犯罪者に甘く、再犯を阻止できない体質とまで決めつけられ、政府ばかりでなく世論からも厳しい目が向けられるようになった。そして、ついに業を煮やした政府は、2004年新たな国家機関を創設し、両機関の統合、とくに保護観察組織の大改革を行ったのである。これが国家犯罪者管理庁（National Offender Management Service, NOMS,「ノムズ」）であった[1]。すなわち、こ

のNOMSはストレートに管理主義（Managerialism）、科学技術（technology）、公衆保護（public protection）を体現する組織である。科学技術も言い換えれば、電子監視装置の拡大適用であり、IT機器の大幅な採用を意味している。つまり、イギリスのシームレスな刑罰執行とは、厳罰主義の下、犯罪者の管理を強めることにある。このほか、矯正と保護に加え警察が関与するMAPPA（Multi-Agency Public Protection Arrangements,「マッパ」）という取り組みもある。いずれにせよ、これらの連携や協働の枠組みはいうまでもなく、旧来の保護観察のあり方を大きく変えるものであり、そこに保護観察の変容、変節が看取される。この結果、こんにち、矯正と保護の両機関は政府が管理する外局となり、それぞれの領域の業務を提供するプロバイダーに過ぎないとさえ言われている。つまり、イギリスの矯正と保護の連携は、かなり複雑な様相を示している。

本章では、イギリスの矯正と保護の連携において、どのような問題や課題が生じるのかを議論する。その前提として、矯正機関、保護機関がこれまで辿ってきた経緯や現状を概略し、両機関連携の課題を探ることにする。

II　矯正と保護の歴史的経緯

1　矯正の経緯

イギリスでも他の国と同様に、監獄（prison, penitentiary）は裁判や刑罰の待機場所として犯罪者を収容する機能から始まった。中世以前、ほとんどの犯罪には死刑が適用され、また一部は流刑であったことから、その刑の執行を待つ場所が必要であったのである。このために、監獄が誕生した。その後、18世紀後半から19世紀初頭にかけて、エリザベス・フライ（Elizabeth Fry）やジョン・ハワード（John Howard）ら種々の改革家が活動し、次第に監獄は刑の執行場所として犯罪者の態度や行動を改善する機能を有するようになる。そのベンチマークになったのが、1779年の監獄法（Penitentiary Act 1779）であった。そして、19世紀末になると、新たに「社会復帰（rehabilitation）」という機能が付加された。すなわち、1895年グラッドストーン報告書（Gladstone Report）

は、監獄を社会復帰施設と位置づけ、施設内の作業は処罰のためではなく、改善・社会復帰のためであることを明言したのである。このため、「為にする空役」としてのクランク（crank）やトレッドミル（treadmill）の廃止を提案し、抑止機能は否定しなかったものの、社会復帰を通じた再犯予防を方向づけた。この結果、監獄は受刑者の感受性を覚醒し刺激して、倫理観を涵養し、通常の労働習慣を身につけさせ、善良な受刑者は釈放すべきとされ、これらの事項は1898年刑務所法（Prison Act 1898）に反映した。そして、20世紀は犯罪者「処遇モデル（treatment model）」の時代となり、1950年代には、処遇を通じた社会復帰が刑務所の最大の任務とみなされるようになった。しかしながら、1970年代末以降、社会復帰概念は急速に衰退する。なぜなら、アメリカで'Nothing Works'論争が勃発し、その影響を受けて、イギリスでも処遇モデルへの批判が強まり、応報をベースとした正義モデル（justice model）へと推移したからである。その結果、犯罪激増の時期とも相まって、一般公衆の処罰感情も強まり、それに答えて政府は、犯罪者への厳罰化へと大きく舵を切った。とくに、1990年代初めに超保守派、マイケル・ハワード（Michael Howard）が内務大臣に就任すると「刑務所は機能している（prison works）」として、受刑者の増加を容認する姿勢を示し、その結果、1994年から1997年の3年間で収容者が5万人から6万人へと1万人も増加した。

　実は、すでに1980年代にイギリスでは、過剰収容の状況がみられ、ストレンジウェイズ（Strangeways）やブリクストン（Brixton）など、もともと悪名高い刑務所で収容者による暴動が頻発していた。そこで、政府はこの件で調査を命じ、それに答えてウルフ報告書（the Woolf Report）が発表され、刑務所の運営は、警備、管理、正義の均衡が重要であるとした。その後も収容者は増え続け、2014年では全国約130施設において約8万5,000人を数え、これはEU諸国で人口比の収容者数が最も多く、わが国と比較しても、人口が半分のイングランドとウェールズがわが国の収容者数を上回っており、いかに多くの刑事施設と収容者数を抱えているかが理解される。

　このような中で、イギリス矯正当局にとって最大の試練は刑務所民営化（privatisation of prison）であろう。1970年代末に政権を奪取したサッチャー政権は、その民営化路線にそって刑務所民営化を打ち出したからである。これ

は、イギリスでも強大な労働組合として知られる刑務官組合（Prison Officers Association, POA）にとって晴天の霹靂であり、当然ながら、猛反対を表明した。まさしく、政府はこのPOAを潰すために民営化を計画したと言われたからである。POAは1938年創設の下級刑務官で構成される組織で、会員数約2万5,000人、支部約130ヶ所を有する。この組織の特徴は、高度なヒエラルキー構造で軍隊調を基本とし、上部に対する下部の忠誠心は非常に強いと言われる。実際のところ、サッチャー政権のPOA潰しは実現しなかったが、POAが弱体化したことは確かであろう。なぜなら、1992年から始まった民営刑務所（いわゆる「委託刑務所（contracted-out prison）」）は、政府から派遣された統制官（controller）が施設に一人配置されるだけで、公務員の刑務官を新たに雇用することはしなかったからである。現在イングランドとウェールズでこの種の施設は14ヶ所を数え、収容者数も全体の1割を超えている。総合的にみれば、先述したように現在司法省の外局（agency）としての刑務所庁（Prison Service）は、いまや公営の刑務所業務を提供する、単なるプロバイダーに過ぎないというのも、あながち間違いではないであろう。

2　保護の経緯

　イギリスの保護観察は、歴史的にみてもアメリカと並んで世界諸国を主導してきたと言ってよい。「もし20世紀でイギリスが最も貢献した制度は何かと聞かれたら、答えは保護観察である」（ラジノビッツの言葉）と言われるほど、イギリス保護観察への評価は世界的にも高いものがあった。他方、21世紀、最も動揺した機関は何かと聞かれたら、これも保護観察と答えるべきであろう。それほどイギリス保護観察は変動に満ちている。以下に見るように、その性格は、順次、19世紀から20世紀では、①宗教活動、②ソーシャル・ワーク、③拘禁刑代替、④地域刑、そして21世紀になって、⑤犯罪者管理へと変遷してきたように思われる。

　イギリス保護観察は19世紀中葉ボランティアや宣教師らの犯罪者社会復帰支援から始まる。その後、1887年の初犯者保護観察法（Probation of Fist Offenders Act 1887）において、同意した初犯者につき保護観察を実施することで制度化された。1907年犯罪者保護観察法（Probation of Offenders Act 1907）で

は、裁判所が保護観察命令（probation order）という独立の処分を犯罪者に科すことが可能となった。これに伴い、初めて、治安判事裁判所所属の保護観察官（probation officer）という役職が生まれたのである。この際の標語はあまりにも有名である。すなわち、保護観察は、「助言、支援、友愛（advice, assist, befriend）」を基本理念にするというものであった。そして、その活動の実質は、社会調査（social report）であった。1912年には全国保護観察官協会（NAPO）が創設され、職業的な団結と観察官の質の向上が図られ、さらにアメリカからソーシャル・ワークの技法が導入されるに従い、博愛的な善意・慈善・宣教という色彩から専門的な診断という方向へと次第に推移した。

そして、第二次大戦後、保護観察は黄金期を迎える。なぜなら、この頃、政府はすでに福祉概念として示されていた「揺り籠から墓場まで（from cradle to grave）」（1942年）というウィリアム・ビバリッジ（William Beveridge）の言葉に象徴されるように、福祉を強調したからである。1948年刑事司法法（Criminal Justice Act 1948）は1907年法を廃止して、成人に対する保護観察命令のほかに少年に対するアテンダンス・センター（Attendance Centre）[4]命令を追加し、成人、少年とも保護観察が実施された。1960年代以降は、犯罪激増と刑務所過剰収容から拘禁代替策として社会内処遇が重視されるようになり、1972年には著名なコミュニティ・サービス（community service）制度が導入されている。このように拘禁刑回避の流れはいっそう加速したのである。

しかしながら、他方で、1970年代のマーティンソンの'Nothing Works'論は、改善モデルを基調とする保護観察にも打撃を与えた。折しも、1979年にサッチャーが政権を掌握すると、強力な「法と秩序」政策を展開し、なかでも保護観察を痛烈に批判し、1984年「国家目標と優先事項に関する声明（SNOP）」においては、保護観察の優先事項を「公衆保護（public protection）」と明記し、実施機関の説明責任、社会資源の活用を強調した。このような時代的風潮のなか、イギリスの伝統的な保護観察のエートスである慈善、友愛は瓦解し、観察官のケースワーカーとしての自律や矜恃も後退したと言われる。

1991年になると、同年の刑事司法法で保護観察のダイバージョン的性格を転換し、保護観察は独立の刑罰としての地位を得た。つまり、拘禁刑と全く同等の刑罰「地域刑（community sentence）」となったのである。保護観察は有

罪判決に基づく前科となり、対象者の同意も不要となるなど、ある意味で保護観察の法的性格は明瞭となった。そして、拘禁刑と地域刑の中間に早期釈放（early release）制度が位置づけられ、刑執行の前半は拘禁刑、後半は地域刑というように、刑罰のシームレス化が図られたのである。この動きに当初、保護観察の法的地位が向上したとして賛意を示していた多くの保護観察官にとって、その後、前出マイケル・ハワード氏が内務大臣として登場すると、事態は一変する。というのも、保護観察予算の大幅な削減と電子監視（electronic monitoring）制度の導入を明らかにしたからである。これらは明らかに、保護観察官の職務を縮減する試みであり、保護観察はビクトリア時代の博愛や善意を引きずって時代の要請に応えていないという疑念が顕在化したものであった。その象徴として、保護観察の研修から「ソーシャル・ワーク」科目が削除されている。[5]

　21世紀になると、従来、イギリスの保護観察の特徴であった地域主義が再検討されることとなり、[6]2001年内務省内部に国家保護観察庁（National Probation Service）が設立され、その監督の下に、全国に54ヶ所あった独立の地域保護観察委員会（probation board）は42ヶ所の地区委員会に縮減された。その後、この委員会は保護観察トラスト（probation trust）組織に変更となり、そして現在、地区社会復帰公社（community rehabilitation company）となっている。いずれにせよ、これらの組織は国家保護観察庁の傘下として中央集権化が図られたことにより、保護観察のあり方は地方ごとの組織によるものではなく、中央が決定することになった。つまり、その狙いは、管理主義、実績主義を保護観察の現場に持ち込むことであり、さらに伝統的な保護観察の矜持を打ち砕いたのが、前述の2004年創設の国家犯罪者管理庁（NOMS）であった。ついに、「水と油」と称された矯正と保護は1つ屋根の下に統合されることになったのである。その後も、後述の性犯罪者向け多機関協働協定（MAPPA）が生まれ、警察の強権の下に置かれるなど、保護の受難の時代が続いている。

Ⅲ　矯正と保護の機関統合

　イギリスでは、1990年代以降、刑事司法機関における種々の機関の協働が

叫ばれ、いわゆる多機関協働（multi-agency co-operation）が進む中でも、NOMSという矯正と保護の統合は驚きをもって迎えられた。どうみても困難と思われた２つの機関が統合されたからである。このほか、上述した矯正、保護、警察の融合としてのMAPPA、矯正と保護と裁判所が融合した地域司法（community justice）（これについては本書第８章参照）、さらには少年司法でも種々の融合など多機関協働化が図られており、こんにち、イギリスの犯罪対応機関が単独で業務を行うこと自体、きわめてまれになっている。

1　NOMS

　NOMSは2004年に創設された矯正と保護の統合機関であり、その根拠として総合的な犯罪者矯正の再検討を迫まった前年のカーター報告書（Carter Report）の指摘がある。同報告書は、乏しい資源の有効活用を主張し、その一環として、目的を同じくする両機関が協働して活動する緊急の必要性を指摘した。これは刑罰のシームレスな執行という理念に合致するようにみえるが、同報告書が設定した目的とは、公衆保護と再犯防止、つまり、端から端までの（end-to-end）、つまり矯正から保護までの犯罪者管理（offender management）という概念であった。すなわち、従来、各機関が別々のラインで果たしていた業務を提供者（provider）と購入者（purchaser）で明瞭に区別しようとするもので、企業家らしいカーター氏の市場主義の特徴が色濃く現われている。要するに、業務の提供側（プロバイダー）には競争原理が導入され、公私の機関、ボランティア組織の参入を促し、民営化を拡大する計画である。

　政府は基本的にこのカーター報告を歓迎した。なぜなら、政府が設定した今後２年以内に再犯率を５％削減する目標と合致したからである。しかも、これを中央レベルの国家と地域とに分け、中央では国家犯罪管理官（national crime manager）が目標設定、説明責任を負いつつ予算編成を担当し、地域では地区犯罪管理官（regional crime manager）が矯正と保護の領域で犯罪者の基本スキル・保健衛生などの介入策に関して、提供者（ここには刑務所庁、国家保護観察庁の公的機関、さらには企業、ボランティア団体が含まれる）と契約を結ぶ業務を行う。そして、実際に犯罪者を扱うのは、犯罪管理官であり、この役職はプロバイダーから選抜された。

確かに、従来、犯罪者は刑務所を出ると「崖から落ちる」と称されたような弊害を克服するうえで、受刑者は刑務所収容中に習得しはじめたスキルを釈放後の保護観察中も継続でき、まさしくシームレスな犯罪者処遇が可能になる。しかし、実際には、NOMSの長には常に矯正出身者が就任しており、実態としてNOMSは矯正が保護を支配する体制であり、保護の弱体化が目立つ。しかも、組織的に複雑なところは、NOMSとは別に既存の刑務所庁や国家保護観察局も残存しており、系列図で言えば、NOMSの下に両機関が併存する形式をとっている点である。

2 MAPPA

　MAPPA（Multi-Agency Public Protection Arrangement）は2000年に創設された警察、保護の協働を目的とした機関間の協定であったが[7]、2003年にはこの協働関係に矯正が追加され、現在これらの3機関の協働協定となっている。ただこれは常設の協働機関が存在するわけではなく、しばしば必要に応じて、協定に従い、関係機関が関与した会合が開催される方式である。この機関は、2000年刑事司法・裁判所業務法（Criminal Justice and Court Services Act 2000）、2003年刑事司法法が法的根拠を与えた責任官庁として、それぞれの管轄地域で一定の犯罪者が提示するリスクの評価と管理を行う目的から、連携し合う協定を確立する義務を負う。関与機関としては、これらのほかに、社会福祉、少年犯罪対策チーム（YOT）、職業斡旋、教育、住宅提供、保健衛生などの各機関、家主協会、電子監視事業者などが関わり、まさしく多機関協働の典型である。

　このように、MAPPAは独立の機関というよりも、必要なときに協定に基づいて関係機関の代表者が会合を行う形式であり、実際の主要な業務は、MAPPA対象者の確認、機関間の関連情報共有、害悪リスクの評価と管理である。また、MAPPA対象者のカテゴリーとして、①登録された性犯罪者、②それ以外の性犯罪者と12ヶ月以上の拘禁刑を受けた暴力犯罪者、③公衆に深刻な害悪を与える可能性のある犯罪で有罪判決を受け、責任官庁が将来、公衆に深刻な害悪を与えると合理的に判断した者、である。さらに、リスク管理のレベルには3段階が識別され、レベル1（MAPPA1）からレベル3

(MAPPA 3) まである。レベル1は単一の機関が対処可能なリスク・レベル、レベル2は複数機関の積極的な関与は必要であるが、リスクはそれほど高くないレベルである。レベル3は、いわゆる「危険な少数（critical few）」を管理するレベル、つまりOASysで害悪リスクが高いか極めて高いと判定されたレベルで、リスク評価には協働機関の幹部クラスが月ごとに開催される会合に参加する。レベル3はさらに、リスクは「高い」、「極めて高い」とは判定されなかったがメディアの扱いが大きく公衆の関心も極めて高い場合に例外的に扱うレベルである。また、レベル2からエスカレートした犯罪者も扱う。[8]

このように、MAPPAはとりわけ再犯可能性の高い性犯罪者、暴力犯罪者の管理を警察、保護、矯正から派遣された職員が協働して行うが、実際には、警察の力が相対的に強く、会合を主導しているといわれ、3機関が必ずしも同等の力関係を維持していないという指摘もある。MAPPAについては、各地区に戦略管理委員会（Strategic Management Board, SMB）が設置されており、その成り行きや成果を検討したり、監視したりしている。

Ⅳ　シームレスな刑罰の効果

イギリスで言う「シームレスな刑罰（seamless sentence）」とは、一部を施設で一部を地域で執行することを意味し、簡単にいえば、拘禁刑から地域刑へと、文字通り、施設内処遇と社会内処遇の切れ目のない融合である。もともとは短期刑受刑者の社会定着を目指す刑罰の効果を促進するために意図されたものである。しかしながら、実際には、種々の壁に直面してきた。このうち、際立っているのは、刑務所と保護観察所をはじめとする地域機関との協働、さらには両機関に加えて独立セクターとの協働といった多機関連携の問題、つまり拘禁刑・地域刑の境界を越えた介入策をどう継続し、他機関の職員同士がどう情報を共有しうるかという問題である。そのうえ、当然ながら、再犯予防効果という目にみえる成果を上げなければならないという強い要請がある。それでは、このような取り組みはどのような成果を上げたのであろうか。

1 再犯予防に対する効果

(1) 少年犯罪者

最近の研究では、10歳から17歳までの少年に対する拘禁・訓練命令 (Detention and Training Order, DTO) の実施においては、拘禁施設と少年犯罪者対策チーム (YOT) が協働してプログラムを実施したり、情報を共有したりした結果、良好な成果をもたらしたとされ、実際、処遇プランは効果的に機能し、少年対象者の72％に再犯率低下の効果が現れたという[9]。もっとも、処遇機関が施設から地域機関へ移行するに伴って、しばしば処遇プランが途絶する問題はあるものの、この研究では、少年犯罪者が日常的に接触し信頼関係を結ぶ主要職員（たとえば保護観察官）の配置が重要な要因だと指摘している。

上述のように、拘禁施設から地域刑の執行機関、つまり保護観察所への引き継ぎは問題が多くみられた。研究によると、保護機関では対象者釈放に対する準備が十分ではなく、他方、YOT職員は大多数の対象者に対して、拘禁開始時点から活動は可能にも関わらず、実際にはその段階から介入策を開始するには限界があると感じているという。YOTも施設職員も、拘禁刑から地域刑へのシームレスな移行に対して、両刑の執行に費やす資源の不均衡がみられ、それが一次的な障害になっているとする。地域機関は、しばしば少年施設側が提供したサービス・レベルとマッチさせることができず、不具合が生じているという調査結果もある[10]。地域機関の間でも、機関内部の連携問題があり、教育や訓練といった活動を設定し開始するのに遅れが生じているとする課題もみられる。

(2) 成人犯罪者

これに対しては、成人犯罪者に対するシームレスな対応、つまり犯罪者の地域定着に関して、あまり肯定的な成果が語られていない。たとえば、刑務所・保護観察の機関には内部監査機関として監察官 (Inspector) 制度があるが、その共同監査では、多くの要因が収容者の定着ニーズを著しく無視してきたと報告している[11]。その要因とは、すなわち、①収容者の収容場所が家から遠隔地にある、②非効果的な刑執行計画、処遇計画の執行、リスク評価に対する異なったアプローチや優先順位、刑務所内外の重要な職員を組み込んだ事

例管理の欠如、モニタリングと説明責任の欠如、③地元保護観察官の適切な役割に関する分類の欠如、④住宅や薬物・アルコール問題を有する者への適切なサービスといった釈放後の特定の資源の欠如、など。1997年内閣府に設置された社会的排除対策課（Social Exclusion Unit）の報告書でも同様の指摘がある。[12] 肯定的な評価を受けた地方企画の事例が多いが、他方で、同報告書は、個々の収容者にとって徹底した結びつきを確保するために責任ある者が存在しないことを指摘する。これに対して、社会的排除対策課の主要な勧告として、国家戦略は、「ニーズの総合的な把握」を刑の執行開始から地域刑の終了まで継続することであるとする。つまり、「シームレスな事例管理のアプローチ」である。このためには、犯罪者データ・ベースであるOASysの共同使用が求められる。これについては、課題として後述する。

2　裁判官の関与

　シームレスな刑罰として、もう一つの側面は、裁判官の関わりの問題である。イギリスでも同様に、裁判官（治安判事）は、「（犯罪者に対して）淡々として、無関心な」イメージであり、判決の言いっ放しというか、公判手続きにおいても、裁判官は第三者的、周辺的立場に終始している。このような状況に対して、注目すべき動きがある。それは、判決の再審査（review）を判決裁判所が実施できるようになったことである。つまり、裁判所が刑の執行の成り行きを監視するのである。犯罪者の成り行きによっては判決命令の内容を変えることも可能である。1998年犯罪及び秩序違反法（Crime and Disorder Act 1998）で導入されたアクション・プラン命令や、送致命令を受けた者に対する定期的な再審査の審理などがこれにあたる。

　このような裁判官の処遇者としての位置づけとして実験的に行われたのが地域司法（community justice）の試みである。[13] イギリスでは初めて、2005年北リバプール地域司法センターが設立され、その後、若干の裁判所がこれに続いた。地域司法センターの特徴は、①地域在住の裁判官が一人常駐すること、②裁判官の言い渡した判決の見直しが定期的に行われること、③裁判官自ら、判決を言い渡した犯罪者を呼び出して予後につき聴取すること、④裁判所内には、警察、矯正、保護、その他地域サービス機関が協働で事務所を構える

こと、などである。こうして、裁判官は自ら言い渡した判決の有効性を犯罪者の予後に照らして判断し、必要があれば修正するのである。これは、たんに矯正と保護の連携にとどまらず、多くの機関を巻き込んだシームレスな刑罰執行と言える。実際、筆者が視察した際には、初代のフレッチャー所長が熱心に再審査のためにセンターを訪問した犯罪者から事情を聞く様子が伺え、裁判官が、地元の社会資源を活用して、矯正や保護の活動を仲介する、いわば「手作り司法」の意義を十分に理解できた。

しかしながら、その後、この地域司法センター構想は失敗に帰したと言わざるを得ない[15]。なぜなら、保守党・自民党の連立政府はその閉鎖を予告しているからである。その最大の理由は、予算面である。取り扱った事件数の割に経費がかかりすぎるという。反対に、学界からは高評価が与えられており、むしろ地域司法センターをイギリス全土に拡大すべきという意見も少なくない[16]。

V　連携のための課題と新しい動き

矯正と保護という、異なった独自の伝統、歴史、文化を有する機関同士が結びつくこと自体、困難であるが、その運用は技術的な側面を含め、さらに複雑である。政府は連携の法的枠組みを完成させたが、残る課題も少なくない。そこで、イギリスで指摘されている連携のための課題としてのデータ共有化と新しい少年司法の動きを取り上げる。

1　課題としての「データの共有化」

矯正と保護の連携として、第1の課題は、データをどのように共有するかにある。そこで問われたのが、犯罪者リスク評価システム（Offender Assessment System, OASys（オアシス））の運用方法であった。OASysは犯罪者のリスク評価とニーズ（支援の必要性）をデータ・ベース化した全国オンライン・システムである。まさしく、裁判段階から拘禁刑、地域刑、保護観察段階に至るまで利用可能なシステムで、再犯可能性、犯罪原因の確認・分類、自傷他害リスク評価、リスク管理の支援、リスク評価の処遇プランへの反映、高

度専門家診断の必要性、指導監督中の対象者の改善度測定などの多様な情報がデータ・ベース化されている。

　OASysはもともと国家保護観察庁において、紙ベースで運用開始されたのが最初で、裁判前段階におけるリスク評価のために構築され、保護観察所ごとの業務が重複しないように効率性を高める目的および地域でばらばらに行われていた保護観察を平準化する意図が含まれていた。その後、刑務所庁もこのシステムを導入した。両機関とも2003年から運用開始したが、両機関では異なったITインフラを採用したことから、独自に別々のシステムが構築され、両機関で融通することができなかった。しかし、2006年に新データ・システムNOMISが構築され、これにOASysが組み込まれたことから、すべての保護観察所と公営刑務所間でデータベース・アクセスが繋がり、「端から端まで（end-to-end）」の犯罪管理が可能になったとされる。この意味は、まさしく判決言渡し時から保護観察の終了までの間で、シームレスな管理や処遇を行うことができるということである。

　OASys運用の実際では、再犯リスクを点数化する得点方式が組み込まれており、0点から168点までの点数でそのリスクが表示され、それによって高、中、低のリスクに分類される。この点数化システムは、どの項目を重み付けに使うかなど含め、NOMSの専門チームによって定期的に検証される。そして、最終的にリスク程度に応じて、評価者は対象（犯罪）者とも相談しながら処遇プランを作成し、詳細な目標や改善プログラムを勧告する。しかしながら、OASysの運用、なかでもリスク評価については研究者の間では必ずしも全く異論がないわけではない。というのも、リスク評価はコンピュータ・ベースであり、単なる数理計算であって、本来犯罪者の危険度は精神科医などの人的診断も要するのではないかという疑念である。もっとも、近年、OASysの運用はかなり実務に定着しており、活用されている。個人の過去の犯歴、行った犯罪の分析、居住場所、教育、雇用、資産管理、人間関係、生活様式、仲間付き合い、薬物乱用、アルコール問題、情緒・感情、思考方法、行動・態度、保健衛生など多種多様な項目が入力され、地域定着と再犯防止に向けた処遇プランに役立てられている。実際には、リスク評価に精神科医の診断を求めると多額の予算が必要とされることから、OASysに依存せざるを得な

いのが現状であろう。

2　新しい試みとしての少年犯罪者「定着」支援

　少年の場合にも、同様に矯正と保護の架橋は必要である。成人の短期刑と並んで少年拘禁経験者の再犯率は高く、釈放後1年以内に約4分の3の者が再犯を行っている。そこで、再犯防止として拘禁刑と地域刑のギャップを埋めよという標語が強調されている。少年犯罪者の大半は拘禁期間が3ヶ月を超える程度であり、拘禁中に改善した状況をその後に維持することが重要であるが、しばしば地域に戻って定着することが困難で、拘禁中に獲得したスキルが失われることが多い。そこで、近年、施設から社会への移行に革新をもたらす制度として、政権内では「塀のある学校（Secure College）」が提唱されており、2017年に開校予定とされる。[17] これは、現政権の少年犯罪者に対する教育重視の姿勢を示しており、拘禁刑・地域刑の処遇において現在の2倍の授業時間が確保されるという。この「塀のある学校」は特殊学校と類似のモデルを採用し、実態的には閉鎖型の寄宿舎学校に近いとされる。学校には非警備の宿舎が併設される。ここで犯罪少年に種々の教育を施し、就職等に有利な条件を与えるという。つまり、拘禁が終了しても間断なく地域で継続できる体制を整えるのである。もっとも、このような動きに対しては、少年犯罪者が抱える種々の問題に教育だけで答えることはできないとして、総合的な治療共同体（therapeutic community）モデルを推奨する意見も見られる。[18]

　これに関連して、少年犯罪者に対する矯正と保護の連携を仲介するのが、司法省の青少年司法委員会（Youth Justice Board, YJB）である。[19] すでにYJB内部には調整チーム（commissioning team）が結成されており、さまざま移行段階（地域刑から拘禁刑へ、拘禁刑から地域刑へ、地域刑から主要サービスへ、若年サービスから成人サービスへ）における調整を担う。すなわち、このチームは、少年の地域定着への道筋において、困難な問題に直面する次の領域で助言、仲介、支援、調整を行う任務を果たす。①居住場所（住宅）、②教育・訓練・雇用、③健康、④薬物使用、⑤家族関係、⑥資金・利益・借金など。これらは、成人犯罪者にとっても、その社会復帰のうえで重要であるが、少年の場合は、さらに、それを自力で行う困難さがあり、そこで調整チームが積極的に支援を行うこ

とになる。この動きは、矯正と保護の間にYJBという少年専門機関が介在することでその協働活動をいっそう強化することになろう。

VI おわりに

　イギリスの刑事司法制度は月替わりだと言われるように、めまぐるしく変化し、現地の研究者ですら全体を把握するのは困難と嘆くほどである。外国の研究者であれば、尚更である。しかも、2015年5月に総選挙が行われることから、政権が交代すれば上述した制度や方向性も変わる可能性が高い。しかし、刑事司法の大きな潮流としては、依然高い再犯率に悩まされているところから、「効率よく再犯を防止すること」が必要な点には変わりはない。近年、イギリスでは政府文書に‛transforming（転換する）’という語が目立つ。要するに、既存の公共部門に対する政府の不信感が強く、現行制度の枠組みの改変を狙っており、このために、今後さらに成果・実績を競う民間・ボランティア参入を加速させ、他方で厳罰化を進めるものと思われる。その矢面に立たされるのは、刑務所よりも保護観察であり、かつて保護観察が掲げた「（犯罪者への）友愛」の看板は下ろさざるを得ないであろう。

　また一方では、政府文書には「社会復帰（rehabilitation）」の文字もみられる。しかし、これを政府が犯罪者の社会復帰に目を向け始めたとか、改善モデルに根ざした社会復帰への回帰と勘違いをしてはならない。これは先に述べた管理主義の表明だからである。前述のように、「定着（resettlement）」という用語も目立つ。これについては、確かに、犯罪者に対する支援による地域定着をめざすように思われる。その要素として、居住場所、就職スキル、教育、家族との関係調整、生活資金の調達などきわめて具体的な施策が強調されているからである。したがって、イギリスの再犯防止策は、矯正と保護を統合しつつ管理主義を強め、関連機関が成果を上げることを強く求めるとともに、他方で、犯罪者の地域定着のための具体策を実現する方向にあるというのが正確な理解であると思われる。ただ、上述のように、イギリスの刑事司法に関する政権事情は複雑で矯正と保護の連携の課題に止まらないことは明らかであろう。

154　第Ⅲ部　犯罪者の処遇

　2015年5月に実施されたイギリス総選挙の結果が明らかになり、選挙結果は保守党単独過半数となり、自民党が政権から離れることが予想され、また制度が動く可能性がある。実際、自民党は保守党の動きを抑制する役割を演じてきたからである。その意味でも、イギリス刑事司法という船がどこに向かうのかを判断するには、イギリス研究者を含め、われわれの思考を超えているように思われる。

1)　NOMSについては、https:// www. gov. uk/government/organisations/national-offender-management-service/about参照。なお、法務総合研究所研究部報告44「諸外国における位置情報確認制度に関する研究」89頁以下（2011年）参照。
2)　イギリス保護観察の変質、変容については、守山　正『イギリス犯罪学研究Ⅰ』(2011年) 196頁以下「第10章保護観察の変節」で詳しく論じた。
3)　'Nothing Works' 論争はイギリスに飛び火し、その後、内務省はこの議論を踏まえて 'What Works' 論を展開した (Home Office, Probation Circular 64/1999, What Works; Effective Practice Initiative, 1999)。これに基づき矯正、保護の犯罪者処遇領域で最も影響を与えたのは、認知行動療法であるといわれる (Anthony Bottoms et al, Community Penalties; Change and Challenges, 2001, pp.67-68.)。
4)　アテンダンス・センターとは保護観察の一つの形態として、裁判所の命令により軽微な犯罪を行った保護観察対象者、とくに若年犯罪者に対して期間中、出頭や参加を求める場所であり、そこでは保護観察官への定期的な報告、あるいはセンター内における作業への従事を義務付ける施設である。センター内作業としては、学科学習・教育、規律訓練、職業訓練などがあるほか、修復的司法の場ともなっている (Peter Joyce, Criminal Justice: An Introduction, 3rd. ed., 2017, p.325.)。
5)　この結果、保護観察官はケース・ワーカーからケース・マネジャーへと変貌することが期待され、保護観察官採用方法もソーシャル・ワークの専門的研修を受けた者ではなくてもマネージャーとしての適性があれば採用するなど、人材対象を拡大したと言われる (Peter Joyce, Criminal Justice; An Introduction to Crime and the Criminal Justice System, 2006, p.400.)
6)　この根拠として、矯正と保護の関係緊密化と断片的な地域ごとの保護観察活動の標準化が指摘されているが、基本的にいえば保護観察官の性格の変質、つまり犯罪者のリスク管理と監視を主要な任務とすることを意味する。その結果、保護観察官を「ソフト・コップ」と名付けたり、保護観察を警察にたとえた造語 'polibation' で揶揄する風潮がみられた (ibid., p.403.)
7)　MAPPAについては、守山・前掲書129頁以下参照。
8)　同上133〜134頁。
9)　Neal Hazel et al, Detention and Training: Assessment of the Detention and Training

Order and its Impact on the Secure Estate Across England and Wales, 2002.

10) 拘禁訓練命令（Detention and Training Order, DTO）は、12歳から18歳までに少年に対する裁判所命令であり、刑の前半は拘禁施設における処遇、後半はYOTによる地域での指導監督を受けるが、施設プログラムとYOTの指導とのミスマッチがしばしば指摘され、このため対象少年の再犯率が高いという見解がみられる（Barry Goldson(ed.), The Dictionary of Youth Justice, 2008, p.135.）。

11) Anthony Bottoms et al(eds.), Alternatives to Prison: Options for an Insecure Society, 2004, p.328.

12) The Social Exclusion Unit, Reducing Re-Offending by Ex-Prisoners, 2002.

13) イギリスの地域司法については、本書第8章参照。

14) 2007年9月10日午後、シェフィールド大学（当時）教授ジム・ディグナン（James Dignan）教授の案内で北リバプール地域司法センターを訪問し、裁判における審理と再審査手続きを見学した。また、同時にフレッチャー判事とも懇談する機会が与えられ、同センターの意義を情熱をもって語っていたのが印象的であった。さらに、裁判所2階には多くの機関職員が出向しており、まさしく機関連携の構図をそのまま反映していた。

15) 本章参照。

16) George Mair and Matthew Millings, Doing Justice Locally: The North Liverpool Community Justice Centre, 2011.

17) もっとも、子どもに対する拘禁を拡大するものとして、反対論も根強い。拘禁学校（Secure College）はかつての訓練学校であったボースタルの現代版と言われるが、1500億円の巨大な予算が必要なことやハワードリーグ刑罰改革協会も反対していることから、開設に向けての動きは滞っており、その見込みは立っていない。（https://www.theguardian.com/society/2015/jul/10/michael-gove-scraps-100m-secure-college-plan-uturn）。

18) http://www.bbc.com/news/uk-25766557

19) 青少年司法委員会（Youth Justice Board, YJB）は1998年犯罪及び秩序違反法によって創設された国の独立の機関で司法省の監督を受けているが、資金は内務省や教育省からも得ている。そのスタンスは非行少年に対する支援であり、とくに問題児童の福祉を強調し、しばしば政府方針と対立しており、政府部内ではその廃止論も聞かれる。

〈追記〉

　2016年1月アジア極東犯罪防止研修所（UNAFEI）における講演で、ロブ・カントン教授（イギリス、ド・モンフォール大学）はイギリスの機関間協働に関して、その長所と短所を指摘している。長所として、ヨーロッパ保護観察規則「保護観察機関は犯罪者の社会的包絡を推進するために他の公私の組織、地方社会と協働して活動すべきである。協働された完全な機関連携、多機関活動は犯罪者のニーズに対応し、地域の安全を促進するために必要である」（ルール12号）を引きながら、機関間協働の利点は明らかであるとする（Rob Canton, Inter-Agency Cooperation: How Can It Best Enhance Compliance with the Law? UNAFEI, Resource Material Series, no.99, 2016, p.81）。

　具体的には、長所は(1)犯罪者の社会復帰をめぐる複雑な問題は種々の機関の専門性、資源をそれぞれ必要とすること、(2)他の専門家やスペシャリストが行う業務が重複することは意味がないこと、(3)部分の集積よりも全体が重要であること、(4)多機関の集合的努力ははるかに効率的効果的であること、(5)MAPPAなど機関間協働の良好な実例があり、他の国々にも成功例がみられること、などを指摘する。

　他方、短所・欠点としては、(1)機関間に業務の優先権に対して争いがあること、(2)他機関職員との間の意思疎通が必ずしも良好ではないこと、(3)単に他機関へ犯罪者を送致するだけでは効果的ではないこと、(4)機関間では目的・狙いが明瞭に共有されていないこと、(5)それぞれの機関の役割・責任についてもめること、(6)機関間に相互の不理解が存在すること、(6)効果測定の点で、機関間協働の効果についてのエビデンスが欠如していること、(7)責任分担はむしろ、協働意思の欠如、責任の積極的な負担に対する躊躇を生み出すこと、(8)それらは業務の対象者（犯罪者）にも混乱をもたらすこと、(9)業務の実務と運営において相違がみられること、などを掲げる。

　カントン教授の指摘は、一般に機関間協働はいまや刑事司法のキーワードであり、おおむね歓迎される傾向にあるものの、解決すべき課題が少なくないことを示している。

　なお、2017年4月に、国家犯罪管理庁（NOMS）は刑務所・保護観察業務庁（Her Majesty's Prisons and Probation Service, HMPPS）と改称された。両機関の連携強化と継続性保持のためとされたが、現時点ではその経緯は不明である。

第8章
問題解決型裁判所の行方
―― 2つの地域司法センターの評価をめぐって ――

I はじめに

 こんにち刑事司法分野のキーワードの一つは、とりわけ英米では'community' であり、なかでも 'community justice'（しばしば「地域司法」と訳される）[1] が強調されている。その背景には、従来、国家機関としての刑事司法組織が必ずしも地域の利益に配慮してこなかったという批判や反省があり、その反動として 'community justice' が盛んに喧伝されている。つまり、地域住民の刑事司法機関に対する不信感を払拭するために、これらの機関への信頼という正統性（legitimacy）の担保に関わる問題が議論されている。要するに、住民の間には、警察や裁判所、刑務所、保護観察所といった機関が十分機能してしないから、犯罪その他の行為をうまく処理できず、地域の治安が維持されていないという認識が強い。事実、近年、とみに軽微な犯罪や反社会的行動、秩序違反行為への国の対応が批判されている。このような事情もあって、わが国に比し、英米では公的機関に対する信頼が著しく低いのが一般である。他方、地域司法（community justice）の概念自体は必ずしも明瞭にされておらず、地域密着の司法という動きに対しては、国家刑罰の公平性、画一性や均一性という規律を乱すものとして警戒感がないわけでもない。それでも、近年、修復的司法（restorative justice）などにみられるように、犯罪者の被害者や地域社会への賠償といった潮流は、当然ながら「地域に根ざした司法（community-based justice）」として司法の運用にも大きな影響をもたらしている。

 その地域司法の実践の一つが、英米などで展開されているコミュニティ裁判所（community court）である[2]。従来の通常裁判所は国家刑罰の適用という側

面から全国的に公平性、画一性を基本として加害者の視点から運用され、しかもきわめて官僚的、閉鎖的で形骸化しているのに対して、コミュニティ裁判所は判決結果や成り行きを地域で共有するといった開放的な裁判所を目指しており、①地域密着として、犯罪者個人の処遇だけでなく地域に固有の問題を柔軟に解決すること、②最終的には地域の安全を確保し地域に利益を還元する裁判所であること、③独特の組織運営を行っていることが特徴である。実際、アメリカなどの国々では、薬物裁判所（drug court）、10代裁判所（teen court）[3]、DV裁判所（domestic violence court）、精神衛生裁判所（mental health court）など通常裁判所とは異なる種々の問題別裁判所が多数設置され、個別に問題解決を図っている。イギリス（本稿では全て、法管轄を同じくする「イングランドとウェールズ」を意味する）では、この種の裁判機関としては、2005年初めて北リバプールに'North Liverpool地域司法センター'が創設され、次いでサルフォードにも'Salford地域司法センター'など同様の施設が設置された。これらの動向については他誌ですでに紹介したが[4]、最初のコミュニティ裁判所の創設から10年近くが経過し、この種の裁判所の成否を問う評価研究（evaluation research）が相次いで実施され、その成果が公表されていることから、本章ではとくにこの評価について分析を試みる。すなわち、筆者の現地（北リバプール地域司法センター）訪問の経験とこれら二つのコミュニティ裁判所の評価研究の結果や知見に基づいて、果たして今後、地域司法はどうあるべきかにつき検討したいと考える。

II 地域司法とコミュニティ裁判所

1 地域司法の意義

　前述のとおり、この用語自体、明瞭な定義があるわけではないが、一応、地域社会において犯罪者に対し問題解決型の司法機能を提供しつつ、犯罪者管理に対する総合的なアプローチを目指す制度ということができる[5]。従来の通常裁判所が「回転ドア司法（revolving door justice）」と呼ばれるのに対して、問題解決型裁判所は、しばしば'one stop shop'[6]裁判所などとも呼ばれる。

その理由は、前者が次々と犯罪者に有罪判決を下して、いわば機械的に事件を処理するのに対して、後者はいわゆる多機関協働（multi-agencies co-operation）体制を採用し、警察、検察庁、裁判所、少年保護機関、刑務所、保護観察所が地域代表の住民を交えて協議し、犯罪事件の処理を図るからである。実際、裁判所内に共同で事務所を構え、犯罪者がここに来れば何でもサービスを受けられるということから、'one stop shop' の名が付いた。言い換えると、犯罪は単に犯罪者個人の問題だけでなく、地域の抱える問題が関係しており、それに取り組むには、個々の機関がばらばらに対応するよりは情報や対応を共有して取り組む方が効率的であり、また地域問題の解決という意味でも地域社会の理解が得られやすいと考えられたのである。

イギリスではこれらの理念の下に刑事司法改革が進められており、検察庁、YOT（Youth Offending Team、少年犯罪対策チーム）、修復的司法部局、国家犯罪者管理庁（NOMS）などの機関の活性化も目指されている。刑事司法機関の運用が国民の感覚から遊離すればその信頼感も薄れ、結局は政府不信にも繋がり、引いては国民の遵法意識の低下にもなりかねないからである。まさしく、コミュニティ裁判所は1997年以降、労働党政権肝いりの刑事司法制度形骸化の打開策であった。

他方、もう一つの意義は、先に述べた正統性、いわゆる 'legitimacy' の問題に関係するが、司法機関、つまり裁判所と住民との関係改善である。実態から言えば、裁判所に対する信頼を回復することである。そのためには、司法の運用につき住民参加が求められる。コミュニティ裁判所では陪審制は採用されていないが、判決や刑罰の執行については住民の意見を聴取し、とくに刑罰としての犯罪者の地域への賠償・貢献について議論する形式をとる。この形式は確かに修復的司法と類似するが、犯罪者対被害者という構造をとらず、むしろ犯罪者と地域社会の共生が特徴である。つまり、犯罪は地域社会全体の問題として理解され、これに対して地域社会全体が取り組むのである。

もっとも「地域司法」の語は、犯罪者・被害者・潜在的被害者への働きかけ（施設内処遇、社会内処遇、修復的司法、被害者保護などが想定される）の諸策、つまり刑事司法機関の活性策も犯罪予防、地域安全などと絡んで意図されている。

しばしば 'community justice' というと「修復的司法（リストラティブ・ジャスティス）」に限定して議論される場合があるが、ここでは広義に、したがって「地域に根ざした (community-based) 刑事政策」と同義と理解したい。他方、「地域 (community)」の強調は中央集権的ではなく、地域住民の間に意思疎通が図られた空間を基盤としており、その施策も地域住民のニーズに適合すべきとしたものであって、この考えはしばしば国家、中央政府の政策との齟齬が問題となる場面である。欧米諸国の場合、「地域」概念は、学校、自治体、宗教組織などから構成され、住民間の紐帯を強め、インフォーマルな社会統制が機能する空間的構成と理解できる。このような人的ネットワークで構成された組織が司法領域にも影響を及ぼすのが、まさしく地域司法なのである。このように考えてくると、この原理は、①地域自体が刑事司法の終極の消費者であり、刑事司法制度がサービスを提供する相手は、犯罪者でも被害者でもなく、地域社会そのものということになる。②刑事司法の目的を達成するには、地域ぐるみの協働関係が必要である。③地域が満足しうるのは、問題解決型である。つまり、地域住民が求めるのは刑事司法機関による事件処理ではなく、地域内の個別問題の解決ということになる。

2　コミュニティ裁判所の先駆

これらを背景として生まれたのが、まさしく「コミュニティ裁判所」である。この裁判所の特徴は、地域における種々の刑事司法活動の拠点（ハブ）として機能するものであり、「生活の質」を脅かす犯罪（'quality of life' crime）、つまり軽微な犯罪や秩序違反に関係する家事事件、刑事事件、民事事件を扱う。その作用も単に判決を言い渡すだけでなく、和解、賠償、コミュニティ・サービス命令、薬物治療命令、教育プログラム受講命令など、個別具体的な指示を行う。これこそがまさしく問題解決型の地域裁判所である。

本稿は、イギリスのコミュニティ裁判所の活動評価に主眼をおくが、以下ではまずは、この起源であるアメリカの制度を概観し、コミュニティ裁判所の誕生の背景とイギリスへの移入について論じる。

(1)　ミッドタウン・コミュニティ裁判所 (The Midtown Community Court)

世界初のコミュニティ裁判所はミッドタウン・コミュニティ裁判所とされ

[10)]
る。その開設は1993年でアメリカ合衆国ニューヨーク市マンハッタン島のタイムズ・スクウェア近くに設置された。この背景には、この地域で多発する売春、万引き、薬物所持、無賃乗車、無許可アルコール販売、反社会的行動など、重大な犯罪ではないが、地域住民を悩ます比較的軽微な犯罪の問題が存在したことにある。このような状況は1970年代から継続した事態であって、ニューヨークの犯罪事情を悪化させる原因でもあった。そこで、1980年代になると、警察はゼロ・トレランス（非寛容取締）[11]活動を導入したが、たんに多くの若者を短期間拘禁し、その後釈放するだけで、それらの若者が再犯を繰り返すという状況、つまり先述の「回転ドア司法」が長く続いた。しかも、その判決は格別の再犯防止措置は執られていなかったため、地域における軽微犯罪の状況は改善されることはなかった。そこで、地域住民、商店主・産業界は、この種の犯罪に対して裁判所に断固たる対応を強く求めたのである。ここに誕生したのが「地域司法」理念であった。従来の裁判所の機能は、前述のとおり犯罪常習者が地域と刑務所を往復させるだけの、まさしく「回転ドア司法」に堕していると批判されたのである。とりわけ薬物犯罪者が検挙、審判の末、刑務所の入所・退所を繰り返すことで、地域のいらだちは頂点に達したという。このようにして、伝統型裁判所の機能不全、とりわけ軽微犯罪、反社会的行動に対する処理の形骸化は批判の的となり、新しいタイプの裁判所の出現が待たれたのである。簡単に言えば、旧来の裁判所の判決では何も解決せず、「裁く機械」に終始し、国民、とくに地域住民に満足を与えるという裁判所の本来の機能を失っており、ここに裁判所に対する市民の信頼感の喪失、裁判所の正統性の欠知、つまりlegitimacyの問題が内在したと考えられる。

　現在アメリカ合衆国には多くの州で、この種のコミュニティ裁判所とか地域司法センターと称される施設が導入され活動中である。わが国でもしばしば言及されるのがドラッグ・コートであろう。実際、ミッドタウン・コミュニティ裁判所では薬物濫用の犯罪者にはグループ・カウンセリングを含むプログラムが準備され、この他にも精神障害問題をかかえる犯罪者には、その種のカウンセリングを受講させるようにしている。さらには、学位取得、英語学習、薬物検査、健康管理などの多種多様なプログラムが準備されている。

あるいは、無知であるがゆえに逮捕された者が少なくなく、そこで商店免許の取り方、売春が合法的に可能な地域などを指示する場も与えられている。

(2) レッド・フック地域司法センター（Red Hook Community Justice Center）

現在、コミュニティ裁判所の中で世界的に最も注目されているのは、むしろニューヨーク・ブルックリン地区にあるレッド・フック地域司法センターである[12]。同センターは、この制度の象徴的存在であり、世界の導入モデルとなっている。もともと、レッド・フックは典型的なドラッグ・コートであった。当該地域ではヘロインやコカインなどの薬物犯罪が多発していたからである。いうまでもなく、薬物犯罪者は再犯率が高く、これらの者は地域に対して無責任であり、十分な賠償を行っていないと地域は見ていたのである。しかも、1992年同地区の小学校長が薬物犯罪者に殺害される事件が発生し、一気に地域安全の打開策が求められ、そこに生れたのがコミュニティ裁判所であった。実際、開所前の地域調査では、従来の裁判所の運用を評価している地域住民はわずか12％にすぎなかったが、開所後は68％と飛躍的に上昇している[13]。レッド・フック裁判所が特徴的であるのは、最初の多重管轄裁判所である点、つまり、多様な事件を扱うこと、その経緯から薬物事件は当然として、家庭内問題、少年問題、住宅問題など従来の裁判所であれば扱わない事件を処理していることにある。ここにコミュニティ裁判所の真髄である問題解決型アプローチが内在しており、犯罪の根幹原因であるこれらの地域問題を解決しないかぎり、犯罪事件の真の解決はなく、裁判所は「回転ドア司法」に終わるという危機意識がうかがえる。そして、多様な社会生活上の問題を取り扱うには、多機関の連携が必要不可欠で、従来のように個々の機関がばらばらに対応しても効果はないとする。実際、レッド・フックでは多機関が協働して事件の解決に当たっており、地域の一体感が生み出されているという。同裁判所で審理を担当するのは、わずか一人の裁判官であり、彼には審理や判決以外の多様な権限が与えられており、その範囲は教育・就職の斡旋、地域への賠償、薬物治療・精神衛生カウンセリングなどにも及ぶとされる。

他方、レッド・フックは青少年裁判所（Youth Court）、ティーン・コート[14]も兼ねており、後者はよく知られるように、研修を受けた少年が裁判官、検察官、

弁護士の役割を演ずる。扱うのは、反社会的行動や秩序違反事件などの非刑事事件である。要するに、ティーン・コートは同世代の仲間からのプレッシャーで非行少年の立ち直りを図るとともに、通常であれば無視されるような軽微な違反も抑止しようという狙いがある。また、裁く側の少年たちも自分たちの活動が他人にどのような影響を与えているかを知る絶好の機会となる。このようにして、レッド・フックは問題解決型裁判所として地域に密着しており、その成果が先の高い支持率につながったものと思われる。

このような状況から、イギリスに限らず、南アフリカがレッド・フックをモデルに問題解決型裁判所を導入済のほか、アイルランド、スウェーデン、オランダ、カナダなども導入を検討中と言われる。

Ⅲ　イギリスにおけるコミュニティ裁判所の展開

前述したように、イギリスでも、アメリカのコミュニティ裁判所をモデルに、個別問題解決型アプローチを採用する裁判所がいくつか創設され、あるいはパイロットとして実験的に開始されており、この中にはドラッグ・コートなども含まれる。[15] 但し、本稿が考察するのは、統合型の問題解決型裁判所である。そのコミュニティ裁判所導入前、イギリス労働党政権は、裁判所を含む刑事司法機関への国民の信頼感を回復させるために、思い切った刑事司法改革を断行したが、その根幹になったのが次の白書である。

1　政府白書『尊重と責任──反社会的行動への対処』(2003年)[16]

本題にもあるように、白書では尊重（respect）と責任（responsibility）が強調されている。ここで言う「尊重」とは他人の財産、街路、公共の空間、さらには隣人の権利、とくに嫌がらせや苦痛から逃れて生活する市民の権利の尊重を意味する。他方、責任とは、個々人として享受しうる権利が他人、家族、地域社会に対する責任感に根ざすことを意味する。[17]

言い換えると、イギリス社会に蔓延する反社会的行動、つまり日常的に騒音を発散したり、酔っ払って商店街などで騒ぎを起こしたり、現金自動支払機周辺で乞食行為を行ったり、車やゴミを不法投棄したり、他人の所有物に

落書きをして、近隣の住民を悩ませる行動に対して本白書は警告を発している。このような行動は地域環境を悪化させ、重大な犯罪へ至る可能性もあり、その結果、地域社会全体が衰退するという警告である。

　この事態に対応するために、白書はイギリス社会の文化的変貌が必要であるとする。これが先に述べた、地域住民が相互に尊重しあい、他人の財産、公共の場所に敬意を払い、破壊行為などには責任が伴うことが確保される社会の構築である。要するに、イギリスでは1997年以降、犯罪は減少傾向にあり、現在侵入盗や自動車盗などはピーク事の3分の1まで削減されたのにもかかわらず、多くの住民は、依然として犯罪レベルは高いと感じ、現にイギリス国民の3人に1人はそのような反社会的行動が生活の質を悪化させていると考えているという。そこで、白書は、その原因として、離婚や家庭内暴力などの家庭問題、学業不振、失業、薬物アルコール濫用などを指摘しているが、このような行動を行う者が言い訳することを戒めるため、基本的に他人の身体や所有物に対する敬意が欠如していることを根本問題とする。

　本白書の核心は、上述の問題認識から、反社会的行動に対する規制・抑止策にある。そして、白書が提示した数ある提案のうち、「裁判所活動の改善（Improving Court Actions）」という事項が注目される。この中で、政府は既存の機関に新たな権限を与える政策を検討中であるとし、とくに司法機関の機能を確実にするための新政策を展開することを明言している。それによって司法機関がその責任において反社会的行動の削減に寄与するために、政府は支援と奨励を行うこととするとしている。これがcommunity justiceを指していることは明瞭であろう。すなわち、白書は「（反社会的行動に対する介入策を講ずるために諸機関には）正当な権限が付与され、この介入策が対象となる人々に適用され、直接的に迅速に使用され、それが効果的ではない場合は他の手段を用いるべきである。裁判所に依存せずに基準を達成できればそれに越したことはないが、裁判所の介入が必要な場面もあり、その場合は迅速に行うべきである。とくに常習的な犯罪者に対しては多様な介入手段を検討すべきである」[18]と述べている。

　さらに、白書は次のようなcommunity justiceの原理を示している[19]。つまり、地域社会との結合、裁判所の可視性、事件の迅速で着実な処理、独立性

の強い司法、問題の発見と解決、多機関の協働、損害の修復と信頼の向上、犯罪者の社会再統合、などである。これらは、いうまでもなく、既存の司法機関に最も欠如する事項でもあった。

2　コミュニティ裁判所の開業

　このように、同白書は、既存の通常裁判所に対する批判を展開し、司法改革の方向性を強めた。その兆しは、前述のようにアメリカ司法改革の模倣でもある。すなわち、それ以前、イギリス政府の要人が多くアメリカのコミュニティ裁判所への視察を行っていたからである。この中にはウルフ卿首席裁判官（日本の最高裁判所長官に相当）、ブランケット内務大臣などが含まれている。その視察先は、犯罪者、とくに青少年の更生で実績を上げていたレッド・フック地域司法センターであった。イギリスの要人は、視察後、この制度を絶賛し、高評価を与え、これによってイギリスで同種の裁判所設置が本格化したのである。そして、その設置場所の選定基準として、地域の深刻な犯罪状況、経済的な不況・貧困、地域の貧弱な紐帯性などの観点から、2003年、リバプール市内のある地区（北リバプール）がイギリス最初のコミュニティ裁判所のパイロット実験として選ばれた。[20] 実際、1990年代後半、リバプール北部は貧困、犯罪、無秩序の深刻な状況にあり、イギリスの最貧困地区と呼ばれ、侵入盗発生率も全国平均のほぼ倍に達していたからである。

　2004年10月、政府は同地域司法センター初代所長として、刑事弁護士（defense solicitor）のデイビッド・フレッチャー（David Fletcher）氏を任命し、12月には早くもプロジェクトが公式に開始された。このようにして、イギリスの地域司法はアメリカ型をモデルに、地域住民の最大の関心事である「生活の質」犯罪、つまりバンダリズム（器物損壊）、自動車窃盗、落書き（graffiti）問題などの解決を目指す地域密着の裁判所として成立したのである。

(1)　北リバプール地域司法センター

　上述のとおり、2年間の準備期間を経て2005年9月、イングランドとウェールズでは初めて北リバプールに最初の地域司法センター（Community Justice Centre, 'CJC'）が開設された。[21] 建物は廃校になった小学校の建物が使用された。対象管轄は4つの行政区、つまりアンフィールド（Anfield）、エバートン

(Everton)、カウンティ（County）、カークデイル（Kirkdale）を対象とする。同センターには裁判官一人が所属するのみで、審判はこの裁判官が一人で行い、通常裁判所のような合議制も、陪審制も採用していない。しかも、この裁判所は、治安判事裁判所、青少年裁判所、刑事法院も兼ね、さらに他の刑事司法機関との典型的な多機関協働体制をとっており、検察官はもちろんのこと、警察官、刑務官、保護観察官、その他社会福祉機関から職員が同センターに派遣され、同じ事務室で共に業務を行っている。そもそもこのリバプールCJCの裁判官フレッチャー氏は特別にこの施設のために雇用されており、イギリスの地域司法の象徴的人物となっている。

この裁判所の特徴は、もちろん通常裁判所と同様に刑罰を言い渡すことができるが、それとともに先に挙げた各機関に犯罪者への支援を命じるところにある。しかも、この支援策がうまく機能しているかどうか、裁判所が判決で言い渡した条件を犯罪者がその後遵守しているかどうかを事後的、定期的に、裁判官自らチェックしている点が目玉といえよう。要するに、従来の裁判所が刑罰を言い渡すだけに終わっていた状況を変え、裁判官は他の機関と協働して、犯罪者の再犯防止のための諸策を検討し、それを言い渡す命令の中に含めて、犯罪者の予後を見守るという方式である。とくにリバプールCJCでは青少年の反社会的行動への対応に力を入れており、たとえば飲酒して器物損壊を行った青年に対しては、刑罰としての無給作業（unpaid work）を[22]命じ、その後、彼がきちんとその活動を行っているかをチェックするために1ヶ月毎に呼び出して、事情を聞くというシステムが導入されている。従って、コミュニティ裁判所の裁判官は判決だけでなく、判決後も定期的に有罪確定者と面接を行うこととなり、このような人々の生活や立ち直りを支援するために、保護観察所や刑務所とはもちろん、地域の雇用斡旋機関、保健衛生機関などとも協働している。これこそ、まさしく地域に根ざした刑事政策と言えよう。その後、イギリスではサルフォード（Salford）に同様の施設が開設され、こちらは通常の治安判事裁判所が採用している問題解決型戦略を基本に、常設ではなく、1週間に1回の開廷となっている。

これらをまとめると、北リバプール地域司法センターの概要は以下のようになる。

第1に、裁判官1人体制であり、判決結果の一貫性を担保し、判決の持続可能性を通じて地域社会への責任を果たすことが可能である。いわゆる従来の官僚裁判官は定期的に転勤を繰り返し、それが地域の事情を把握することの障害であったし、また裁判官の地域への責任感を薄めてきたとされる。そこで、同センターでは裁判官は地域内に居住し、地域の名望家として、地域密着で犯罪問題を解決し、犯罪者に対する厳格な態度を維持することが期待されている。そして、それが着実で迅速な裁判を促進するものとされる。

　第2に、多機関の協働体制をとり、各刑事司法機関の派遣員が同センターに机を並べて、意思疎通を図っている。これに加え、地域の機関として反社会的行動処遇班、住宅局、ジョブ・センター（わが国のハローワークに相当）などが関わり、この裁判所1ヶ所で全てのサービスを提供できる体制（one stop shop）がとられ、事件処理、犯罪対応だけでなく、犯罪者の予後に関わる支援も実施している。これは、従来から裁判所に対して批判のあった「回転ドア司法」を回避するものであり、犯行・裁判・再犯の悪循環を断ち切ることを狙いとしている。

　第3に、同センターの役割は、そもそも地域で発生する、どちらかというと軽微な犯罪、迷惑行為の類いに対応することである。近年イギリスで社会問題化している、犯罪前段階の反社会的行動、秩序違反行為（disorder）にも焦点が当てられ、これらの行為に対して別の民事裁判所で命令される反社会的行動命令（Anti-Social Behaviour Order, ASBO）[23]の処理などとも関連した活動を行っている。凶悪な犯罪は地域社会と和解することが困難であるが、軽微な犯罪・違反行為は可能だからである。いわば、同センターは軽微事犯の処理に特化している。

　第4に、これと関連するが、同センターの基盤となる考え方として、いわゆる問題解決型アプローチ（problem-oriented approach）を採用する。つまり、たんに行為者に刑罰を科すだけでなく、犯罪や違反行為の根本原因を探り、それらを解決することによって、地域社会の犯罪不安感も削減する狙いがある。たとえば、薬物犯罪の根底に地域に薬物取引所が存在する問題があるとすれば、それを除去しないかぎり、地域で薬物犯罪をなくすことは困難であるから、裁判所は警察・地元自治体・地域住民を挙げてそれに取り組むこと

を提案するのである。このような試みが従来、イギリスに存在しなかったことは言うまでもない。

第5に、このような取り組みは地域住民の参加や関与がなければ成り立たない。その前提となるのが、地域住民が裁判所の役割を認識し裁判所に対して信頼することであり、他方で、地域問題を知悉していることである。そこで、その拠点となるコミュニティ資源センターが設けられ、裁判所と地域住民との仲介を果たす役割を演じている。

この裁判所の構造は図1に示される。[24] 先述したように、この裁判所は、地域住民の「生活の質」を脅かす、基本的には軽微な事件を処理することを目的とする。このような軽微な事件の適正な処理こそ、当該地域住民が望むことだからである。したがって、同管轄地域の重大事件はこの裁判所ではなく、通常の刑事裁判所（治安判事裁判所）で扱われる。図1の流れが示すように、この裁判所の手続には大きな特徴がある。まず同裁判所で扱われる事件は、最

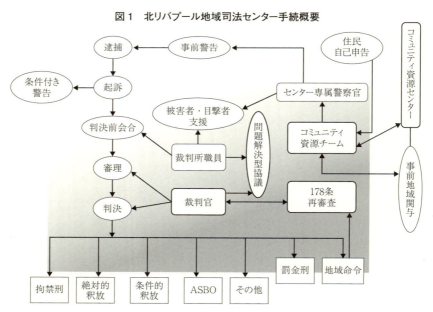

図1　北リバプール地域司法センター手続概要

※灰色に塗った部分が地域司法センターが行う業務の範囲である。
出典：注(24) 参照。

第8章　問題解決型裁判所の行方　*169*

終的には専属の警察官が決定するが、住民が事件を通報する場合は先に、やはりこの制度の特徴的な機関であるコミュニティ資源チームに申告する必要がある。この機関を経由して警察に事件が送致される。そして次に特徴的な手続は、判決前に問題解決を図る仕組みである。このために判決前段階に位置づけられた「問題解決会議 (problem-solving meeting)[25]」が開催される。実際には審理を担当する裁判官も関与する。この裁判所が「問題解決型裁判所」といわれる所以である。しかし、そこで調整ができない場合、つまり加害者・被害者 (地域の代表を含む) の話し合いが物別れに終わった場合、初めて裁判の審理が開始される。そして、有罪判決の態様は通常裁判所と同じであるが、もっとも異なるのが「再審査 (review)」の制度である。つまり、地域命令 (community order) の判決が下され、これによって地域刑 (community sentence. イギリスではわが国の保護観察と類似した制裁が刑罰として運用されている) が科された場合、その成り行きを審査するのである[26]。この再審査制度が、おそらくこのコミュニティ裁判所の最大の売りであろう。要するに、従来の裁判所は判決を下せば、その事後の状況については裁判所が関心を持つことはなく、それがまさに「回転ドア司法」と呼ばれる所以であったが、この裁判所では、判決後も裁判官は犯罪者の予後を観察し、助言を与えるなど、当人の社会復帰に向けた活動を行うのである[27]。このため、先述したように、北リバプール地域司法センターの建物2階には、警察、検察、刑務所、保護観察所から派遣された職員だけでなく、各種サービスを提供する地元自治体の関係者も事務所を構えており、裁判官と同席して必要なアドバイスを行う体制をとっている。

(2)　**サルフォード地域司法センター** (Salford Community Justice Centre)

サルフォード地域司法センター計画については、2005年2月にパイロット・プロジェクトとして現行の治安判事裁判所の一部に新たに「コミュニティ裁判所」を発足させたもので[28]、これは北リバプール裁判所の主流モデルと対照的である。マンチェスター市に隣接するサルフォード市のエックレス (Eccles)、バートン (Barton)、ウィントン (Winton) 地区を管轄として、これらの地区で発生した犯罪および反社会的行動命令 (ASBO) の事件を週2回審理している。

サルフォード地域司法センターの審理方法は、研修を受けた治安判事（地域の素人）で委員会を作って行っており、反社会的行動対応裁判所（Anti-Social Behaviour Response Court）モデルの業務を取り入れている。その中心的要素は、第１に、法的根拠のない委員会形式で審理していること、第２に、問題解決型の方式を採用し、治安判事と犯罪者の相互関係を強化し、治安判事は犯罪者を各種公私サービス提供機関に送致する選択肢を有していること、第３に、2003年刑事司法法（the Criminal Justice Act 2003）第178条に基づき、地域命令（community order）の執行状況を再審査すること、第４に、地域社会には回覧板、広報誌、地域メディアを通じて裁判所の業務に関する情報を伝達し、他方、地域の会合や行事に裁判官や裁判所職員が参加すること、などである。これらによって、地域住民は、地域委員会を通じ、優先的な処理を望む犯罪・反社会的行動への対応や犯罪者が直接に地域で活動を行う「無給作業（unpaid work）」の実施に対する意見の表明の機会が与えられる。

　サルフォード地域司法センターでは、その実施に当たり、専属改善マネージャー（change manager）を雇用し、当該プロジェクト計画の実施と初期段階を監督する任務を与える一方で、計画の実施枠組を示す一連の計画文書を発行した。その後、裁判所の対象地区が選定され、犯罪および反社会的行動のレベルに応じて上記の３地区が選ばれたのである。その一つのエックレス地区は、もともとサルフォード近隣管理区域（Salford Neighbourhood Management Areas）[29]に隣接しており、コミュニティ裁判所によって地域を改善するという点では好都合であったからである。

　同センターは国家の実験プロジェクトであることから、その運営方式は、当初、裁判所職員が定期的に裁判所の運営状況を上位のプロジェクト委員会に報告し、委員会はそれをさらに、政府の国家プログラム局（the National Programme Bureau）に報告する仕組みであった。プロジェクト委員会の構成員には、広範な提携機関からの代表者を含み、これらの代表者は上記改善マネージャーが行う業務のかなりの部分を協働した。しかし、その後、プロジェクト委員会の規模は縮小され、それに代わって３つのワーキング・グループが設立されるなどの変更がみられた。そして、実施過程の変更に焦点を当てたアプローチを行うため、プロジェクト委員会は進行中のプロジェクト展開

を支援することになっている。プロジェクトが実施に移されるに従い、同センターでは職員を増員し、当該プロジェクトの運用を強化している。

以下、同センターの特徴を羅列すると、北リバプール地域司法センターとほぼ同様の内容である。すなわち、

① 地域社会が関与すること
② 審理を迅速化すること
③ 問題解決型アプローチを適用すること
④ 犯罪者を処罰しつつも、地域社会への賠償を促進する判決を展開すること
⑤ 首尾よく刑期を努めあげるように犯罪者を監視し支援すること
⑥ 被害者・証人の援助を行うこと
⑦ 犯罪者への早期介入を推進すること
⑧ 修復的司法アプローチを採用すること、などである。

Ⅳ　コミュニティ裁判所の評価

最近相次いで、上記コミュニティ裁判所の評価研究がさまざまな研究機関で実施されている。評価はいわば検証に当たる活動で、当該制度の合理性、妥当性、効果などを判断して最終的にその成否を診断する。一般に評価の種類はプロセス評価とインパクト評価があり[30]、前者は当該の制度や政策、プロジェクトが進行している途中でその成否を判断するものであり、後者はすでに終了した段階での成否を判断する。当然ながら、コミュニティ裁判所はプロジェクト進行中であり、その診断はプロセス評価ということになる。コミュニティ裁判所に対する評価の基準は基本的には、刑事政策活動の評価に通常用いられる、①再犯率の変化、②裁判所運営の効率である。つまり、このコミュニティ裁判所で扱われた犯罪者の再犯率が他の裁判所の再犯率よりも低いかどうか、また運営がコスト面で効率的であるかどうかである。しかし、以下の評価研究では多様な角度からコミュニティ裁判所の活動を検証している。

1 北リバプール地域司法センターの評価

(1) **マッケンナら（2007年）の調査**（以下、「マッケンナ評価」とする）[31]。

イギリスの政府機関、憲法問題調査局（Department for Constitutional Affairs）がECOTECコンサルテイング調査会社に委託して行った評価調査である。本調査では、実際に、犯罪者、被害者・目撃者、その他（同センター利用者、職員、地域代表）への面接調査を実施している。上述したように、同センターの設立目的は、犯罪・反社会的行動の削減、住民の不安感の低下と刑事司法機関への信頼感の増大、犯罪者の保護観察遵守事項の順守、被害者・目撃者の刑事司法機関に対する満足の確保、地域全体の刑事司法機関への関与、逮捕から判決までの時間の短縮などであり、したがって、これらの事項が達成されたかどうかが問題となる。

評者のマッケンナらは、以下の事項に分けて検証している。

① **確実で迅速な裁判**（robust and speedy trial）

これについて、北リバプールでの地域司法アプローチは、裁判所の効果的で効率的な運営を支援したとし、その結果、不必要な手続による審理遅延や形式的な官僚主義は回避され、被告人の法廷不出頭や遵守事項の違反行為に対しては、裁判官の厳格な対処が可能となったとする。つまり、裁判所の運用方法については肯定的に評価している。また同センターの裁判官の強力なリーダーシップと権威は、単独裁判官モデルによる審理の継続性が担保されたため、判決自体が明快で、地域住民にも理解可能であったという。つまり唯一の裁判官であるフレッチャー氏の裁判所運営方法はきわめて実用的で積極的な効果を生んだと評されている。その表れとして、全事件で82％という高い有罪答弁率を誇り、イギリス全国の平均68％を上回る[32]。これは、同センターが被疑者・被告人が有罪を認めることを前提に問題解決を図ろうとするものであるから、その前提が支持されたことになる。

② **多機関協働体制**（multiple agencies co-ordination）

刑事司法機関およびその他のサービス提供機関の間の密接な連携も機能し、とくにこれらの機関が関与した裁判前会合（pre-court meeting）は効果的な事件処理、情報交換をもたらしたとする。この結果、審理回数を削減でき（全

国平均2.8回を下回る2.2回)、初公判から判決までの審理期間も短縮され (26日間。全国平均より短い)、迅速な裁判を実現できたと評価する。また手続きの堅実性という点でも、被告人不出頭や遵守事項に対する警告が24時間以内に100％発出され良好であるという (全国平均は90％)。裁判所職員から聴取した事実によっても、同センターの総合的パフォーマンスは審判の迅速性・堅実性の観点ではかなり高いと評されている。これは多機関の協働がうまく行っていることを示しているものと思われる。

③ 裁判所の問題解決力と犯罪者の社会復帰

同センターの狙いは、上述のように、単に犯罪者を処理するだけでなく、犯罪行動の原因を確認し、対処することにある。そこが、従来の「回転ドア」裁判所と異なる点である。この問題解決力にも多機関協働の機能は欠かせない。このセンター1ヶ所で全ての機関と連携が図れるのが強みでもある。これについても、裁判所職員はかなり肯定的な見方をしており、裁判官の強力なリーダーシップ、社会復帰支援の種々のサービス機関の共同事務所体制は犯罪者のニーズをうまく調整し、それに対応したアプローチが進んでいるという。

要するに、審理手続的には、犯罪者が有罪の答弁を行い、裁判官が犯行を引き起こした原因を確認すると、事件は審理に先立つ問題解決会議 (problem-solving meeting. pre-court meetingと同じ) にかけられ、本人および家族が出席する中で、薬物乱用、住所不定、借金などの問題の原因を確認する機会が設けられる。それによって、裁判官は情報に基づいた、よりよい判決を下すことができるのである。但し、問題解決型アプローチが犯罪者の裁判所への関与や判決の遵守を促進する、つまり再犯防止に連なるという見解に対しては、評者はこの主張を裏付ける証拠は見当たらず、再犯率を分析するには早計であるという。

④ 判決の再審査 (review)

判決の再審査は、いわゆる2003年刑事司法法178条項に依拠し、本センターの最も重要な制度の一つ、つまり目玉の制度である。法律で規定されているのは、有罪で言い渡された刑罰のうち、地域命令 (community order) に対する再審査のみである (なお、図1も参照)[33]。評者による同センターの職員のインタ

ビューやケース研究では、犯罪者の予後に関する再審査制度の意義を強調し、犯罪者の判決やその条件の遵守を促進するとしている。再審査手続のために裁判所に出頭することを判決の条件とされている犯罪者に対する調査では、評者は、犯罪者が判決条件を遵守する可能性がきわめて高く、職員も、再審査の審理は判決後に生じた判決条件遵守を困難にする問題を確認するのに良好な機会として役立っているという見方を示している。[34]

⑤ **被害者や地域への賠償**

この点についても、多機関協働体制が賠償を推進するなど、機能しているという。要するに、多機関協働の中に、被害者支援という一種の組織的文化さえ芽生えているとされる。なぜなら、同センターに常駐する機関には、イギリス国内では著名な「被害者支援」(Victim Support, 'VS')組織が含まれており、そのため、被害者は当該事件が通報されたかどうか、審理されたかどうかにかかわらず、迅速な支援を受けることが可能なのであり、またVSは被害者の種々の相談にも応じており、それゆえ被害者の満足度も高いとされる。そして、同センターは、イギリスの他の裁判所と同様に、修復的司法（カンファレンス）が導入されており[35]、これによって被害の修復を目指している。ただ、実際に修復的司法が適用される事例が少ないことから、評者はこの制度の存在につき、加害者・被害者双方へのこの制度に対する周知徹底とカンファレンス実施要員としての職員の研修が必要であるとする。[36]

地域への賠償としては、YOTや保護観察所を通じてとくに青少年の犯罪者向けに進められており、中でもその形態としては「無給作業」が利用されている。但し、マッケンナ評価は一般的に同地区の地域住民が、裁判所が地域の修復に貢献していること自体を知悉していない点は問題であるとし、さらなる広報活動が必要としている。

(2) **ブースら（2012年）の調査**（以下、「ブース評価」とする）[37]

同裁判所に対する再犯率の評価については、すでにジョリフら（後述）が行ったものがあるので、Boothらの調査が2回目の評価となる。主要な結果については表1に示されている。

①再犯率については、2007年から2009年において北リバプール裁判所で処理された犯罪者が判決後1年以内に犯罪を再び行った比率と、同時期、同期

表1　判決後1年以内の再犯率

裁判所	再犯率	再犯回数	遵守条件違反率
北リバプール	41.3%	1.38回	23.6%
全国裁判所	37.6%	1.31回	16.6%

L.Booth et al, North Liverpool Community Justice Centre: Analysis of Re-offending Rates and Efficiency of Court Processes, Analitical Services, Ministry of Justice, 2012, p.6から作成

　間に他の通常裁判所で扱われた犯罪者の再犯率が比較された。そして結論から言えば、統計上の有意性はみとめられなかったという。つまり、他の裁判所に比べ、コミュニティ裁判所が犯罪者に対して行った措置が、その再犯率に格別の影響を与えたかどうか分からなかったということである。むしろ、同裁判所で処理された犯罪者が、裁判所が与えた判決の遵守事項に違反する比率は、他の裁判所よりも高いことが統計的に有意であったとされる。ということは、遵守事項違反の点では、コミュニティ裁判所の方がむしろ劣位にあることになる。但し、この理由につき、ブース評価は、同裁判所の犯罪者の予後については警察が入念な関与を行ってきた結果ではないかと分析している。要するに、同裁判所で処理された犯罪者については、同地域の警察が活発な監視体制を施し、逮捕したことが原因とみている。

　②運営の効率性については、同裁判所が扱った罪種による相違が反映している。すなわち、同裁判所では交通犯罪簡易手続事件が少なく（2008年から2010年で、全国が42.9%であるのに対して、9.8%）、他方、薬物事件が多い（2008年から2009年で全国が3.3%であるのに対して、27.6%）。その結果、同裁判所の判決では拘禁刑、地域刑、条件付き不起訴の比率が高く、罰金刑は逆に少ない。他方、審理期間は平均61日で、全国平均73日より短いが、統計的な有意性はないとされる。審理回数も2010年で2.2回であったのに対して全国は2.7回であった。とくに粗暴犯の審理回数はさらに少なかった。これらから、いくらか迅速な裁判は実現されているように思われる。しかし、裁判所の効率としてみると、[38] 効率的な裁判（予定された当日に裁判が開始され、判決に至り事件が処理される状況）の点では、同裁判所は低く全国平均43.4%に対して35.8%にとどまっている。同様に、非効率な裁判（公判日に追加の起訴や被告弁護側や裁判所の都合で審理が止まるような状況）の点でも問題が多い。さらに、中断の裁判（公判日に、被告弁護

側がさらに有罪の答弁を行い、あるいは検察側が証拠を提示できず、審理時間がさらに必要とされ、事件処理手続が中止される状況）でも高い比率を示す（全国平均38.3％に対し49.3％）。このような諸点から、ブース評価は同裁判所の効率は芳しくないと判定している。

そして結論として、同裁判所が他の裁判所と比較して、上述のとおり、再犯を削減するのにとくに効率的であるという証拠は見いだせなかった、としている。しかも、前述のとおり判決の遵守事項に対して違反率が高いことも明らかになっている。もっとも、後者の点は、同裁判所では多機関協働連携をとることによって、同所属の警察官の活動が活発であったため、遵守事項の違反が他の裁判所よりも強く監視されているためではないかとみていることは前述した。他方、効率的である点も認められ、検挙から有罪判決までの期間が全国平均よりも短く、審理回数も少ない。ただ、前述のとおり中断的裁判が多い点は非効率であるとしている。総じて、同裁判所の活動で評価できる点も少なくなく、とくに地域住民の裁判所への信頼感が強められている点が強調されている。

(3) **メイヤーらの調査**（2011年）（（以下、「メイヤー評価」とする）[39]

同裁判所職員、同裁判所で処理された犯罪者、同地域住民への計67回にわたる面接による調査であり、多くの統計データも提示している。この調査には、主要項目として、裁判所改革がどの程度行われたか、もっとも重要な改革は何か、どの程度地域とのパートナーシップが維持されたか、裁判官の影響力はどうか、同裁判所の成果はどうか、改善すべき点は何か、などが含まれている。とくにこの調査で特徴的な点は、他の調査で問題とされた再犯率の変化について他の裁判所と比較が困難であることを強調しており、その点はそもそも調査対象から除外されている。というのも、同裁判所は罰金刑をほとんど言い渡しておらず、一方、拘禁刑言い渡しが約10％とかなり高いからである、とする。罰金刑がほとんど利用されていない理由としては、地域への賠償をうたった同裁判所の理念の関係で、犯罪者自らが地域で貢献活動に従事する「無給作業」を多用したからではないかと論じている。そして、このメイヤー評価でも、裁判所職員の意識が向上し、職員自身が裁判所改革の進展を感じているというプラス面では、他の調査と一致している。その理

由として、地域の関与、問題解決、機関の協働なかでも情報の共有、裁判官のユニークな役割を挙げている。同様に、犯罪者自身も裁判官によって公平に扱われ、裁判官が自分に関心を示してくれた点を評価し、好意を感じているのが多数派を占めるという。このように、裁判官の役割は決定的ではあるが、ただ、これは初代裁判官フレッチャー氏の資質や性格に影響されているところが大きく（実際、筆者の現地調査でも、フレッチャー裁判官の評価は職員間や犯罪者の間でも極めて高い印象であった）、したがって、誰がやっても同じなのか、裁判官によって業績が左右されるのではないかという今後の裁判所運営の安定性には疑問符が付けられている。地域住民もおおむね同裁判所を支持しているが、裁判所運営の高コスト化や地域住民の認知度の低さを懸念しているという。最後に、この調査は、同裁判所が果たしている機能は数字を掲げて他の裁判所と比較することは困難であるから、同裁判所の機能や成果を正確に測ることは困難であると結論付け、今後、それらを裏付けるデータの収集と提示を当局に提案している。

2　サルフォード地域司法センターの評価

　サルフォード裁判所に対する評価研究も行われている。いわゆるプロセス評価（process evaluation）であり、つまり、プロジェクトが進行中の過程における効果を検証する調査である。以下、基本的には、その評価報告書に基づいて考察する。

（4）**ブラウンらの調査**（2007年）（以下、「ブラウン評価」とする）[40]

　この評価研究では、質的調査、つまり直接面接法（face-to-face interview）を採用している。実際の調査では同一対象者に時間をおいて2回面接が実施され、実施の過程で生じる対象者の意見の変化も調べた。その結果、総計156回の面接調査が行われた。この対象には、地域活動に参加している者と参加していていない者、被害者、証人、犯罪者、裁判所職員、治安判事、連携機関の代表、地域メディアの代表が含まれる。このように、調査でアンケート（質問紙）ではなく、直接面接法が利用されたのは、'community justice' プロジェクトの進捗状況を具体的に調べるためであり、裁判所のイメージを調査対象者がどのように抱いているか、その認識、見方、意見を求めるためである。

量的調査（アンケート質問紙調査）では、当該裁判所が扱った事件数が少ないために、十分な結果が獲得できないと考えられたからという。
　以下では、それぞれの項目につき、どのように評価されたかを紹介する。
　① **地域コミュニティの関与**
　エックレス、ウィントン、バートン地区の住民がこの裁判所の運営に関与した点は成功だとしている。この地区の住民はすでにこれまでにも地域活動にかかわってきており、もともと住民参加の進んだ地区である。この集団にとって、裁判所が行っている「あなたが判事 (you are a judge)」というイベントや裁判所開催日の広報はよく知られており、有効な手段となっているという。これは、住民の裁判所への信頼を高める結果となっており、いわゆる'legitimacy'を高めていると評価する。しかし、問題なのはこれらの住民グループに入っていない人々への対応である。地方メディア（例えばSalford Advertiser紙）はこの活動を個々の住民に知らせ、住民グループと協議させるのに有効な手段となっているが、住民グループとこれらメディアとはリンクしておらず、一貫性に欠ける結果となっている。
　地域メディアと一貫した関係を構築し維持することは重要であるが、これが実際には行われていないため、同裁判所が地域に裁判の状況を知らせるという点で、効果を削いでいることは否めないとする。従って、問題は地域に関与していない住民に同裁判所の実情や成果を伝える手段方法が不足している点である。そこで、たとえば、同裁判所が定期的に各世帯に対して広報紙を配布するなどが提案されている。
　② **「迅速な裁判」**
　ブラウン評価は、同センターが発足に当たり、多くの新規戦略を打ち出して裁判手続の迅速化を図ってきたことを肯定している。その中には、審理前説明、非公式事件処理会合、公判前証拠開示、審理間の継続性を維持する裁判所コーディネーターの導入、審理同日に報告書作成を可能にする担当保護観察官の立ち会い、などがある。
　③ **問題解決型アプローチ**
　これは、いうまでもなく犯罪行動の根底にある諸原因を追究し、かつ解決を求めるものであるが、もともと従来の裁判所では果たしてこなかった機能

である。しかし、同センターでは裁判官が犯罪者の直面する問題を理解し、その原因を探ることが可能となり、実際にはこの機能は十分果たされたと評価する。その理由として、同センターは他のサービス機関と連携し、ここで扱われた犯罪者を種々の提携機関に送致し、サービスを受けることを可能にしたからという。ただ、北リバプール裁判所とは異なり、裁判所の敷地が狭く、多機関がセンター内にそれぞれ事務所を構えるのは困難なため、若干の意思疎通に齟齬が生じることはあるとする。また、犯罪者がサービスを受けることができるにしても、はたして犯罪者本人がそのサービスを活用したかどうかは疑わしいとして否定的である。

④ 地域への賠償

この事項は地域司法センターにとって最も重要で最も適切な方法であるとしている。それは、地域に対して目に見える形で行われるからである。実際、サルフォード裁判所の場合、大部分、保護観察活動を介して、犯罪者の無給作業により地域賠償が達成されている。[41] しかしながら、地域住民（同センターに関与した者も関与しなかった者いずれも）は、同地区で実施された無給作業に関する情報が与えられず、知る機会がなかったと答えており、ここでも広報活動の重要性が指摘されている。

3 両裁判所の評価

(5) ジョリフとファーリントン（2009年）の調査 （以下、「ジョリフ評価」とする）[42]

北リバプールとサルフォード両方の裁判所（CJC）で判決を受けた犯罪者（実験群）の1年以内の再犯率を他の裁判所と比較したものである。すなわち、人口統計的にこれらの地区と類似した住民の社会構成を有する他の通常裁判所1ヶ所（Manchester）で処理された犯罪者（対照群）の再犯率と比較し、最終的にCJCの評価を行ったものである。サンプル数はマンチェスターから6,016名、北リバプールから424名、サルフォードから94名を採取した。これらには、命令違反だけ行った者、正式起訴犯罪で拘禁された者、女性、18歳未満の者は含まれていない。

調査の結果、3つの裁判所とも1年以内の再犯率には統計的有意性はみられなかった。マンチェスター対照群の犯罪者のうち37％は、1年以内に再犯

を行っているが、これに対して北リバプールは38.7％、サルフォード38.3％とほとんど相違がみられない。つまり、三者とも再犯率はほぼ同じといえる。他方、判決に付随した条件の違反に関しては、北リバプール、サルフォードの犯罪者の方がマンチェスターよりも高いことが示された。これは、CJCは犯罪率を減少させることはなかったとしたジョリフ評価の仮説を支持することになった。北リバプールもサルフォードもサンプル数が少ないが、かりにサンプル数を増やしても結果は変わらないものとしている。なぜなら統計的有意性を示すためには、長期間観察して北リバプールとサルフォードのサンプル数を相当数集める必要があるからだという。

Ⅳ 若干の考察

上述のとおり、イギリスでは2000年代に入り、裁判所改革の一環として、鳴り物入りでコミュニティ裁判所（地域司法センター，CJC）が設立された。当時イギリス全体の犯罪は統計上、減少傾向にあったが、地域住民の犯罪や反社会的行動に対する不満は依然強く、放置すれば政治不信につながる恐れがあり、それゆえ、当時の労働党政府が取り組まなければならなかったのは、裁判所の‘legitimacy’の確立とそのための地域住民の犯罪不安感の解消であった。[43]
その不安感の根源は、日常的に反復される軽微犯罪、秩序違反行為であり、滅多に遭遇しない凶悪犯罪よりもこれらの行為の方が住民にとって脅威だったのである。[44] この点は、従来の刑事政策や犯罪学が看過してきた点であり、これについては学界においても強く再検討が求められた。[45] 政府は、これらの行為が地域に蔓延する原因は、警察制度[46]や司法制度が十分に機能していないからであるとして、刑事司法制度の改革を断行したが、「コミュニティ裁判所」もその一つである。

それでは、イギリスで推進されてきたコミュニティ裁判所の活動に対する評価をどのように考えればよいのであろうか。上記ブーツ評価では、概略すると、総じてコミュニティ裁判所の役割や機能は肯定的にとらえながら、同裁判所で扱われた犯罪者の再犯率については、必ずしも良好であるとするには統計的有意性に欠けることから、効果はなかったと断じている。また、判

決に伴う遵守事項の違反が他の裁判所よりも多かった点も評価を一段と下げる結果となっている。但し、大学研究者で構成されたメイヤー評価では、同センターの運営方法や量刑がユニークであるため、他の裁判所との再犯率比較は困難であるとしている点が注目される。もっとも、多くのメディアもコミュニティ裁判所に対する評価は否定的で、報道された記事の見出しには「リバプール地域司法センターの危機」、「センター迅速裁判に疲れ」、「地域司法の旗艦、二つの顔」などと表現して、コミュニティ裁判所は失敗との印象を与えている。

さらに、これに追い打ちをかけたのが近年のイギリス政府の財政状況である。その大幅な経費削減の傾向からも、コミュニティ裁判所の存続が危ぶまれている。通常裁判所でさえ多くの裁判所が閉鎖を余儀なくされており、とくに北リバプール裁判所の場合、年間約2億円（2011年で98万ポンド ※BBC報道）近い予算を計上しており、1ケ所の小規模裁判所費用としては高額であるとの批判が絶えない。しかしながら、他方で政府は昨年、地域司法（community justice）については将来の役割を展望しており、一貫性がみられない。

そこで、最後にコミュニティ裁判所、地域司法につき、次の諸点を指摘したい。

第1に、犯罪者処遇モデルとの関係である。1970年代、アメリカでは犯罪者に対する刑罰の理念を大きく変更し、いわゆる改善（医療）モデルから公正（正義）モデルに変更した。その結果、犯罪者に対する処遇体制は大きく後退し、それに代わって単に拘禁するだけの応報刑に変更されたといわれる。イギリスでも大筋では同様の方向にあり、犯罪者の個別処遇にはあまり力点が置かれない状況が続いてきた。これに対して、犯罪者への積極的な介入策や支援策を打ち出したコミュニティ裁判所はその対極にあり、その意味でもイギリス矯正の大きな転換点となったと思われる。つまり、犯罪者をただ長期間拘禁し、その間格別の処遇や指導を行わない従来の犯罪者処遇のあり方に対して、一つの問題提起を行った点は評価しなければならない。ただ、問題は犯罪者への支援や指導といっても英米の場合、わが国で行われているような処遇者と対象者のウエットな関係を維持するわけではなく、物理的なサー

ビス提供にとどまっているように思われるし、それが再犯率の改善にはつながらなかった要因ではないか。

　第2に、コミュニティ裁判所では「迅速な審理」が謳われたが、果たしてこれは犯罪者の心理にどう影響したのか。実は、わが国などでも「迅速な裁判」は、十分な審理時間が確保されず犯罪者の社会復帰にはマイナスになるという見方がないわけではない。もともとイギリスではわが国に比べ審理期間が短いが、さらに審理が短いとなると、逆に犯罪者には十分な反省の時間が与えられず、自ら行った犯罪を十分に認識することが難しかったのではないかとも考えられる。要するに、更生の準備をする十分な時間が奪われ、再犯率が改善しなかったともいえよう。しかも、メイヤー評価にもみられたように、同裁判所では拘禁刑や無給作業の言い渡し比率が高く、罰金刑の言い渡しが他の裁判所に比して少ないが、これは裁判官が、同裁判所が目玉とした地域との関係重視を意識したためと思われる。したがって、罰金刑も可能な犯罪に対して、逆に過剰な刑罰が科され、結果的に厳罰的となり、それが犯罪者の心理的負担を強いて、更生を妨げた要因になった可能性も考えられる。

　第3に、裁判所が設置された地区の社会構造やデモグラフィックな要素もコミュニティ裁判所の成果に影響したように思われる。コミュニティ裁判所が当地に設置された理由は、前述のとおり、イングランドの中でも最貧困地域であり、また犯罪が多発する、いわば地域崩壊地区であった。失業率も目立って高いため、同裁判所が多機関協働体制によっていくら地域資源を活用して、社会復帰に向けた種々のサービスを提供しても、同地区の失業率自体は変わらないから、焼け石に水という結果を招いたのではないか。要するに、コミュニティ裁判所が掲げた「問題解決型アプローチ」は、結局、地域の根本問題に迫ることができなかった。つまり、貧困や未修学、薬物問題などの解決は裁判所の機能だけで果たせるものではなく、広く政府の社会政策に負うところが大きいことを図らずも示したものと思われる。

　最後に、イギリスのコミュニティ裁判所の実験について、わが国への示唆についても触れたい。思うに、コミュニティ裁判所の発想や意義は、現代刑事政策にとって大きいものと思われる。イギリスはともかく、アメリカの

レッド・フック裁判所は再犯率等を含め、一定の実績を挙げ、世界的にも評価が高い。それでは、わが国への導入可能性はどうか。これについては、現時点でかなり低いものと思われる。近年では、わが国で、欧米諸国に普及している修復的司法制度の導入が議論されたが、現在はその議論も下火である。その原因はわが国の国民性、つまり住民の司法参加意識の欠如であるように思われる。事実、わが国における修復的司法は一部の地区（一例として千葉県）で実験的に行われ、加害者・被害者の話しあいによる事件の解決という理念は掲げられながら、実際には被害者自身が事件解決に無関心であり、また関係当局、とくに警察も不熱心であったとされる。コミュニティ裁判所も、前述のように、地域参加がその前提である。犯罪事件の処理を通じて地域問題を解決するという問題解決型アプローチであるから、それも当然である。しかし、修復的司法と同様に、コミュニティ裁判所のような組織に対して、地域住民が積極的に関与したいと考えることはできないであろう。国民の法的義務としての裁判員制度とは別に考えなければならない。また、他方で、わが国の司法当局も、公平性、平等性を重視し全国画一的な運営を目指しているところからして、地域独自の司法の在り方には賛成しないと思われる。さらには、地方自治の進まないわが国には、コミュニティ裁判所が根づく土壌もみられない。

　このように考えてくると、わが国では実現可能性がきわめて低いと思われるが、前述のとおり、その理念自体は現代刑事政策において大きな意義があり、とりわけ裁判官が犯罪者の予後に関心をもって審理に臨む裁判の在り方やその犯罪者が抱える問題を多機関協働体制で検討するシステムは、必ずしも地域司法センターの形態に拘わらなくとも、わが国にも一定の示唆を与えるものと思われる。

1) 'community justice' は「地域司法」とでも訳すべきであるが、わが国には定訳はみられない。イギリスなどには、community justiceの表れとしてcommunity sentence（地域刑、わが国の保護観察制度に近いが、刑罰の一つに位置づけられている）や修復的司法などが国の制度として導入されているが、わが国は基本的には大陸法の系譜から、これらの制度が存在しないため、単純に比較したり、導入を検討したりするのは困難である。

184　第Ⅲ部　犯罪者の処遇

2) 世界最初のコミュニティ裁判所はアメリカ・ニューヨーク市のミッドタウン地域司法センターではあるが、実績を挙げて著名なのは、むしろ同市ブルックリン地区にあるレッド・フック地域司法センター（Red Hook Community Justice Center）で2000年の創設である。イギリスの北リバプール地域司法センター（North Liverpool Justice Centre）はレッド・フックをモデルとしている。これについては後述する。

3) 非行少年の審判や処遇は、非行を理解できる同年代の少年による方が成人よりも効果的とする考えが1970年前後からアメリカで広まり、現在、全米ほとんどの州で実施されている。要するに、少年司法のダイバージョン（非公的処理）の一つとして、非行事件をティーン・コートで扱い、その審理に弁護士役、検察官役、陪審役を同じ子どもが果たす仕組みである。詳しくは、山口直也『ティーンコート〜少年が少年を立ち直らせる裁判』（現代人文社、1999年）参照。

4) 守山　正「地域に根ざした刑事政策〜community justiceの時代」犯罪と非行171号（2012年）6〜29頁参照。この論文では、従来の刑事政策の展開が全国一律、画一的、官僚的に行われてきた点を分析し、わが国においても、地域によって犯罪の問題性が異なることから、世界の潮流に鑑みて、問題解決（problem-solving）型に移行し、地域住民の満足という点にも配慮すべきとの提言を行った。

5) 従来、犯罪者の対処として「犯罪者処遇（offender treatment）」という用語が主流であったが、21世紀に入り、イギリスでは地域において犯罪者を監視する機能の強化が図られ、刑務所や保護観察における総合的な対応を犯罪者管理（offender management）と呼称するようになり、国家犯罪者管理庁（the National Offender Management Service, NOMS）にみられるように、国の機関の名称にも用いられている（Peter Joyce, Criminal Justice: An Introduction to Crime and the Criminal Justice System, 2006, p.404.）。

6) 'one-stop-shop' とは、もともとわが国などにも見られた「よろず屋」であり、「何でも屋」という意味ではあるが、コミュニティ裁判所の文脈では関係機関が集合する多機関協働体制の下、1ヶ所の裁判所で犯罪者に全てのサービスを提供する、といった意味で用いられていると思われる。

7) イギリスの多機関協働体制の状況については、守山　正「諸機関協働体制と刑事政策〜イギリスの状況を中心に」罪と罰（日本刑事政策研究会）44巻2号（2007年）16頁以下参照。近年の刑事司法機関のあり方として、イギリスでは官庁の横断的縦断的な協働体制が当然のスタイルになりつつある。

8) Jane Winstone and Francis Pakes (eds.), Community Justice; Issues for Probation and Criminal Justice, 2005, p.1.

9) Todd Clear and David Karp, The Community Justice Ideal; Preventing Crime and Achieving Justice, 1999.

10) この裁判所の詳細については、Richard Curtis et al. Dispensing Justice Locally: The Implementation and Effects of the Midtown Community Court, 2000. 参照。本章の多

くもこれに依拠している。

11) 割れ窓理論において強調された警察取締活動を示し、一般には軽微な犯罪や秩序違反に対しても厳しく取り締まることを基本方針とする。要するにトレランス（寛容）がゼロ、つまり「寛容ではない」という意味である。なお、Tim Newburn and Peter Neyroud (eds.), Dictionary of Policing, 2008, p.292. 参照。

12) レッド・フック地域司法センターの管轄では約20万人の人口が対象となるが、レッド・フック地区自体は1万2,000人を抱える地域である。2005年には、軽微違反行為3,612件、違反事件（出頭要請のある事件）1万3,393件を扱っている。軽微違反行為の処理状況では、多くが社会福祉サービスを提供する措置がとられ、犯罪問題の根本解決にはこのような措置が不可欠であることを示している。

13) Greg Berman et al, Community Justice Centres: A US-UK Exchange, *British Journal of Community Justice*, vol.3, no.3, 2005, p.7.

14) ティーン・コートについては、注(3)参照。

15) イギリスでも、2004年に薬物裁判所（ドラッグ・コート）の創設実験が始まっており、バーンズリー、ブリストル、カーディフ、リーズ、サルフォード、西ロンドンの計6ヶ所がパイロットとして稼働中である。これらの薬物裁判所に対しても評価調査が行われている（Jane Kerr et al, The Dedicated Drug Courts Pilot Evaluation Process Study, *Ministry of Justice Research Series* 1/11, January 2011. 参照）。

16) Home Office, Respect and Responsibility: Taking a Stand Against Anti-Social Behaviour, March 2003.

17) 同『白書』のブランケット内務大臣の言葉にある。

18) Home Office, op.cit., p.74.

19) Home Office, op.cit., p.80.

20) G.Berman et al, op.cit., pp.5-6.

21) 筆者は、このリバプールの施設を当時リーズ大学刑事司法センター所属のジェイムズ・ディグナン（James Dignan）教授と同行して、最初は2005年8月、つまり開設の翌年に訪問し、その後も調査を行っている。そして、裁判官であるフレッチャー氏とも懇談し、実際の審理を見学する機会が与えられた。フレッチャー氏自らが犯罪者の予後を確認するために、裁判所を訪れた保護観察中の者に対して懇切丁寧に対応し、助言する姿が印象的であった。

22) イギリス産の有罪判決言渡し方式で、かつて社会活動命令（community service order）と呼ばれた制度で、本人の同意のもとに拘禁刑との選択刑となっている。基本的には地域社会における社会内処遇の一環として各種の社会活動に従事することをその内容とする。1972年以来、世界各国でも採用され、イギリスでは当初成人のみの適用であったが、その後少年にも拡大された。この刑罰は地域社会への賠償を含む意義を有し、拘禁刑と違って労働を行っても報酬は与えられないため、近年、無給作業（unpaid work）という名称に変更された。この制度の展開については、守山　正『イ

186　第Ⅲ部　犯罪者の処遇

　　　ギリス犯罪学研究Ⅰ』第6章（成文堂、2009年）を参照。
23)　イギリスのASBO政策については、渡邉泰洋「イギリスにおけるASBO政策の展開」（2009年）犯罪と非行159号165〜188頁が詳しい。これによると、犯罪としては処理できないために刑事罰の対象とはならない反社会的行動、迷惑行動によって被害をもたらした行為に対して民事裁判所が行為者に禁止命令を含む反社会的行動禁止命令（Anti-Social Behaviour Order、つまりASBO）を発出し、これに従わない場合には禁止命令違反として刑罰を加えることで、地域住民の不安感を煽るこれらの行動を減らして地域の安全を確保することを目的として、1990年代以降のイギリスにおける青少年非行対策の目玉とされる。
24)　この図は、George Mair and Matthew Millings, Doing Justice Locally; The North Liverpool Community Justice Centre, Bowland Charitable Trust, 2011. p.18の図を筆者が修正したものである。
25)　この会合は法廷からは離れた非公式の形式で実施され、通常、保護観察官かYOT職員が進行役を務める。この会合には、犯罪者本人、被告弁護人、友人、家族、関係サービス機関が参加し、解決策を探る、いわゆる問題解決型の協議の場である（Katharine McKenna, Evaluation of the North Liverpool Community Justice Centre, Ministry of Justice Research Series 12/07, October 2007, pp.26-27）。
26)　これは、後述するように、2003年刑事司法法第178条が規定するもので、いわゆる「178条項」と呼ばれる。
27)　筆者が同裁判所を訪問した時は、まさしく月1回開催される再審査の日に当たり、裁判官（フレッチャー氏）が地域命令を受けた犯罪者と個別に面接を行い、懇切丁寧に種々の成り行きに関する質問をしている姿が印象的であった。
28)　Rick Brown and Sian Payne, Process Evaluation of the Salford Community Justice Initiative, *Ministry of Justice Research Series* 14/07, October 2007.
29)　サルフォード市の中で反社会的行動や軽微な「生活の質」犯罪の発生レベルが高く、多重要因の貧困地域で、サルフォード市が脆弱でリスクの高い地域と認定した地区である。要するに、犯罪などが多発し、地域が荒廃した地区で、市当局がとくに管理を強めた場所ということになる（R.Brown and S.Payne, op.cit., p.8）。
30)　犯罪対策活動の評価については、渡邉泰洋「地域安全活動の評価方法」犯罪と非行162号（2009年）107頁以下、参照。
31)　K.Mckenna, op.cit. 2007.
32)　この種の統計数値は、以下も含めて、全てイギリス司法省のMIS（Management Information System）の2007年データによる。
33)　Section 178 of the Criminal Justice Act 2003.
34)　例えば、具体的な例として、ある犯罪者は再審査手続中に、大家から借家の立ち退きを迫られ、心理的に不安定な状況にあり、遵守条項の達成が困難と思われたところ、裁判官が再審査で住宅サービス機関と連携し、別の住宅を斡旋したため、遵守事項違

反は回避できたという（K.McKenna, op.cit., p.32）。

35) イギリスでは、審理の過程で、直接加害者と被害者（場合によっては地域代表）とが対面するカンファレンスという会合が開催され、被害賠償や関係修復を話し合う修復的司法が一般的に導入されており、一定の成果を収めているとされるが、審判の場で圧倒的に被害者有利になり、修復的司法の加害者・被害者対等の話し合いとする理念が崩壊しているという問題性も指摘されている（この点につき、楊曄（渡邉泰洋訳）「イギリスにおけるリストラティブ・ジャスティスの問題点」犯罪と非行157号（2008年）154～178頁を参照）。

36) 現地裁判所で筆者が聴取した事実によると、イギリスでは借家をめぐる大家と店子とのトラブルが多く、とくに店子が借家に対して器物損壊を繰り返したり、深夜パーティなどで騒音をまき散らしたりして、そのために反社会的行動や軽微なバンダリズムとして裁判所に持ち込まれる事案が絶えないということであった。

37) Lucy Booth et al, North Liverpool Community Justice Centre: Analysis of Re-offending Rates and Efficiency of Court Processes, *Ministry of Justice, Research Series* 10/12,. 2012.

38) イギリスでは、裁判所の業務効率を監視する政府機関の部署（Her Majesty's Courts and Tribunals Service）があり、各裁判所のパフォーマンスを効率的裁判、非効率的裁判、分断的裁判の3種のカテゴリーで判定している（L. Booth et al, op.cit., p.26）。

39) G.Mair and M.Millings, op.cit.

40) R.Brown and S.Payne, op.cit.

41) 無給活動については、前記注（22）参照。

42) Darrick Jolliffe and David Farrington, Initial Evaluation of Reconviction Rates in Community Justice Initiatives, Ministry of Justice 2009.

43) 犯罪不安感の問題はわが国でも議論されている（守山　正ほか（座談会）「犯罪現象と住民意識～犯罪不安感はどこから来るのか」犯罪と非行176号（2013年）18頁以下参照）。

44) この点を指摘する論文として、たとえば、Anthony Bottoms, Disorder, Order and Control Signals, *British Journal of Sociology*, vol.60(1), 2009, pp.49-55.

45) イギリスにおける地域住民の犯罪不安感と反社会的行動との関係については、守山正「近年の犯罪傾向と体感治安の乖離～なぜ不安はなくならないのか」改革者52号（2013年）12頁以下で論じている。

46) 警察制度の改革も大胆に進行中である。これについては、守山　正「イギリスにおける警察コミッショナーの導入：警察の民主性と政治性」犯罪と非行174号（2012年）160頁以下で、イギリス政府が昨年、警察管轄区ごとに住民の選挙で選出されたコミッショナー（police commissioner）を導入した警察改革を概略し、政治家であるコミッショナーが管轄トップの警察本部長の人事を含め、警察運用全体を統制する体制に変更された状況を描写した（本書第4章参照）。

47) たとえば、2008年12月2日BBC NEWS（インターネット版）は、「（北リバプール地区の）司法省アンケート回答者の64％が刑事司法制度を信頼していないと答え、これは同裁判所が開業する前の62％とほとんど変わりがない」とし、保守党、自由党などの政治家が楽観的な見方をしていることを紹介しながら、否定的に論じている。
48) 守山　正「イギリス新政権の刑罰政策」犯罪と非行169号（2011年）232頁参照。
49) 2013年8月30日付BBC NEWS（インターネット版）。
50) 改善モデルを批判した著名な論文として、Robert Martinson, What Works? Questions and Answers about Prison Reform, *the Public Interest*, vol.35, 1974, pp.22-54. この論文では刑務所の、いわゆる'nothing works'論が展開され、改善モデルから公正モデルへのパラダイム転換の推進力となった。

〈追記〉

　犯罪者の社会復帰を考えるには、地域が抱える固有の問題を解決することが必須であり、地域問題の解決なしには社会復帰は困難であるとして問題解決型裁判所をめざしたCommunity Justice Centreであったが、北リバプール地域司法センターは2014年3月についに閉鎖された。

　この政府による閉鎖方針に対しては、マージーサイド警察コミッショナーのジェーン・ケネディ氏やリバプール市長アンダーソン氏らが保持や再考を強く訴えてきたが、ついに幕を下ろした。

　閉鎖にあたってはパブリック・オピニオンが6週間にわたって収集され、18件の意見を得た。そのうち5件が閉鎖支持、3件が中立、残り10件が閉鎖反対であった。この中にはリバプール大聖堂の牧師の意見も含まれた。継続賛成の意見の中で目立ったのは迅速な裁判である。すなわち、平均審理日数は26日で全国平均147日を大きく上回るとしている。

　そもそもの政府の閉鎖理由としては、裁判実施件数が少ないことを指摘している。2013年3月までの1年間では稼働率は55％にとどまり、その経費についても年間93万ポンドを要し、その結果、閉鎖により年間63万ポンド節約できると試算されている。継続した場合、その後の3年間で200万ポンドを浪費するとしている。つまり、継続した場合、利益を経費が下回るというのが政府の結論であった。そして、この裁判所を肩代わりするセフトン治安判事裁判所も革新的な運営で名声を得ており、十分に北リバプール地域司法センターの役割を代替しうるというのも閉鎖の理由とされている。

第9章
施設内自死の状況

I はじめに

　刑事施設内において、自殺は逃走、暴動と並んで重大な刑務事故の一つであり、そのような事態の発生は、収容者の人権保障面においても、また、施設の管理面においても、きわめて深刻であるといわなければならない。けだし、施設にあっては、収容者の健康管理がその重要な作用の一つと考えられるからである。しかしながら、施設はまた特殊な環境であるが故に、そのような危険を常にはらみ、とくに収容者が新規に収容されるときの不安定な精神状態、たとえば失望感や抑圧感は誰にも多かれ少なかれみられるから、いわば収容者の拘禁の維持と健康管理とは二律背反の関係にある。

　イギリス（以下、イングランドとウェールズを指す）、オランダ、カナダなどの欧米諸国では、近年施設内での自殺、あるいは自死が高い水準で発生しており、この対策に頭を痛めている。このような事態は、刑事施設内の過剰人口が本格化する1980年代から目立ち始め、90年代に至ってもその傾向は変わらない。とくに、1995年刑事施設内の全収容者数約5万人に対して年間60人前後の自死事件が発生しているイギリスでは深刻である。もちろん集団で行われる喧嘩や抗争などによる死亡事件も異常な事態ではあるが、関係当事者が複数いるのが通常であるから、原因究明は比較的容易であり、また、対策も立てやすい。他方、目撃者のいない状況で行われる個人の自殺ないし自死は、本人の内部的な諸要素の分析が必要なだけに、その解明が難しい場合が少なくない。人口過剰な拘禁がその遠因の一つには考えられているが、以下にみるように、必ずしもそう単純でもない。施設は収容者にとって日常生活を送る生活の場であり、そこには生活の全要素が、しかも輻輳して混在しているがゆえに、拘禁中の死は施設内の健康管理にとどまらず、結局は拘禁における環

境・処遇とは何かといった根源的な問いに帰着する。

　このような深刻な事態にある欧米でも、自殺ないし自死の事態に大きな関心が払われるようになったのはきわめて最近のことである。近年、警察拘禁中の死亡事件を含め一部政治問題化し、ロビー団体の活発な活動もあって、ようやく実務家はもちろん、政治家、研究者が本腰を上げてその対策に取り組み始めている。本稿では、1994年イギリス・カンタベリーで開催の国際会議「拘禁における死（Deaths in Custody）」に提出されたペーパー及びその会議の主宰者の一人アントニー・ウォード（Anthony Ward）氏との間で交換した個人的書簡を元に、イギリスの状況に的を絞りつつ、施設内の自殺、自死の問題を考えてみたい。

II　イギリス社会における自殺の意義

　用語法的に言うと、法令名にもみられるように、「自殺（suicide）」は法的な概念である。というのも、イギリスでは、検死官法（Coroners Act 1988）に基づき検死官（coroner）制度、あるいは検死陪審（coroner's jury）制度が設けられており、ある者の不自然死（unnatural death）あるいは突然死（sudden death）が自殺といえるためには、裁判官の役割を果たす検死官が法廷において「自殺」という評定（verdict）を行い公式に記録した場合に限られるからである。刑事施設内、あるいは警察拘禁中の死については必ず検死陪審による審理を仰がなければならない。検死陪審は、検死官の調査を補助し、証人を尋問し、証拠の収集にあたる。検死官制度はすでに12世紀末には現れており、検死陪審は現在のいわゆる陪審制度の原形ともいわれる。

　このような厳格な死の認定制度を有するのは、おそらくイギリスに1961年までコモンローを受け継いだ自殺ないし自殺未遂を処罰する自殺法（The Suicide Act）が存在したからであろう（今日においても、1961年自殺法によると自殺教唆ないし自殺幇助は犯罪を構成する）。自殺は犯罪であるが故に、厳格に認定する必要があったからにほかならない。つまり、自殺は本人にとっても家族にとってもきわめて不名誉な事態であった。その自殺罪が廃止された今日においても、イギリスでは自殺犯罪視の基調は変わらないと言われる。したがっ

て、本人がその意思をもって積極的に自らの生命を絶ったという十分な証拠がないかぎり、「自殺」とはされず、一般には「自死 (self-inflicted)」とされる。また、事実、アルコール中毒者や薬物中毒者の多い欧米では、かりに自殺らしき痕跡が認められても過剰摂取が原因であるような場合も考えられ、死の判定が困難な場合が少なくないであろう。したがって、たとえ首に縄を巻き付けた状態で死亡したとしても、直ちに自殺とはされないのである。逆に、検死官の評定が「自殺」であった場合、遺族がその評定をめぐって高等法院で争う手だてが認められている。家族の不名誉な死を払拭するためである。このように、自殺を不名誉とする風潮は、自殺法が廃止された今日においても依然根強い。したがって、イギリスの「自殺」統計書を参照する場合には、格別の留意が必要であって、全般的には、実際の自殺よりもかなり少なく見積もられていると考えるべきであろう（年間自殺者数は、1995年で約3,500人）。

　このような死に対する考え方は、キリスト教の精神に依存するものと考えられる。今日、ヨーロッパにおいて宗教的色彩が日常生活から後退しているとはいえ、その要素を抜きにして考えることはできない。つまり、伝統的なキリスト教の教えでは、生命は神（造物主）の贈り物であって、それを終了させることのできるのは、唯一神であって個人ではない。したがって、神の承諾なく無断で生命を絶つことはその教義に反し、自殺を試みた者及びその家族には宗教的スティグマが与えられることになる[2]。もっとも、今日では上記のとおり、宗教色は薄れ、むしろ家族の感情が重要となっている。要するに、自分の愛する者が自ら絶命したという事実は自分の愛の拒絶であって、それは受け入れ難いことであると考えられるのである。これに反して、末期患者のような余命幾ばくもない者が死を選択した場合に対する非難は比較的弱いようである。このように自殺が社会的文脈の中で否定的に捉えられるがゆえに、一般に検死官は「自殺」と評定することをためらいがちなのである。また、事実、「自殺」評決に対し遺族による異議申立によって裁判所で争われた例も少なくない。

　もっとも、イギリスのビクトリア時代初期、死そのものには政治的意味が込められていた。当時、死亡統計書は、社会モラル的基準を有していたといわれる。たとえば、公営の労働所で死者が続出すると、政府は地方当局によ

る労働所の衛生管理状態が問題ではないかとしてその死の背景を調査したり、場合によっては、勧告や基準を与えたりした。とりわけ、飲み水によるコレラの発生は当時深刻であったといわれる。つまり、19世紀における死は、たんなる個人病理ではなく、むしろ社会病理と認識され、したがって、この時代の医療は疾病の分析よりも死によってもたらされる政治的経済的影響を追求する傾向が認められた。そして、近代に向かうにつれ、死は社会構造からの抑圧という側面を強め、検死官の認定はきわめて重要となった。死が医療の対象となり、個別化され、個人病理に還元されるのはずっと後になってからのことである。

　しかしながら、このような自殺観は、われわれには意外な印象を与える。つまり、個人主義が高度に発達した欧米諸国にあって、なぜ自殺ひとり個人の自治、自己決定権の埒外にあるのか、と。実際、現代社会において自殺の意味は大きくいって、二つの方向性を持っていると思われる。一つはリベラルな立場からのもので、個人の自立性・自己決定を強調する現代社会にあっては自殺は個人の権利というべきことになる。この方向からは、自殺が非犯罪化されることはもちろん他人からの干渉も受けず、また、それに伴うなんらの法的不利益、社会的不利益も受けない。もう一つは世俗的観点からのもので、自殺実行者の90％が精神障害を患っているという事実に鑑みれば、それは治療・援助の対象となり、救済すべきだということになる。このリベラルないし世俗的な観点は当然ながら欧米社会に「死とは何か」を今後問い詰めることになろう。そして、リベラル派が社会で優勢になるとき、おそらく欧米でも自殺の社会的意義は大きく変化するものと思われる。

III　施設内の自死の状況

　表1は、1980年以降の刑務所などの刑事施設内における自死者数の推移をみたものである。この表には示されていないが、1978年までは年20件に達せず、74年はわずか9件であった。ところが79年には20件を突破し、85年ごろまではだいたい25件程度の横這い傾向を見せる。そして、87年は前年の倍を記録し、関係者を驚かせた。この動向は基本的には施設人口と連動しており、

表1 施設内自死件数の推移

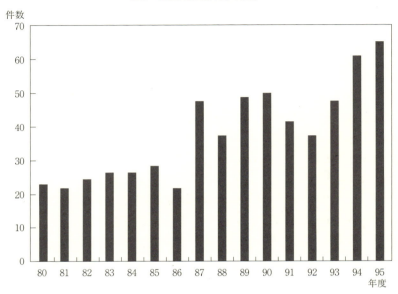

表2 施設人口と自殺との関係

	1977	1987	1990
平均施設人口			
総　計	41,590	48,425	44,974
既　決	35,659	37,530	35,535
未　決	5,281	9,625	9,439
人口10万人あたりの自殺数			
	26.46	88.79	113.0

　表2は、1970年代に比し、80年代、90年代における施設拘禁者数の増加、とくに80年代の未決収容施設 (remand centre) の増加が目立つことを示している。人口10万人当たりの自殺率は確実に上昇している。もっとも、表3に示されるように、検死官の評定は厳格であり、自害 (killed himself)、失命 (took his own life) と言った概念的には区別しにくい項目が並ぶ。

　ところで、施設内における死、つまり獄死はすでに19世紀に政治問題化し

表3　刑事施設内の自死（検死官による認定）

カテゴリー		1988	1989
自害		13	11
失命		6	7
自殺		14	17
不明	首つり	5	8
偶発	薬物過量摂取	1	0
	首つり	1	0
	焼身・香水吸入	0	1
	毒物使用	0	2
	異物飲込み	0	1
保護欠如	首つり	1	0
事故	首つり	0	5
計		41	52

ていた。1851年に発生したバーミンガム刑務所におけるエドワード・アンドリュースの自殺は、その論争の契機となり、所長自ら暴行陵虐のかどで懲役刑を言い渡されるという事態にまで発展した。この問題には、検死官はもちろん、国会議員、医者、活動家などがかかわり、18世紀主流であった「神のお迎え」という柔らかな死の評定基準を洗い直し、検死官が明瞭に、たとえば不適切で懲罰的な食事が拘禁における死の原因との評定を行うようになった。フランスの社会学者エミール・デュルケイムには『自殺論』の著書があるが、このなかにもわずかながら獄死に言及した部分がある。「もとより、拘禁自体が強力に自殺傾向を発展させるものである。刑務所内の自殺は、居室生活と施設コミュニティの生活から生じる。一般に、悪行者の社会と刑務所はきわめて緊密であるから、個人が完全に消滅し、刑務所規律がその消滅に一役かっている[3]」、と。このデュルケイムのダイアローグは、のちに20世紀の刑務所社会学の領域で、アービング・ゴッフマン（Erving Goffman）の「全体施設（total institution）論」やドナルド・クレーマー（Donald Clemmer）やグレシャム・サイクス（Gresham Sykes）らの「刑務所社会学（sociology of prisons）」といった主要な業績と結びついたことは、よく知られる。ゴッフマンはその中で、施設が収容者の自己感覚を害し、ときに収容者の副次文化からの抑圧的孤独

感を植え付けると分析した。

　イギリスで施設内自死が近年問題とされるようになったのは、1982年アッシュフォード拘置所（Ashford Remand Centre）で若者が自殺したことに一般公衆が強い関心を示して以来のことである。翌年、当時の内務大臣は、首席矯正監察官（The Chief Inspector of Prisons）に刑事施設での自殺の実態を調査するように命じ、他方で矯正局内に自殺予防ワーキング・グループが結成され、それらが結実して1984年9月に首席監察官の勧告と自殺万止手引書（Suicides in Prison）の作成がもたらされた。しかしながら、このような対応にもかかわらず、1990年代に至っても自殺者の数は必ずしも減ることはなかった。表1に示されるように、自死件数は、いったん減少傾向を示したものの、93年からは再び増加傾向を示している。1993年から1994年までの数をとってみると、件数は53件、うち、首つりによるものが52件（残り1件は薬物の過剰摂取）、その構成は未決囚29名、既決囚24名であった。

　アリソン・リーブリング（Alison Liebling）が1987年から92年にかけて行った「刑事施設内における自殺および自殺未遂」調査によると、実験群は対照群に比し、種々の特徴が認められた。第1に、実験群（すなわち自殺既遂者・未遂者）は、過去の経歴において社会的不利条件が備わり、暴力問題、家庭不和問題を経験し、刑事司法機関との頻繁な接触があること、第2に、実験群は、刑務所生活、とくに職員ないしは他の収容者との関係、あるいは施設生活自体においてうまくいっていないこと、第3に、過去に自殺未遂、自傷歴などの前歴があること（35％）、第4に、薬物使用歴（20％）ないしアルコール中毒歴がみられること、などが明らかになっている。87年調査によると、自殺願望の強い者には、①精神障害があり（33％）、②長期刑受刑者に多く、③施設でうまくやっていけない者、④殺人犯（22％）・性犯罪者が多く含まれているとされる。しかも、若年犯罪者施設（YOI）における自死事件では感染的ないし伝染的な連鎖事件が認められている。また、施設の種類によって発生の頻度が異なることも報告されている。

　イギリスの例で目立つのは、種々の施設のうち、拘置所（local prison/remand centre）における自死である。たとえば、1987年度46件発生した自死事件のうち33件、約70％が未決囚であった。これら自死者のうち、22％は雑居房（二人

部屋。ただし、多くは相棒の不在時)、30％は施設内病院、15％は隔離房で実行している。しかも、収容開始から一週間以内に試みている者が18％、三週間以内では31％に上る。これは、明らかにこの種の施設の環境の劣悪さに由来する。まずビクトリア時代の旧施設が多いうえに、拘禁人口自体きわめて過剰である。1976年には収容者数5,090名であったのが、86年には9,962名とほぼ倍増している。

　この当時、自殺の原因は個人の問題というより管理の問題という指摘が少なからずみられた。すなわち、施設における居室の不足、職員の不足は、収容者の処遇面にさまざまな影響を与えており、中には一日のうち居室外で過ごす時間がわずか一時間という施設もある。また、このような過剰収容のなか、気の小さい脆弱な収容者が他の頑強な収容者からいじめを受けるケースが目立っており、これも若年者の自死事件の引き金になっている。リーブリングは、さらに1987年から93年までの自死件数177件を分析して、以下のような３つの型、つまり不首尾型（施設生活がうまくできない）、終身刑・長期刑型、精神障害型に分け、自殺既遂者が最も多く出るのは不首尾型で、その特徴は不安、孤立無援、孤独といった動機を持ち、全般的に16歳から25歳までの若年者タイプで、自傷歴があり、略奪犯に多いとしている。このような分析から、施設生活の諸側面が反映する拘禁状態と自殺の関係を明らかにする必要があるとして、エスノグラフィカルな研究を指向すべきことを再三強調している。要するに、刑務所生活において、施設への到着、仮釈放の却下、訪問者の帰宅、週末、夜間、刑務所での特殊な集団との接触といった緊張を伴う施設生活の場面場面の分析が必要だというのである。

Ⅳ　自殺予防策の問題点

　その後、イギリスにおいても、自殺危機にある収容者に対する政策や職員の訓練方法を見直し、その実践に責任ある複合チームの活動を展開するなど、自殺予防と発見戦略にかなりの進歩がみられた。とくに、複雑な事件においては、事後の適切な指導、家族との緊密な連絡、そして、職員や他の収容者双方のモラルが低下しないように配慮する活動が行われている。先述の矯正

局が作成した手引書によると、刑事施設の自殺予防に対する任務は、「自殺念慮を有する収容者を早期に発見し、より人間的で予防的な方策を講じて収容者に接し、自殺の危機から脱するように指導すること」であり、具体的には、①拘禁中ないし護送中の収容者から自殺要因を除去すること、②収容者の自殺危機に関し刑務官と医療職員が意思疎通を図ること、③すべての職員が自殺防止法の訓練を受けること、などとなっている。

　しかし、このような認識に対しては批判も強い。まず、第1に、自殺事件を把握する際に、記録された情報に依存する危険である。先に見たように、検死官による「自殺」の評定自体、しばしば現実を反映しないことが多く、これに依拠した分析は必ずしも意味をなさない。第2に、予測や発見を中心とした精神医学的把握は自殺を個人病理であるとする前提にたつため、施設自体の問題性に迫ることができない。つまり、個人病理的解決を図ろうとすれば、事件の単一的な分析のみが行われ、全事件に共通する個人的要因外の分析が妨げられる。それよりは、むしろ、前述のように、エスノグラフィカルなアプローチの必要性が強調される。つまり、自殺危機の高まっている収容者の実生活世界の理解がその前提として必要だというのである。現に、自死事件の一部は、施設内の病室、つまり医者の監視内で発生しているのであり、精神医学アプローチだけでは限界があることを示している。第3に、刑務官やソーシャル・ワーカーといった実務家の間には、収容者の自殺の危機や兆候を軽視する風潮があると言われる。たとえば、収容者が職員に何かをして欲しいときの態度として（as a cry for help）、あるいは人目を引くためのジェスチャーとして（as a manipulative gesture）認識することが多い。当該収容者は決して死にたかったわけではないのだ、という認識である。さらにいうと、「賭け」ないしは「試練」と位置づけられる場合もある。[6] 確かに、多くの調査が示すように、自殺願望は必ずしも確定的な意図を持っているとは限らず、生きるか死ぬかの曖昧な決定のなかで、少なくとも現在よりも悪いはずがない、現在とは違う状況にありたい、あるいは人々に自分がいかに苦しんでいるかを伝えたいという利己的な心境のもとで自殺を図っている場合もあるであろう。

　しかし、現実に収容者と接触する現場の人々がもちやすい、このような認

識が施設内における自殺の正確な分析を妨げてきたことも間違いがないと思われる。

V おわりに

　わが国では施設内の自殺件数は、年に４、５件ときわめて少数に止まっており、イギリスとほぼ同規模の収容者数を考えると、それほど深刻な事態にあるとはいえないであろう。それでは、自殺に対して厳しい社会条件を備える欧米社会ではなぜ上記のように施設内で深刻な事態を迎えているのであろうか。確かに第一には、施設人口の過剰化とそれに伴う施設環境の劣悪化を考慮に入れるべきであろう。というのも、イギリスの一般社会における自殺は、一部の若者を除きそれほど深刻な事態にはないからである。総人口約4,900万人（イングランドとウェールズ）で自殺既遂者数は約3,700名ほど（1991年統計）と、それほど多くない。それに対してわが国の、人口１億2,000万人、自殺既遂者数年間２万2,000人（1991年）と比較すればその差は歴然としている。ちょうど日英間には、一般社会と施設における自殺の深刻さが逆転している。もちろん、先に見たように、イギリスでは自殺評定基準が極めて厳格であり、自殺の評定がかなり回避されている点は考慮しなければならないが、社会内の自殺否定の精神は依然生きているように思われる。

　施設内に自殺が多発する要因に関するもう一つの見方は、彼らが現実の生活のなかで享受する価値観、つまり個人主義をベースとした「自由」観にかかわっているように思われる。それは、われわれ日本人のそれと比較してみればよいであろう。われわれ日本人は典型的にアジア型の、つねに密集した生活環境に居住し、緊密な人間関係を作り上げている。田舎の集落形態をみても、それはきわめて偏在的で、歴史的に農村の定住型居住構造を作りあげ、それは住民間の人間関係においても変わらない。刑事施設で雑居拘禁形態が日本人収容者に必ずしも敬遠されないのは、まさにこの風習によるものと思われる。つまりわれわれ日本人は、群れ自体に幼少のころから慣れており、その結果多少緊密な集団生活もいとわないのではないだろうか。他方、西欧諸国では、田舎の集落をみても分かるように、離ればなれの一軒家で生活す

ることを好む。イギリス人にはその傾向が一段と強い。このように、いわば日常から地理的にも精神的にも他人と距離をおいて生活することに慣れた人々にとって、集団生活がつらいのは比較的容易に想像しうる。ましてや、過剰拘禁の進む拘置所では、そのつらさが端的な形で生じているとみるべきではなかろうか。一人一部屋の生活で育ち、十分なプライバシーを享受してきた彼らにとって、拘禁そのものもさることながら、他人との相部屋生活はかつて経験したことのない異常な環境だからである。[7]要するに、規律と集団という閉鎖的な環境に対する苦痛の限界がわれわれと西欧人とでは異なるように思われる。西欧社会で、収容者の自殺とよく比較されるのに兵士の自殺がある。この類似性は、まさにこの西欧人の特性を示しているものであろう。

　もっとも、だからといってわが国の施設が自殺と無縁と考えるのは早計である。現に、1940年代後半から50年代前半にかけての施設過剰拘禁が収容者間に種々の弊害や事件をもたらしたことには留意すべきであるし、それに加え、現代は個室を好む世代が広がりつつある。もとより、デュルケイムの言辞にあるように、施設は多かれ少なかれ人々の健康問題、とくに精神面において矛盾をはらんでいる。要するに、自殺問題を含め収容者の健全な精神面を重視する観点から、これをただ所与の問題として等閑にすることはできない。自殺問題は、現実の自殺者だけでなく、その予備軍にも注意を払うべきだからである。まさに、この隘路をいかにして克服するかが、常に施設内処遇に突きつけられる宿題であろう。

1) ロンドン大学キングスカレッジの非行及び処遇研究所（ISTD）の創設60周年を記念して、1994年カンタベリーで「拘禁における死（Deaths in Custody）」についての国際会議が開催されている。この会議に提出されたペーパーは、Alison Liebling & Tony Ward (eds.), Deaths in Custody; International Comparisons, 1994. に収録されている。本稿の記述も、大部分これによっている。
2) 村井敏邦「自殺罪の東西比較法文化(2)」（時の法令1511号49頁）では、自殺処罰にはさらに自殺者の財産没収という国家利益が含まれていたという外国研究者の諸説を紹介している。
3) Emile Durkheim, Suicide, 1952 (first published 1897), pp. 228-239. A. Liebling & T. Ward, op.cit., p.3からの引用。
4) 調査は計3回行われ、一つ目は男子・女子若年犯罪者施設（YOI）が各2か所、二つ

目は全年齢を対象とした未決・既決男性施設数か所、三つ目は16か所の施設を対象とした。調査項目には、収容者に対しては観察、施設生活への関与、他の収容者や職員とのインフォーマルな会話、施設に対しては自殺の調査方法、予防訓練、関連する会合などが含まれる（Alison Liebling, Vulnerability and Prison Suicide, *British Journal of Criminology*, vol. 35. no. 2, 1995, pp. 173-187.）。

5)　成人向け刑務所は、大別してカテゴリーAからDまであり、その対象者は、カテゴリーA（その逃走が公衆、警察、国家の安全にとり極めて危険である者）、B（警備の必要はそれほど高くなく、逃走もきわめて困難な者）、C（開放的環境には適さないが、逃走する能力・手段を欠いている者）、D（開放の環境に適する者）。このほか、分散施設（最重備施設）、YOI（若年者収容施設）などがある。

6)　実際の検死官の評定では、自殺（suicide）のほか、事故（accident）、偶発（misadventure）、不明（open verdict）の種類がある。矯正局は、実行者の自殺意図の有無・種類を問わず、これらをひっくるめて、自死（self-inflicted）としている。

7)　イギリスでは、白人世帯の99％が少なくとも家族一人一部屋、半分以上の世帯が二部屋以上有しているという（Anthony Ward, "Ethnic Minorities and the Law in Great Britain," in the Lecture at Kokushikan Univ. on 26 March 1996）。

〈追記〉

　イングランドとウェールズでは依然、刑務所内の自死（自殺）問題は深刻である。3日に一人の割合で自死事件が発生していると言われる。実際、2016年では119人が施設内で自死しており、前年比32％増となり、2004年の年間96件を抜いて、1978年に記録を取り始めて以降、過去最高のペースで進んでいる（表4参照）。人口10万人当たり120件であり、一般人口中よりも約10倍高いとされる。問題は自死だけにとどまらず、自傷事件3万7,784件を記録し、暴行事件も2万5,049件に達しており、自死を含め施設内の年間死亡者数は2016年で354件に上るという。施設内自殺予防を訴えているハワード・リーグ刑罰改革協会（The Howard League for Penal Reform）によると、その原因として、刑務官の削減（2010年3万4,000人から2015年2万3,000人へ）や予算額の削減、過剰収容状態（大規模施設では140％を超える収容率）、ギャング文化の蔓延、薬物取引によるトラブルや収容者の精神障害により連鎖的に発生していることがあるとしている。つまり、イギリス刑務所のこんにちの状況はこの10年で最悪の状態にあるという（Nick Harwick首席矯正監察官）。

　欧米の刑務所では収容者間の暴力が絶えず、殺人、暴行事件が頻発しており、しばしば収容者は刑罰の過酷さよりも他の収容者からの暴力やいじめをおそれる傾向があると言われる。とりわけ弱小の収容者が被害にあうケースが目立ち、それを苦にして自殺に走る者も少なくない。さらに、イギリスの施設環境としては、一日23時間の居室内拘禁、懲罰制度の強化なども災いしている。とくに一部の施設、たとえばバッキンガム州ミルトン・キーンズ市のウッドヒル刑務所だけで自死（7件）が頻発するなど施設間格差も目立つ。

　このような状況を受けてカメロン首相は在職最後の演説で、「再犯率、刑務所暴行レベル、薬物取引、自傷・自死はわれわれすべての者を辱めている」と述べている。そこで、

表4　最近のイギリスの刑務所内自死件数

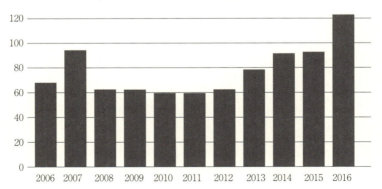

出典：イギリス司法省（2016年）

ようやく政府も刑務所改革に取り組み始めている。エリザベス・トラス司法大臣は、刑務所が機能していないことを認め（いわゆる'Prisons do not work'）、最近、5年以内に刑務所を増設するために1.3億ポンドを投資し、2,500人の刑務官増員を図り、薬物テストの導入、所長の自立性を強化することを表明している。これは刑務官らの抗議活動が盛んになっている背景もある。刑務官側も過剰拘禁と職員不足により、もはや刑務所は「メルトダウン」しており、その結果、自らの健康や安全が脅かされているという主張である。実際、刑務官に対する収容者の暴行事件も2016年で6,430件に達する。当然ながら、刑務所暴動も同時に頻発している。

　これと同様の事態は1990年代にもみられた。その象徴がマンチェスターにあるストレンジウェイズ刑務所の25日間に及ぶ暴動であった。収容者2名が死亡し、数百名が負傷する事態となり、これが他の刑務所にも飛び火して暴動が相次いだのである。政府はストレッジウェイズ事件についての報告書をまとめ、これが分水嶺となり、種々の刑務所改革が実施され、たとえばイギリスの伝統であった居室内の尿瓶による排泄物の処理（slopping out）を止めるなどの改革がみられた。しかし、当時の収容者数は約4万5,000人にすぎず、現在の8万5,000人はこの20年間で倍増したことを示す。大変興味深いのは、イングランドとウェールズの刑務所収容数とは対象的に、現在、スコットランドや北アイルランドでは収容者数がむしろ記録的に減少していることである。

　一部の論者はこの理由として、1993年に発生したジェイムズ・バルジャー事件以降、イングランドではモラル・パニック現象が続いていることを指摘している。他方、イギリス政府の犯罪対策がブレア首相の著名な言説「犯罪に厳しく、犯罪の原因にも厳しく（tough on crime, tough on causes of crime）」に象徴されるように、法と秩序政策を推し進め、刑の長期化の結果であるとも指摘されている。

第10章

保護観察100年
──回顧と展望──

I　はじめに──イギリス保護観察の現状

　1907年、イギリスは保護観察制度を公式に発足させた。この年、犯罪者保護観察法（The Probation of Offenders Act 1907）が成立している。もちろん、これには長い前史があり、多くの人々や組織が試験的に犯罪者に対する支援を試み、社会復帰を図ってきた。これが結実したのが1907年法である。それから100年が経過し、少なくともイギリスの保護観察は現在、大きな岐路にさしかかっている。

　このような中で、イギリス保護観察1世紀を記念して、国際会議「保護観察100年（Century of Probation）」が「地域の犯罪者取組み100年を祝福し、擁護し、立ち向かう（Celebrating, Championing and Confronting a Century of Community Engagement with Offenders）」を副題に、2007年9月10日から13日までシェフィールド・ハーラム大学で開催された。その副題は本会議における3つの狙いを示し、①保護観察その他機関の発展の文脈において犯罪者に対する地域の豊富で多様な歴史を祝福すること、②イギリスだけでなく世界に跨って発展してきた多くの良好な実務を支持し、共有すること、③地域ないしは拘禁中における犯罪者サービスへの変化を要請する現状に取り組み、犯罪者問題への地域関与に期待すること、とされた。

　会議には、約100名が参加し、イギリスはもちろん、オランダ、ノルウェー、スウェーデン、タイ、台湾、それに日本（筆者）からの聴衆を集めた。そして、保護観察官、政府関係者、ボランティア組織、大学研究者などの分野から参加した約15人のスピーカーが報告を行い、これに対する質疑応答が行われた。内容的には、会議の性格から歴史的な回顧が中心であったが、その中でさら

に保護観察の専門主義、保護観察業務に対する評価、将来の課題が個別のセッションで扱われた。参加者は実務家がほとんどであり、これに種々のボランティア団体・組織からの人々が加わり、大学研究者はかなり少数であった。主催者のハーラム大学ポール・シニア（Paul Senior）教授も元々は保護観察官であり、したがって、会議の議論も実務的な内容が目立った。また、内務省からの出席者もあり、会議全体としては、保護観察1世紀を祝福する儀礼的な講話も目立ち、現行制度に対しては比較的批判が少ないように思われた。

　この「保護観察100年」グループは、保護観察が1世紀を経過したことを契機として、シニア教授の主導の下、保護観察の口述伝承（oral history）も進めており、多くの現職・前職の保護観察官やボランティア団体がこれに参加して、ホームページ等でその成果を公表している。この会議はその一環でもある。

　ところで、筆者は、イギリスの保護観察が現在大きく変更されようとしていることについては、別のところで論じた[1]。イギリスでは現在活発な議論が行われており、いまや「地域刑（community sentence, community penalty）」は刑事司法制度のキーワードとなっており、保護観察をめぐる議論は1990年代初めの刑務所民営化以来の大論争とも言われる。その動向を要約すれば、①保護観察の刑罰性の強化、②短期拘禁刑とその保護観察の併用（いわゆる 'custody plus'）、③保護観察のソーシャル・ワークとの決別、④公衆保護としての「犯罪者管理」理念の導入、⑤ボランティア・民間企業を巻き込む保護観察の私事化・競争性の促進、⑥管理（成果）主義の導入、⑦他機関との協働態勢、などを指摘できよう。とくに、2003年刑事司法法（The Criminal Justice Act 2003）、2007年犯罪者管理法（The Offender Management Act 2007）の成立は、いよいよその方向性を明瞭にし、従来の保護観察とはかなり異なった形態が政府によって構想されていることが公にされた。

　保護観察100年会議は、これまでの歴史を総括、評価し、今後の動向を占う意味では、大変有意義な会議であったと思われる。本章は、以下にその要旨を示し、わが国における保護観察の方向性を決定する議論の素材としたい。

II 「保護観察100年」会議の内容

1 概　要

　3日間の日程で行われた会議は、第1日目午後から開始され、6つのセッションに分かれて討議された。各セッションのテーマと報告題目と内容は次のとおりである（国際比較セッションは省略した）。

(1) 保護観察の遺産

　保護観察の歴史には長期的な緊張とジレンマが存在したが、初期の保護観察法がいう「助言、支援、友愛（advise, assist and befriend）」の原理をあくまでも維持していくべきである。また、歴史的にみてボランティア部門の貢献は18世紀から始まり、それが後の保護観察の原型を形成したのである。さらに、19世紀後半の保護観察は、処罰概念と格闘するという苦悶を味わった。そして、この原理はケアと統制という相矛盾する概念の間で動揺し、近年ではリスク評価、公衆保護、再犯防止などの概念に圧倒されている。

(2) 専門化の展開—1900年代から1960年代まで

　保護観察の半専門化は、キリスト教人道主義からの脱皮の必要性から生まれ、その後の心理学の発展によって犯罪者の人格が研究され、犯罪は道徳的欠陥ではなく心理学的問題から生じるとされたことから、その結果、次第に保護観察は生活の場における科学が適用されるようになったのである。また、ソーシャル・ワークと保護観察との関係については、1962年モリソン委員会報告書[2]にあるように、ソーシャル・ワークに基づく技法が保護観察に援用され、両者は急速に統合された。しかし、社会復帰モデルの衰退とともに、ソーシャル・ワークとの関係は薄れ、実際、1997年、保護観察官研修においてソーシャル・ワークのプログラムは除去されている。

(3) 急進化と多様化—1960年代から1980代まで

　一般人が描く保護観察官のイメージは他の刑事司法職員のそれとは異なっている。その理由は、保護観察官に対して映画や小説その他のメディアの扱いが異なるからであり、またメディアへの露出度も少ない。今後の保護観察

への理解のためにも、なぜ異なるのか、露出が少ないのかを検討してみる必要がある。一方で、NAPO（National Association of Probation Officers. 全国保護観察官協会）は保護観察の口述伝承を進めており、すでに「人生を変える〜保護観察の口述歴史（Changing Lives: An Oral History of Probation）」（2007年）を出版した。ここには、退職保護観察官等から収集した逸話や映画・テレビからのイメージが示されている。また、1960年代初めのモリソン報告書から1991年刑事司法法までを振り返って、この間に保護観察に関して主張された見解とその論者の内容を検討するに、この時代の論客にロバート・ハリス（Robert Harris）、マルコム・ブライアント（Malcolm Bryant）、アントニー・ボトムズ（Anthony Bottoms）やウィリアム・マックウィリアムズ（William McWilliams）らがおり、保護観察の本質や存在意義に関して彼らが行った盛んな議論は興味深い。

(4) **1990年以降のコミュニティ業務に対する評価**

この時代のボランティア活動はとくにNACRO（National Association for the Care and Resettlement of Offenders）[3]が目立つ。この組織は政府からの助成を受けてさまざまな独自の地域サービスを行い、犯罪者の支援活動を支えた。しかしながら、他方で、次第に、公衆保護、リスク評価などの（潜在的）被害者の側面を強調するようになっているが、地域の諸資源の活用、犯罪者のリスクと権利などを幅広く検討する必要がある。また、人種間の格差・不公平などの問題にも今後取り組まなければならない。

(5) **将来の展望**

この30年、保護観察は刑事司法分野の中心に躍り出た。それだけ成り行きが注目されるようになったからである。しかし、保護観察における非常に意義深い変革は、意図しない帰結をもたらした。今後の課題は、政治的な環境に屈することなく、地域の刑事司法機関と協働して革新的な活動を発展させることであろう。その意味で、NOMS（国家犯罪者管理庁、National Offender Management Service）は警察、刑務所、保護観察間のシームレスな管理を可能にするもので、公衆、地域住民の満足に関わるテーマである。他方で、保護観察に対する政治・メディアの近年の着眼点は、伝統的に保護観察業務を特徴づけてきた犯罪者の教化と改善を覆い隠す可能性がある。保護観察がこれまでに果たしてきた業績は承認されるべきであり、変えてはならないし、変

えることのできない事項を受け入れる必要がある。しかし、いずれせよ、保護観察は刑事司法の近代化の一環として注目されている。伝統的に、保護観察官は変革に従順で、また必ずしもそれに対する抵抗も大きくなかったが、現在の動向は保護観察官を同時に二つの異なった方向に導くもので、今後、保護観察官自らが自分の位置を確認することが求められる。

2 個別報告の紹介

以上の本会議における報告の中で、とくに有意義と思われるものを若干選んで、その要約を下記に紹介する。

(1) モーリス・ヴァンストーン「道徳的説教から生活科学へ～保護観察業務の半専門化」（Maurice Vanstone, the Moral Exhortation to Folk Theorising）

保護観察の起源にはさまざまな出発点がある。まず、ウォーリック州のマシュー・ダベンポート（Matthew Davenport）が誓約保証金という概念を展開したことに始まる。これは犯罪者を釈放する際に用いられたものである。エドワード・コックス（Edward Cocks）はこれに監督を付加し、イギリス禁酒協会に属する教会は宣教師を警察裁判所に派遣した。フレデリック・レイナー（Frederic Rainer）は、犯罪者を支援するために当該機関に手紙と5シリングを送っている。アメリカのジョン・オーガスタス（John Augustus）はボストンの靴屋であったが、最初の保護観察官となった。また、バーナム夫人は、ジョン・オーガスタスと同時期に、同じ機能を果たし、おそらく女性で最初の保護観察官であろう。この人道主義的ストーリーを考えて、イングランドのフレデリック・レイナーとアメリカのジョン・オーガスタスの話の類似性に注目することは興味深い。二人とも、それぞれの国で、警察裁判所に在籍して、一種の啓蒙活動を行ったからである。

以下は、1850年代におけるジョン・オーガスタスの手紙の引用である。

「1841年8月、私はある朝、裁判所にいたが、職員が入ってきて、その後に続いて、ぼろを纏った人相の悪い男がやって来た。その男は、常習酩酊の罪で起訴されたものであった。私は彼と話をしたが、その際、彼が自分の社会復帰に、まだ一縷の望みを捨てていないことを知った。彼は私に、もし矯正院から釈放してくれるのであれば、今後二度と飲酒はしないだろうと語った。その言葉には真面目さが感じられ、決心の表情がみられたので、私

は彼を救済することにした。裁判所の許可を得て、彼を保釈したのである。」

次は、フレデリック・レイナーのものとされる言葉である。

「ひとたび人が飲酒や他の原因でトラブルに巻き込まれると、何の希望もないように思われる。たびたびの犯罪、たびたびの判決は彼らにとって必然的であり、転落させてしまうのである。この後の犯罪歴を止めることはできるのであろうか。願わくば、警察裁判所で実践的な活動を組織してもらいたく5シリングを同封し、これを基金のスタートとして収容者を支援するために人を任命してもらいたい。」

これらの酔っぱらいたちは、いずれのケースも改善可能性がある。彼らは希望を絶たれた人々であり、救済が明らかに必要である。ここでみた事例は、貧困者に対する博愛に動機づけられたキリスト教精神の象徴であり、また、保護観察の歴史における人道主義的思考の象徴でもある。

初期の保護観察には協働者がいた。その協働者とはキリスト教と博愛主義の関係者である。両者は、当時密接に絡み合っていた。イングランド禁酒協会のキャノン・エリスは同協会の派遣宣教師制度を立ち上げ、次のような声明を出して、飲酒という悪との闘いを宣言した。

「協会の使命を果たして悪の特殊な形態（飲酒）に対する直接的な闘争を行おう。」

これがまさに、警察裁判所宣教師の言葉である。この短い言葉の中で明らかなことは、警察裁判所宣教師に対する宗教的影響であり、これはまた初期の保護観察官にもみられた。しかしながら、次のように1915年当時の保護観察官の宗教活動は、犯罪者の人格研究への科学的アプローチを伴っていた。

「彼ら（犯罪者）の人格は研究されるべきであり、それによって弱点が教化され、彼らの失敗が監視され克服される。その結果、彼らの陥りやすい罪は抑止される。彼らが愛と尊敬にあふれ、誠実で、法遵守の市民になり、彼らがイエスに愛と義務を捧げ、他の仲間と同様になって通常の生活が送れるようになれば、彼らはその結果、また普通の世間に戻り、世の誘惑に負けずに確固たる地歩を固めることができるのである。」

19世紀終わりに、（保護観察を含む）ソーシャル・ワークは魂の救済ではなく、社会改善、社会活動と結合していた。これが原因で、ソーシャル・ワークとキリスト教・博愛主義はその後分裂している。このソーシャル・ワークは、模範的市民、自立、市民的義務、社会改善に対する熱情に根ざしていた。このようにソーシャル・ワークは社会改善と関係していたが、依然として貧困

者を自立へと改善する努力の一部に過ぎなかった。これは明らかに当時の政治的な基調である。これが意味したのは、変えられるべきは個人であり社会構造ではない。慈善組織や各種協会は、19世紀終わりの直前まで政治権力を維持する主体であったのである。これらの組織は、労働階級を規制しながら、ビクトリア時代の博愛主義に秩序をもたらそうとしていた。彼らはキャンペーンを行い、見境のない施しや慈善には反対し、慈善を条件的なものとしたのである。

(2) ロル・バーク「ソーシャル・ワーカーとしての保護観察官～ケースワーク理念の興隆と衰退」(Lol Burke, The Probation Officer as Social Worker)

ソーシャル・ワークは20世紀の大半、保護観察の実務に著しい影響を与え、この理論はモリソン委員会によって公式に承認された。そして、保護観察官とソーシャル・ワーカー双方に対する単一の法令上の研修組織の形成によって統合がもたらされた。もっとも、先述したように、のちにソーシャル・ワークと保護観察の関係は消滅したが、両者のエートスと価値観の結びつきには留意すべきであり、その結びつきによって醸し出された影響は無視できない。そこで、フーコー流の分析を以下に試みたい。

保護観察において研修はきわめて重要であり、その理由は保護観察官の間に職業的なアイデンティティと紐帯の感覚をもたらすからである。1990年代の保護観察専用の研修プログラムの導入は、保護観察がソーシャル・ワークとの決別を示すのにきわめて象徴的であった。これによって、効率的な刑事司法活動、リスク評価、公衆保護に焦点を当てることが可能になったからである。もっとも第二次大戦から1990年代までの研究が示すところによると、当時、二つの業務の関係はすでに緊迫しており、とくに専門的ソーシャル・ワークの興隆は、児童・若年者に対する保護観察の責務の大半を一掃した。1960年代保護観察は、地方当局（ソーシャル・ワーク部）の業務に編入されるのではないかという不安がみられ、保護観察当局はソーシャル・ワーカーと専門的集合体として協働することを拒否した経緯がある。

保護観察内部における研修の意味合いに変化が生じたのは1990年代であるが、これはテクノロジーの進化に伴い、遠隔学習が可能になったことも影響している。その変更の目的は、保護観察業務の厳格化および一般公衆からの

信頼性の確保であり、保護観察は1970年代、80年代におけるソーシャル・ワークの過激な形態によって汚染されたという認識が示されたためである。しかしながら、この認識は誤った二分論に基づいている。つまり、ソーシャル・ワークにはケアが伴い、保護観察には統制が伴うという認識であり、両業務の人道的研修の意義を理解しない見解である。マイク・ネリス（Mike Nellis）は、新プログラムの適切性につき疑問を抱く数少ない一人であり、新プログラムは、ソーシャル・ワーク業務と刑罰改革に対する明らかな無関心との相違を混同しており、たんに制度化された一般論に過ぎないと主張している。その結果、保護観察は再犯予防機能と非拘禁的作用を有すべきとする職業倫理綱領の発展を明瞭に阻止しているという。

保護観察は現在、「機関機能論（What Works）」課題の実践にギアを変えようとしている。つまり、保護観察業務の展開に対する研修の重要性に疑問を提示する姿勢である。しかし、対象者とのコミュニケーション・共感、犯罪者個人の成長・判断力の育成といった伝統的にソーシャル・ワークがその領分としてきた社会的スキルを考慮する点では、研修の重要性を再確認する必要がある。

コミュニケーション・スキルは、個人との双方向の意見交換、関与を促進するうえで必須である。これによって、対象者の現状や経験、その発達・進化の障害に取り組むことが可能となる。第一線で活動する実務家はそうでもないが、政策担当者や予算担当者はこの個人的関係を無視してきた。国家保護観察庁（National Probation Service）は積極的にこの方向を進めてきたが、他方、その積極的意図は必ずしも官僚組織には伝達されなかったのである。

共感を処遇に利用する問題は、ソーシャル・ワークの領域でも衰退する傾向がみられるが、他方、修復的司法ではその利益の促進を中心に据える。デビッド・スミス（David Smith）が論じたように、修復的司法と結びついた価値の範囲は、通常ソーシャル・ワークに帰属する価値と強い親和性を示す。これらの価値には、個人関係性、感情移入の感覚、人に対するケアと敬意の重要性が含まれており、そこでは寛恕・癒し・和解に根ざした対人的問題の同意ある解決を目ざして、交渉する意義が重視されるのである。

研修は職員が有能で自信を持つようにするために支援すべきであり、その

結果、彼らは複雑な状況の中で独立した個人的判断ができるようになるのである。基本的に、個人的判断は、意味を考慮することなしに手順に従うべきではない。保護観察は、単なる矯正の技法に要約できない倫理的に重要な活動である。それ自体、保護観察は力量のある決定的で効果的な労力なのである。

　これらの技法は、保護観察業務の他の要請と矛盾するものではないが、研修は技法の慢性的風化を防止するために一定の役割を演じる。アメリカでは、一部の保護観察官はとくにソーシャル・ワーク法の訓練を受けるが、これは、犯罪者を指導・監督の諸条件に合致するように支援することによって、遵守条件違反率を減少させるのに役立っている。

　鍵となる問題は、この新しい研修プログラムの中で見い出された全ての証拠が、それなりの意味を有するかどうかということである。つまり、ソーシャル・ワークから独立することによって推進された研修プログラムの意義の問題である。研修制度に対する対応は、かなり多様であって、ロールス・ロイスと評するものから、保護観察官の過度の職業意識と無批判な精神性ゆえに、管理的な権威主義の最悪の行き過ぎによって、研修制度は弱体化してきたという主張まである。

　研修計画に対する研修生や指導監督官の反応は、一般的に研修に大変満足しており、とくにプログラムはよく準備されていて実務と密接に関連しているという。その主要な枠組みは、保護観察研修を改変する最も議論のある要素の1つで、保護観察実務にとって重要と彼らは明瞭にみている。

　マイク・ネリスは、同プログラムに対する体系的で一貫した検証がない点に注目する。これは管理手続の問題に要約しうる点である。一部の研修生は研修の一定の側面の重要性を認識しておらず、多くの研修生は、保護観察の研修や教育の意味するところに対して、あまりに狭隘な見解しか有していないことが明らかとなった。これは、遠隔教育によって実務家と研修生との距離が一層拡大していることも影響している。犯罪者と研修生の関係は条件遵守とコミュニケーションという目標にとって副産物にすぎないのである。

　一定範囲の文脈的要素は、保護観察研修計画の将来に影響を及ぼすであろう。当局者は、研修に相当の投資を行ってきた反面、安っぽい代替物を考慮

することにも強い魅力を感じてきた。しかしながら、新しいテクノロジーと遠隔教育は、それが適切に行われれば決して安っぽいものではない。研修の中に維持されている処罰の気風は、公式研修の価値に織り込まれ、これは当然ながら福祉を理解するものではなく、厳罰性に重点がおかれたもので、保護観察を福祉から切り離す動きである。このように、犯罪者は敵と認識され、福祉の失敗か成功かという概念はなく、犯罪者はもともと勝利することができない仕組みであり、したがって自信を喪失させる失敗の覚醒を受けなければならないとされた。保護観察活動の統制と監視の側面を認識することは重要ではあるが、処罰が個々人の行動に顕著な変化をもたらす可能性は少ない。刑罰の執行より条件を遵守させる方が重要なのである。

　職員に対して、管理の側面から間違いを犯さないことが奨励されるが、間違いを犯すことこそ、学習と発展の重要な部分である。また、当局は量的測定にのみ集中し、これは成功の基準として統計や予算に焦点を当てるものであるが、他の評価方法に焦点を当てるものではない。

　ハリー・フレッチャー（Harry Fletcher）は、保護観察にとって最大の脅威は、競争原理ではなく、価値の喪失であると述べている。イングランド・ウェールズにおける保護観察の将来の価値や形式が何であるかを評価することは困難である。1970年代・80年代のソーシャル・ワークを真似るのではなく、刑事司法制度内部の公平性と一般社会全体の社会的分業が強調されている。しかしながら、これはあまりに過度に、還元主義者のアプローチを採用してきた帰結であって、このアプローチは潜在的に、それが対象としている犯罪行動と同じくらい抑圧的である。

　このように、保護観察と犯罪者の分断された世界における統合的価値を理解することはますます困難になっている。競合性と諸価値の間にリンクがみられ、その中で、競合性をもたらしているのは民間部門の参入を決定的に促進する動きである。他方、同時に、それは公共サービスの土台をも揺るがしている。

　犯罪者の監督管理を発展させる余地はあるが、保護観察はその発展した制度の中心になければならない。保護観察幹部は、たんにバランス・シートをチェックするのではなく、これらの全社会的コストを考慮するように求めら

れるべきである。

　保護観察は、ミクロ・レベルでの地域社会との関わりが必要である。これが行われれば、過去100年の歴史を誇る保護観察を形成してきた伝統が反映されるはずである。これは、研修において大いに主張されるべきである。

　保護観察の歴史を記述する場合、集合的な健忘症が各世代を襲い、過去の教訓に気を止めなくなったことは明らかである。将来にアプローチするうえで、過去から学ぶことは必要であるが、過去を遮断すべきではなく、また過ぎ去った黄金時代の概念を置き忘れてはならない。

　処罰、公衆保護、リスク管理、法執行というレトリックに対して、実務家が実際に対象者に諸条件を遵守させ、動機付けを行い、対象者が諸資源にアクセスするのを支援し、建設的な改善可能性への希望感を伝達することを決定する場合、実務家はソーシャル・ワーク理論や研究から生じた理念やスキルを利用していることに気づくはずである。これは、彼らが意識しようがしまいが真実であるが、彼らが意識し、ソーシャル・ワーク理論が属する遺産の中に彼らの活動を位置づけることができれば、さらに望ましいであろう。

(3)　マイク・ネリス「一般文化における保護観察のイメージ」（Mike Nellis, Images of Probation in Popular Culture）

　保護観察は、警察のように、フィクションの世界で人気のある英雄ではない。これは問題ではなかろうか。保護観察が人気のある英雄イメージに欠けていることは、人々の社会復帰への理解や刑事司法制度における位置づけの点で議論の余地があると思われる。しかし、単純に、保護観察官の生活が警察官のように刺激的ではないとか、それゆえに小説や映画、テレビの興味深い対象とならないというわけではない。それに対して、医者、弁護士、看護士、教師などはテレビでドラマとしてたびたび扱われているが、これらの職業が保護観察官と比べ本質的にドラマティックというわけでもない。真実は、保護観察官が刑事司法機関の中で人目に触れる機会がないことである。刑務官でさえ、保護観察官よりは遅参者でありながら、これを扱った『臭い飯（Porridge）』『悪い少女』などのドラマがある。

　保護観察官はフィクションにめったに現れないが、全くないわけではない。保護観察官にはイメージの歴史があり、これらの保護観察の文化的所産は歴

史上、二つの鍵となる段階があった。1つは社会復帰オプティミズムの時代で、第2次大戦直後から1960年代初期までの時期である。第2の時代は、1990年代に、地域刑が社会福祉のルーツから切り離された時期である。

1948年に公開された映画『売春婦（the Good Time Girl）』は、劣悪の境遇にある少女についての話で、一連の不幸な事件ののち認可学校に送られ、犯罪者に仕立てられる姿が描かれている。ツイン・セットと小さな帽子を纏った保護観察官が、厳めしい治安判事に事件を報告する場面がある。この保護観察官をフローラ・ロブソンが演じた。この映画は誤りを犯しがちな現行制度を痛切に批判するもので、その批判があまりに激しかったために、内務省は同映画のプロデューサーに論調を弱めるように要請したほどであった。しかし、その批判は的を射ていたのである。第2次大戦の戦中、戦後、イギリス映画界は軍隊ものを扱う傾向があったが、その後、公共サービスに関心を移した。アーリング・スタジオ社は、最も著名なドラマを制作し、これが湾岸警察署のディクソン警部を生み出した『青いランプ（the Blue Lamp）』であった。このドラマはスコットランド・ヤード（ロンドン警視庁）の協力を得て、警察活動を描いたものである。

映画『あなたを信じる（I Believe in You）』（1950年）は、第二次大戦中に一時的に保護観察官を努めたことのあるジャーナリストの記憶に基づくもので、中年の保護観察官フィッツ氏が描かれている。南ロンドン地区の保護観察所に勤め、短期の勤務のつもりであったが、上司から保護観察のエートス「人道主義の信念」に触れ、多くの対象者と出会うようになって、少年事件では贖罪と矯正可能性を識別しようとした。『青いランプ』と同様に、この映画は戦後の暴力的な若者に対する不安を描き、保護観察官と治安判事の犯罪へ立ち向かう姿が全く同等に扱われて、保護観察活動への評価は全く正当なものであった。

1950年代、60年代のテレビは、社会現実主義の視点から当時のトピックをドラマにした。その中にITVシリーズの『保護観察官（Probation Officer）』がある。1959年から62年にかけてシリーズ化された番組で、ロンドン保護観察所の協力を得た。フィルム自体はもはや存在しないが、少年、若年の犯罪者を社会復帰させる努力が誠実に、また現実的に描かれていたと言われる。いう

までもなく、当時、社会復帰が原理として刑事司法制度にしっかりと埋め込まれていた。犯罪行動に対しては犯罪心理学の研究が盛んで明らかに視聴者に保護観察への信頼を促進したと思われる。

ほぼ同時期、ジョン・ストラウドは『一触即発 (Touch and Go)』と題された小説を書き、保護観察について極めて異なったメッセージを伝えている。主人公は保護観察官であり、当時軍隊から除隊したばかりの人で、家族とともに落ち着いた日々を送っていた。彼はどの犯罪者が矯正可能で、どの犯罪者が矯正不能なのかについて、警察官と論争をする。しかし、彼は次第に警察官の皮肉な見方を受け入れるようになる。そして、この保護観察官は結論に達する。すなわち、犯罪者の改善を困難にしているのは、現代イギリスの複合的なシンボルである新興都市の魂が欠けた状況である、と。彼は、幻滅したにもかかわらず、諦めずに、現実に保護観察を行うショロップ州（架空）に転勤するのである。

アントニー・バージェスの小説『時計じかけのオレンジ (A Clockwork Orange)』は1962年に出版された。その時代設定は未来のある時期であり、内容は、過度の社会復帰が必然的に惹起する事態に対する風刺である。作家の批判の中心的な対象は、嫌悪治療 (aversion therapy) であった。ルドビコ技法と呼ばれるこの療法は、犯罪者に暴力を条件付け、それによって、危険状態にある犯罪者から主張能力を剥奪するのである。小説上の保護観察官は警察と緊密に連携しており、犯罪者の福祉よりも保護観察の監視機能を明瞭に信頼している。この映画は、社会復帰オプティミズムの時代の終焉を告げるものとなった。そして、その後の保護観察の関心は、ケースワークや犯罪者の心理的トラブルから社会正義の問題へと大きく変化したのである。

1980年代では、もともと警察官ドラマではあるが、保護観察官も登場するシリーズ『ジュリエット・ブラボー (Juliet Bravo)』がある。彼女は繊細でリベラルな観察官であるが、ときに無愛想な上司の引き立て役も演じる。この役はかなり現実の観察官に近いが、影響力という点ではあまりに弱い。もっとも、保護観察官と警察官の論争、すなわち、ケアと統制、理想主義と現実主義の緊張を見事にドラマ化しており、先のジョン・ストラウドの小説に似ていなくもない。さらに、80年代後半では、保護観察官を描いたTVシリーズ

が再び登場した。『手に負えない話（Hard Cases）』と呼ばれるドラマで、設定場所はノッティンガム保護観察所であった。ケアか統制か、理想主義か現実主義かの論争は、今度は、保護観察所内部で世代間の論争として展開された。しかし、一般公衆の想像力を掴むことはできなかった。なぜなら、ドラマ的に刺激を与えるために、多くのエピソードが白々しく、何人かの悪党は過度に風変わりに描かれていたからである。しかし、それでも、保護観察のエートス、政治内部の緊張、犯罪者のエピソードなどを掴む試みは、全般的に、保護観察が社会的に有用な業務であることを知らしめるには十分であった。

その10年後、かなり違う形態の小説『正義（Justice）』が生まれた。作者は匿名であったが、刑事司法の事情に詳しいことから内部者ではないかと言われた。同小説は基本的に、新聞社『デイリー・メイル』の世界観をフィクション化したものであった。この世界で、権力を恐れない無骨な凶悪犯が犯罪を実行する。街路は安全ではなくなり、検察官の寛容さと無駄によって通常の品性のよい人々が次々と被害者となっていく。マーカスと呼ばれる右翼の判事は制度を変えようとするが、刑事司法制度を管理する「正義会議」と呼ばれる組織に阻まれる。この組織の主要な指導者はジョー・ハルと呼ばれる女性で、保護観察副主任であり、オックスフォード大学の犯罪学者でもある。ジョー・ハルは大変横柄で度量の狭いうぬぼれた人物で、フェミニストでもあり反人種差別主義者でもあった。彼女はまた、悪い母親で、その娘は非行少女であり、パートナーは腐敗した検察官であった。彼女と職員、その一人は権利拡大運動の活動家の黒人であったが、彼は作者が保護観察について軽蔑する全てを代表する役を演じた。

この作者を巡っては、多くの人物が噂され、たとえば後の内務大臣マイケル・ハワードの助言者、アン・ウィッドコム、ハワードの妻、ハワード自身などが囁かれた。誰が書いたものであっても、この小説は明らかにハワード自身の見解と同調するもので、作者の名前を公にするにはあまりにも露骨すぎたのであろう。ジェフリー・アーチャーも名前が挙がったが、匿名は彼のスタイルではない。いずれにせよ、当時の保護観察に対するマスメディアの批判に便乗したものであって、今日の保護観察の状況を示唆していたともいえる。

1999年、イギリスBBCは、無意味なことを許さないジャック・ディビッドと呼ばれる保護観察官のシリーズとして『ハートのジャック（Jack of Hearts)』を放映した。彼は保護観察所で、手に負えない対象者に暴力さえ振るう男である。ドラマは単純にスリラー調で、保護観察が直面する政治的現実を描いていない。ディビッドは、保護観察官というよりも、異端の警察官か私立探偵といった感じであった。最近のコーガンの映画『仮釈放審査官（the Parole Officer)』は、保護観察における処罰的管理的な緊張に対する風刺である。さらに、サイエンス・フィクションのテレビドラマで、将来の保護観察に基づいて構成されたものがある。この中で、保護観察官（女性）は、釈放された性犯罪者を監督するが、実は対象者の目にはカメラが埋め込まれており、これを通じて全てを監視するのである。最終的に、彼女は対象者が自分の家を見ていることに気づき、対象者ともみ合ううちにハサミで彼の目（カメラ）を刺してしまうのである。その意味するところは、保護観察がいかにうまく犯罪者の社会復帰を支援し管理したところで、保護観察は完全なる安全を提供できないことである。このようなエピソードにも関わらず、ドラマは、保護観察官がその仕事にとどまる決意をして終わる。

　このほか、アメリカの二つの小説は保護観察官を描いており、いずれも最後は、諦め、仕事に幻滅し、それぞれ警察官、弁護士として再就職する。一方の小説では、ニューヨークの悪党で、スラム街薬物売人であり、かつ有名大学出身の保護観察官が登場し、その意味を再論すれば、保護観察の伝統的形態と現代犯罪への挑戦は違うということであり、保護観察の理念が厳しい世界ではこんにち陳腐で、過去のものになっていることである。

　これと同じ見解で、さらに痛ましくも愛情の籠もった構想は、前保護観察官ジェレミー・カメロンの犯罪小説にみられる。もっとも、彼は決して保護観察官を中心人物に据えていない。これらの小説は、保護観察がかつて輝かしい栄光を持ちながら、現在、不適切で誤解を受けているという意味を共有している。保護観察は、犯罪者に対して愛のムチに応えるように問い過ぎているし、保護観察官にはそれを実践するように問い過ぎているのである。

(4)　フィリップ・ホワイトヘッド「**思想家と保護観察業務〜鍵となる貢献者の回顧**」(Philip Whitehead, Thinkers and Probation Practice)

1959年10月8日の総選挙において、保守党は再び勝利し100議席の多数を占めた。この選挙で特徴的なことは、マーガレット・サッチャーがフィンチレイ選挙区で初めて当選し国会議員となったことである。この出来事は20年後の保護観察の実務にとって大きな意味合いをもつことになる。実は、それに先立ち同年5月27日、モリソン卿を議長とする委員会において、バトラー卿が当時の保護観察活動の全ての側面を調査するように任命された。1960年代、70年代、80年代の鍵となるのは、思想家がこの時期に発生した問題に対して、どのように対応したかという点である。

　そこで、1960年代から80年代にかけての出来事を列挙してみよう。

- 1962年「モリソン（K. Morrison）委員会報告書」
- 1963年「犯罪者処遇に関する諮問委員会報告書」では、保護観察の業務に、施設を出所した者に対する仮釈放（parole）を組み込んでアフターケアを充実させるべく、保護観察を拡大する勧告がなされた。
- 1968年　シーボン（F. Seebohm）委員会は、保護観察の深刻なジレンマを指摘した。すなわち、1960年代後半、地方政府における社会福祉部門の拡大と組織化が進行したが、保護観察がこの動きを拒絶すれば主要な社会福祉領域から孤立するリスクがあって、処罰機関を自認することになり、他方、それを受け入れれば、1907年以来の保護観察としての存在意義と自立性を失うリスクが存した。そして、保護観察は、当時としては正当にもノーと拒絶したのであった。
- 1970年「ウットン（Baroness Wootton）報告書」1972年刑事司法法を予告し、コミュニティ・サービスの導入を示唆した。
- 1974年「ヤンガー（Younger）報告書」若年成人犯罪者の将来を改善するように求めた。
- 1980年「ケント管理棟（the Kent Control Unit）」に関する事件
- 1984年「全国目標・優先事項の声明（SNOP）」

　このように、これらの出来事によって物事が変化したとすれば、一体保護観察とは何であろうか。保護か管理か、福祉か処罰か、処遇か正義か。英米の研究によって批判された1970年代の社会復帰思想の衰退に対して、保護観察はどう対応すべきであったろうか。1960年代の文化の革命的転換、1970年代の社会経済的混乱、1950年代の黄金期から1970年代初期の危険で不安定な時代の到来を背景に、保護観察はその政治的秩序の中でどのような役割を演じるべきであったのか。犯罪激増現象との関係において、保護観察の役割とは何か。後期近代における保護観察の役割とは。

ロバート・ハリス (Robert Harris) は、1977年と80年に興味深い論文を書いているが、それによると、保護観察業務は成長し変化しつつ、刑罰制度との関係を一段と強めた新業務を吸収してきたと指摘する。ハリスの分析によると、この時期までに、保護観察は、道徳的職業的な齟齬に悩まされていたのである。ハリスはその対応として、ケアと統制、福祉と正義、各イデオロギーという全く異なった事項を扱う二つの分離した組織の創設によって、分離を図ってきたと指摘する。

1978年ブライアント (M. Bryant) らも反応を示した。彼らは保護観察には二つの任務があると主張する。一つは裁判所が命じた命令を実施することであり、もう一つは保護観察対象者に福祉としてソーシャル・ワークを提供することである。

ボトムズとマックウィリアムズ (A. Bottoms and W. McWilliams) (1979年) は、彼らが提示した非処遇パラダイムを用いて、処遇イデオロギーの困難性という理由づけに反対している。彼らが反対するのは、より社会的に統制された、処罰的で監視形態の方向性であり、これは1974年のヤンガー報告書で見いだされ、デイビーズとグリフィスらと同じ1980年代に主張されたものである。そして、ボトムズらは、処遇批判は保護観察活動において無視できないにせよ、他人への敬意、将来への支援といった保護観察の伝統的な価値は、非処遇的パラダイムで実現しうると主張した。

1981年にはウォーカーとボーモント (H. Walker and B. Beaumont) が、社会主義的保護観察の形式を掲げて、刑事司法制度の行き過ぎを軽減する方策を示した。その利点は、労働階級の貧困者に対して効果があり、犯罪を社会的個人的文脈で考察することであった。さらに、刑務所は破壊的であること、不公正な法令が存在すること、法執行は差別的であること、保護観察は貧困や観察官が担当する事件の困難さには対処できないことを主張する保護観察官が必要であると述べている。

1978年デイビッド・ハックスビー (David Haxby) は、モリソン報告書に言及し、1960年代のアフターケアとの同化を指摘した。シーボン報告書についても同様に言及し、それに対応して、地域矯正サービスを主張した。これは、とりわけ拘禁の代替策を提供するものであった。その段階で業務が変化し、

あるいは変化しなければならないとしても、依然として人道主義的価値を有するサービスが必要であると主張した。

マックウィリアムズの1983年、1986年、1987年の論文は、1876年から1980年代までの保護観察活動における理念の歴史を回顧するものである。1987年までの分析として、彼は、保護観察業務内部の３つの主要な流派を識別した。すなわち、個人主義派（personalism. 社会福祉と関連し、1980年代まで存続した）、急進主義派（radicalism. ウォーカーとボーモントの分析と関連する）、管理主義派（managerialism. 業務の変化を背景に1960年代に出現し、1984年のSNOPが後押し、さらに1990年代に発展し、最近の形態は2004年から2005年にかけての官僚主義的管理主義として表現される）である。

これらの思想家全てが1960年代、70年代、80年代に生じた保護観察の改変状況に伴なって惹起した多くの問題に対して、異なった反応を示している。もしわれわれが1962年のモリソン報告書を土台にし、ソーシャル・サービス業務の構築を続け、1963年の提案を拒否し、刑罰制度と親密な接触をおこなっていたら、どうであったろうか。あるいは、もしわれわれが1968年のシーボン報告書にイエスと答え、地方当局のソーシャル・ワークの一要素に統合されていたら（スコットランドではそうであったが）、どうであったろうか。もし1970年のウートン報告書にノーと答え、当時の選択肢の一つであった、警察にコミュニティ・サービス業務を行わせていたら、どうであったろうか。

1970年代末、1980年代初めのケアか統制かという論争にロバート・ハリスの主張が勝利していたら、あるいは、ヒラリー・ウォーカーやビル・ボーモントによって唱道された社会主義的実務の展開が許されていたら、どうであったのか。1970年代、80年代の政治権力に抵抗する洞察と認識をもっていたら。政治権力の対応は、文化的社会経済的問題と増大する犯罪問題に対するものであり、厳罰的雰囲気をもつ明瞭な処罰の方向へとわれわれを押しやっている。現在、われわれはどちらについているのであろうか。

1979年に保護観察業務がもっと統合されていたならば、1980年代初期とどれほど異なっていたであろうか。1991年刑事司法法で全盛をきわめた地域刑の導入を拒絶していたならば、どうであったろう。我々が、1997年から2007年までの間、保護観察理念の背後にある価値の理解について断定的で頑固で

あったならば、今日のものとは別の業務になっていたであろう。要点は、起こったことが不可避ではなかったことである。時間的に別の時点で別の決定をしていれば別のことが起こったかもしれないということである。1960年代に遡ると、ハワード・ベッカー (Howard Becker) は、保護観察官に対して重要な疑問を提示した。「われわれはどちらの側につくのか」、と。サイモン・バーンズ (Simon Barnes) はタイムズ紙の記者であり作家であるが、「悪の側に立って勝つよりも、正しい側に立って失う方がましだ」と述べている。

(5) ポール・カバディーノ「地域サービスとボランティア部門」(Paul Cavadino, Community Provision and the Voluntary Sector)

保護観察は、ボランティア部門に起源をもって発生したものであり、その歴史を通じて、保護観察は広範なボランティア部門と協働関係を緊密に保ってきた。これらの協働関係は、犯罪者の実際的な再定着問題をめぐって主要な動機付けとなっているが、再定着問題は犯罪者の再犯可能性にとって決定的である。

2002年に内閣府に創設された社会的排除対策課 (the Social Exclusion Unit) の報告によると、犯罪者の3分の2は刑務所収容前に失業しており、残り3分の1のさらに3分の2は有職であったが、その後失業している。犯罪者の3分の1は収容前に恒久的な住居がなく、残り3分の2のうち3分の1は、収容後住居を失っている。犯罪者の40％以上は、友人や家族の接触が途切れている。これらの要因は、地域刑の受刑者にも当てはまる。同報告は、またこれらの要因の再犯に与える影響も示している。有職犯罪者の非再犯可能性は3分の1から2分の1であり、住居のある犯罪者の非再犯可能性は少なくとも5分の1であり、家族の支援のある犯罪者の非再犯可能性は6分の1から2分の1である。近年の研究では、基本的なスキルである教育や職業訓練を受けたことのない犯罪者は受けたことのある者より約3倍再犯可能性が高く、薬物依存犯罪者の犯罪件数は、薬物依存の処遇中に70％削減され、再犯率は30％に低下したという。

実際的な再定着問題は、再犯予防の鍵である。これらの要因の多く、つまり特定の住居に定着して職を得て、薬物を回避し、スキルを修得するのが容易であるかどうかは対象者の住宅の質と対象者の質に影響を受ける。

ボランティア団体はアマチュア団体を意味しない。彼らは、住宅、教育、雇用、指導、薬物・アルコール濫用、精神衛生問題、家族サービス、地域関与において専門性が高い。ボランティア団体に支出される保護観察の予算の比率を分析したところ、ボランティア団体が提供したサービスに対する比率が高い。具体的には、29％が雇用・訓練に支出され、対象者の雇用に有利なスキルを提供している。また、23％が薬物・アルコール濫用者の社会復帰に使用されている。さらに、11％が地域関係・指導教育に使われ、犯罪者に対する個別的な支援や再犯を行わない動機付けを維持している。7％は、公認プログラムへの支出で、このプログラムは、たとえば性犯罪者処遇プログラムのような特定の行動問題を扱う。6％は、住宅サービスで犯罪者に新しい住居を与えるが、これは賃料ばかりでない。したがって、住宅サービスの重要性はこの比率が意味する以上に大きい。4％は交通費、3％は借金・財政問題、3％は再犯者が無給・ボランティア活動に従事するための援助費、1％が被害者支援であるが、この額はサービスの重要性を示していない。

　以上がボランティア団体のサービス範囲であり、保護観察所がボランティア団体に実際に支払う金額や比率からその傾向を看取するのは容易である。

　2001年国家保護観察庁（National Probation Service）が創設される以前には、予算の目安はボランティア団体への支払いが7％であって、現実には5％を下回っていた。その後、支出は2.4％にまで低下している。数値に含まれるのは、民間（企業）部門業務への支出である。2006年度では5％、2007年度では10％を目安に設定された。2006年度の現実の支出はイングランドで4％、ウェールズで8％、この3分の2がボランティア部門に対するものである。保護観察とボランティア団体との協働関係は長い歴史があるが、ボランティア団体はつねにこの協働関係に問題があると感じてきた。これらの問題の多くは、保護観察所との公式な契約や補助金の状況から生じており、これらの契約や補助金はボランティア組織の活動を軽視するものである。

　以上の問題は、保護観察機関がボランティア組織から獲得するサービスの性質に関して初期段階の協議が欠けている点にある。入札手続も時間的浪費であり、費用もかかるゆえに、小規模組織の参入を阻んでいる。組織コスト、とくに運営コストはつねに割に合わない状況である。ボランティア組織は、

その支出や経費を分析する以前に、犯罪者へのサービスの提供方法・手続を過度に詳細に精査しなければならない。組織はまた、サービスの種々の要素のコストを詳細に決定しなければならず、民間（企業）部門とは異なり、これらの要素は保護観察機関が受け入れるか拒否する相場をまさに形成しているが、これはしばしば２重の基準になっている。保護観察機関はしばしば典型的には１年未満の短期契約を行い、ボランティア組織の長期計画や職員の確保を困難にしている。組織にはサービス提供後に支払われるが、明らかに財政的負担が大きい。大規模組織にはサービス提供の機会が大きい一方で、ボランティア団体は民間事業者に仕事を奪われるとの不安が尽きない。というのも、民間事業者は諸資源に恵まれ、ボランティア組織に匹敵する専門性はないにもかかわらず、入札額も抑えて参入するからである。この競合的雰囲気は、ボランティア間の不和を生み出し、協働関係や信頼にダメージを与える恐れがある。

　協働関係を発展させるためにも、一定の教訓を学ばねばならない。保護観察機関は、ボランティア部門を活性化すべきであり、とくに小規模組織が提供するサービスの容量を増大させるためにその活性化が必要である。保護観察機関はまた、組織にインセンティブを与え、地方組織、信仰団体との協働関係を構築して、地域社会の側面が無視されないようにすべきである。さらに、保護観察機関は、ボランティア組織への委託を計画的に行い、そのため手続を急いだり圧力をかけたりすべきではない。ボランティア部門がサービスの設計に関与すれば、サービス使用が現実的になる。入札手続はあまり複雑にせず、締め切りもより合理的にすべきである。原価回収の２重基準は手続の公平性を確保するために削減すべきである。サービスの方法よりも、支出や結果を重視すべきである。契約は両当事者に相互に利益のある長期的なものにして、支払いも前払いにすべきで、その結果、各組織は、財政の停滞を回避でき、目安や予算が立てやすくなるのである。

　これらの報告は、わが国の保護観察活動にも多くの示唆を与えるものと思われる。今後個々のテーマが検討されることが期待される。

Ⅲ　おわりに

　保護観察100年会議で非常に印象的であったのは、会議を手伝う大会組織関係者の多くが'advise, assist and befriend'と大きく書かれたTシャツを着ていたことであった。この文言はいうまでもなく、上記1907年犯罪者保護観察法の条文に明記された保護観察の目的を指す言葉であり、とりもなおさず（犯罪者への）「助言、支援、友愛」を意味している。筆者には、このTシャツが保護観察の原点に立ち返ろうと主張しているかのようにみえた。

　上述のように、イギリス保護観察の方向性は従来のものとは大きく異なっているように思われる。確かに、時代的なニーズ、現代社会の要請には応える必要があり、制度を旧態依然のままに固定すること自体、好ましくはない。しかし、保護観察のエートスは普遍であり、それに手を加えることは保護観察の存在意義を失わせるおそれがある。地域社会で犯罪者を扱うのは誰れ（どの機関）でもよいというわけではないからである。したがって、保護観察の本質を変更するような改革については、大いに公の場で議論すべきであり、反対論にも十分考慮すべきであろう。実際、イギリスでは近年、強力な反対論や異論が噴出し、政府の提案が押し戻された現実がある。現に、ひとたび法令から姿を消した「保護観察（probation）」の名が復活している。このような状況をわが国も他山の石として、その教訓に耳を傾けるべきであろう。

1）　守山　正「イギリス保護観察の変節」更生保護と犯罪予防147号16頁以下（2006年）。この論文は、『イギリス犯罪学研究Ⅰ』第10章に所収。
2）　Morrison Committee Report on the Probation Service Conditions of Service Involving Expenditure, 1962.
3）　NACRO（ナイクロ）は、1966年に前身の釈放受刑者支援協会（the Discharged Prisoners' Aid Societies）を継いで創設された慈善団体で、釈放犯罪者に対するステレオタイプの偏見を排除することを目的としたと言われる。とくに若年者に対する就業支援、住宅供給などの活動が盛んであり、実際にNACRO自体も刑余者を雇用している。他方、人種差別活動にも取り組んでおり、政府からの多大な資金援助を受け刑事司法分野で広範に活動する、イギリスで最大の犯罪者支援組織である（https://www.nacro.org.uk/about-us/nacro-timeline/）。

第11章
地域刑と1991年刑事司法法

I　はじめに

　ヨーロッパは、旧東欧諸国の崩壊後、それによって引き起こされた難民の大量流入・移動や暴力組織の暗躍、さらには経済不況に伴う失業率の上昇といった、種々の政治的社会的経済的変動のうねりの中で現在都市を中心に深刻な犯罪現象に悩まされている。なかでも、EU諸国間で最高の犯罪率を記録したイギリスでは[1]、青少年による財産犯や薬物犯の激増、犯罪の低年齢化、家庭内外での児童虐待や夫婦間での犯罪、これらに伴う刑務所人口の過剰化あるいは刑務所での自殺、暴動や逃走、警察官の非効率な活動、裁判における誤判の続出など、刑事司法制度の屋台骨を揺るがす深刻な事態が続いている。政府は、これらに呼応して種々の改革策を打ち出し、この数年めまぐるしい制度の改編が続いている。

　実際、刑事司法法[2]（The Criminal Justice Act）過去8本の立法のうち1980年代は3本を経験、さらに90年代はすでに2本の立法をみている[3]。なかでも近年実施された1991年刑事司法法（以下では、CJA1991年法と呼ぶ）は、極めて重要な改革を含んでいる。その最大の改革は裁判所の権限に関する部分（量刑）と言われるが、このほか、児童・青少年の扱いに関する部分、刑務所収容者の早期釈放に関する部分、さらには護送業務や刑事施設の民営化に関する部分などがその修正の大要である。しかし、端的に言えば、少年の行為さえもその例外としない、犯罪の重大性を量刑に反映させようとする正義モデル（Just Desert）の法規定への取り込みであって、それは明瞭に社会復帰思想の放棄を意味している[4]。本章は、CJA1991年法の改革のうち、とりわけ社会内処遇に関する部分を抽出し、解説することとする。[5][6]

Ⅱ　CJA1991年法の背景

　1992年10月にその大半が実施されたCJA1991年法の起草者の一人、当時の国務大臣ジョン・パッテン（John Patten）氏によると、この法の狙いは、「刑事司法制度ないし刑罰制度において、地域社会の自信を回復させるものであり」、「数十年先の犯罪者処遇の在り方に影響を与えるもの」であるという[7]。なるほど、この10年、イギリスでは警察や裁判所をはじめとする法執行機関への信頼は大きく後退し、この領域において市民ないし地域社会の活性化を促す方策が次々と公表されてきた[8]。その根本的な病弊は、これらの公的機関の度重なる喧伝にもかかわらず、減るどころか急増した犯罪や非行にあり、市民は自衛策を余儀なくされる一方で、刑事司法の厳格な運用を求めてきた。
　他方、施設内処遇の効果ははかばかしくなく、税を著しく浪費するにとどまり、納税者意識の強い一般市民の批判をかわすために、政府は選挙のたびにその改善を公約の第一に掲げてきた。そのような中、非拘禁的処遇が注目を集めた。もっとも、一部の非拘禁的処遇は、実質的な刑務所人口減らしに利用され、これまでにも財政的な理由から優先的地位が与えられたに過ぎなかった。例えば、1967年刑事司法法で新設された執行猶予（suspended sentence）には何らスーパーヴィジョン（指導監督）は付随しなかったし、1977年刑法（The Criminal Law Act, 1977）の部分的執行猶予（partial suspended sentence）も単なる拘禁刑の代替にすぎなかった。また、1982年若年犯罪者法（The Young Offenders Act）は、21歳未満の者に対して拘禁刑を言い渡す場合に裁判所の権限を制限し、これを受けて地方政府は、中央政府からの1,500万ポンドに及ぶ拠出金を得て集中的な中間処遇（Intermediate Treatment、一般にITと呼ばれる）施設を設置したが、十分な効果を挙げることができなかった。このような流れは、時代的に世界的な施設内処遇への懐疑論とも相まっていっそう施設を用いない非拘禁的処遇へと導いたが、一般公衆の支持を得るために、それに懲罰的意味を染み込ませた地域刑（community sentence）なる用語を生み出し、明らかに施設内処遇と決別してきた。他方、イギリス生まれで名高いコミュニティ・サービス命令（Community Service Order、以下 'CSO' とする）は、1974年の実施以来、

若年犯罪者に対して比較的多用され、現にその対象者数は1981年の800名から1989年の2,000名へと飛躍的な上昇をみた。しかし、立法当初からCSOは、その利用の際に明確な原理的指針を持たなかったといわれ、社会復帰理念の衰退とともに、次第に拘禁刑代替策としての役割を果たす経緯がみられた。

そのような状況を端的に示すかのように、保守党政府は1988年と1990年に相次いで、将来の刑事司法制度のありようを決定する重要な報告書を公刊した。一つが緑書（Punishment, Custody and the Community, 1988）であり、他の一つは白書（Crime, Justice and Protecting the Public, 1990）[9]である。両者は、明瞭に「処遇から処罰へ」、ないしは「処罰が裁判の第一の目的」[10]であることを示し、処罰において軽度の財産刑、中度の地域刑、重度の拘禁刑という一連の段階的な自由の制限を想定した。すなわち、刑は犯罪行為の重大性に基づいて決定されるとするジャスト・デザート（just desert）原理が明瞭に強調されたのである。そして、拘禁にするほど犯罪は重大ではないが、罰金や不起訴では不十分である場合、すなわち、自由刑と財産刑の間に刑としての地域刑を位置づける構成が与えられたわけである。

1991年7月25日、1991年刑事司法法は成立したが、つまるところ、内容的には1973年刑事裁判所権限法（The Powers of Criminal Courts Act, 1973、以下、PCCA73年法とする）を土台に、先述の白書「犯罪、司法及び公衆の保護」の提案を盛り込んだのである。

Ⅲ　CJA1991年法における地域刑の位置づけ

1　地域刑の性格

CJA1991年法には、上述のように社会内処遇に関する決定的な思想の変化がみられる。それは、本法の見出しの用語にも端的に示されている。つまり、従来の「非拘禁的処罰（non-custodial sentence）」と言う呼び名を廃語とし、今回新たに「地域刑（community sentence）」と言う用語を使用して独立的刑罰の地位を与え、実際の条項でも「その他の方法で対処する代わりに（instead of dealing with him in any other way）」（例えば、PCCA1973年法）という従来の従属的地

位（特に拘禁刑の関係で）を示す表現を削除している。要するに、従来処罰思想の中心にあった拘禁刑の利用との関係でその代替として社会内処遇を考えるのではなく、行為の重大性（seriousness of crime）と対象者の適性（suitability）を考慮して独立の刑罰としたのである。その現れは、以下のように、プロベーションが従来のように拘禁刑に付随した処分ではなく、単独の刑罰の一つになったことにも示されている。[11]

CJA1991年法の具体的な内容では、①プロベーションが判決となったこと、②遵守条件を伴うプロベーションが設けられたこと、③CSOに修正が加えられたこと、④プロベーション命令とCSOを組み合わせ結合命令が創設されたこと、⑤外出禁止命令が付加されたことなどである。これらの詳細については、以下で考察する。

2 地域刑の正当化

プロベーション関係の処分が独立の刑罰となったことから、その適用には慎重さが求められる。そこで、CJA1991年法は適用にあたっては次のような正当化事由を要請する。

(1) 犯罪の重大性（6条1項）

犯罪の重大性が地域刑に見合うこと。これは言い換えれば、当該犯罪には無条件ないし条件付の釈放や財産刑といったより軽い処分は正当化できないということである。地域刑の重大性の基準は、基本的には拘禁刑におけるものとほぼ同様である。裁判所が地域刑を決定する際にさらに考慮するのは、犯罪の重大性と並んで当該犯罪が他の犯罪と結びついて行われ、かつ同じ手続で有罪となったか、同じ手続で扱われることを犯罪者が求めた犯罪で、最大で2個の犯罪の結合である。[12]この趣旨は、それぞれの犯罪は本来その犯罪にふさわしいレベルの刑を受けるべきで、きわめて関連性の高い犯罪についてのみ重大性判断の資料としようとするものである。[13]同様に、裁判所が前犯罪に対する前判決の不遵守を考慮してはならないのも、過去の犯罪は既に刑を受けており、その限りで当該犯罪の重大性に対する加重の理由にしてはならないことを示している。[14]

(2) 命令の適正（6条2項(a)）

　犯罪者にもっとも適切な地域刑の命令を下すには情報が必要であり、この情報には、犯罪の重大性判断とは異なり前科や前処分の結果等が含まれる。この適性判断のために、法は裁判所に判決前報告書[15]（Pre-Sentence Reports, PSRと略称される）の獲得を求める。もっとも、通常のプロベーション命令、出頭所出頭については要請されない。このPSRの書式は内務省が決定し、その作成・提出は保護観察官ないし地方政府のソーシャル・ワーカーが担当する。もっとも、PSRがないからといって命令が無効になるものではないが、犯罪者が当該命令につき上訴した場合には必要である。

(3) 自由制限の程度（6条2項(b)）

　当然の帰結として、自由の制限は犯罪の重大性に見合うものでなければならない。もっとも、重大性判断の際とは異なり、裁判所は2個の犯罪のみを考慮するという制約を受けず、当該犯罪者が行った、関連するあらゆる犯罪を対象としてよい。したがって、仮に一つの犯罪それ自体は地域刑を正当化するほど重大でない場合にも、判決の全体性の原理（the principle of the totality of sentencing, 28条2項(b)参照）から、数個の犯罪全体を考慮することが可能になるし、逆に、刑を軽減することも加重することも可能である。

(4) 犯行状況の考慮（7条1項、7条3項）

　犯行状況についての情報としては、加重事情と減軽事情とがある。財産犯における前者の例では、犯行が計画的・技巧的である、雇用者の信頼を裏切るような窃盗を行った、年寄りや障害者という弱者に被害を与えた等が考えられ、減軽事由としては年上の職業犯に挑発された、犯行が衝動的など。また、法では悔悟の情を示している場合、有罪の答弁を行っている場合等が減軽事由とされる（28条1項）。一般的には、これらの事情を示す情報は、裁判所の法廷に提出される。その中で、必ずしもすべての場合に必要ではないが、判決前報告書（PSR）は重要である。これには、犯行計画、組織、陰謀の程度、挑発の有無・程度、犯罪者・被害者の関係、指導的か従属的かという当該犯罪者の役割、犯行知識の獲得方法、被害者の落ち度による犯行の誘発の程度、犯行が犯罪者の人生に占める意味などが記載される[16]。

3　地域刑の類型（6条4項）

CJA1991年法では地域刑は以下の6種が規定されている（下記では、これらを総称してコミュニティ命令と呼ぶ）。

　　a　プロベーション命令（probation order）
　　b　コミュニティ・サービス命令（CSO, community service order）
　　c　結合命令（combination order）
　　d　外出禁止命令（curfew order）
　　e　監督命令（supervision order）
　　f　アテンダンス・センター命令（attendance centre order）

これらのうち、結合命令と外出禁止命令が新設であり、監督命令、出頭所出頭命令は青少年に対するもので、それぞれ18歳以下、21歳以下に適用される。これらを裁判所が言い渡すには、対象者の同意と判決前報告書（PSR）が必要である。

(1) 対象者の同意

これらの地域刑のうち、それを言い渡すのに対象者の同意が必要なのは、プロベーション命令、社会奉仕命令、結合命令、そして外出禁止命令である。外出禁止命令の同意には、電子監視に対する同意が含まれる。監督命令には同意は必要ではないが、これに遵守条件がある場合には同意が必要となる。結合した命令の一部を拒否した場合について法は触れていないが、裁判所は全体を拒否したものと解釈する可能性が高いとされる[17]、他方、対象者がこれらを拒否した場合、裁判所は拘禁刑を科すことが出来る（1条(3)）。もっとも、この場合でも裁判所は拘禁刑を科す義務はないから、他の地域刑を言い渡すこともできる。次に、裁判所が対象者の命令違反を発見したときに、対象者による故意の、また常習的な命令遵守違反は対象者において同意を拒否したものと推定することができる。もちろん、この場合、拘禁刑を科すことが出来る。

(2) 判決前報告書

自由の制限が必要な程度の犯罪の重大性はあるが、拘禁刑に値するほどの重大性がない場合に、初めて裁判所は地域刑のいずれかの命令を言い渡すこ

とができる。それでははたして、そのような正当化はどのように行われるのであろうか。その判断のためには資料が必要となる。これが、判決前報告書（PSR）である。これは従来の社会調査報告書（Social Inquiry Reports, SIR）に代わるもので、裁判所が遵守条件付きプロベーション命令、社会奉仕命令（CSO）、結合命令、遵守条件付き監督命令などの命令の言い渡しを検討する場合には保護観察官から必ず獲得しなければならない。それ以外の場合は任意的である。言うまでもなく、裁判所は量刑実務を健全に行うためには必要的ではない場合も獲得する努力をすべきとされる[18]。

IV　地域刑の内容

1　プロベーション命令（8条1項）

　先述のように、プロベーション命令は裁判所の有罪判決で言い渡されることとなり、従来の「判決に代えて」の文言と異なり刑罰の枠組みの中に取り込まれた。これは、かなり本質的な変更であって、この法的効果として前科が伴うこと、無条件ないし条件付の釈放や罰金よりも重い処分であることが明らかにされたことになる。期間は従来と同じ6か月から3年の範囲であるが、内務大臣の命令によりこれを変更することができる。プロベーションの目的は、当該犯罪者の社会復帰の確保、再犯の防止及び公衆の保護の3点で、社会復帰目的が掲げられたものの、公衆の保護が強調されている点が刑罰としての意義を示している。適用年齢は、16歳以上で、従前の17歳以上から引き下げられた。公衆保護の側面では、例えば当該犯罪者がパブやクラブあるいは商店街など公共の場所に出没して他人に面倒を起こしたり迷惑をかけることを回避する趣旨から、プロベーション命令には、以下のような付加的遵守条件（additional requirements）を随伴する場合が設定されている。

　付加的遵守条件とは、プロベーションの効果をより実効あるものにするための補助的な遵守条件である。

(1)　犯罪者の居住指定（residence）（付則第1第II編1段）

　居住指定について、法はいかなる遵守条件を課すか明確ではなく、ただ遵

守条件を課す場合には犯罪者の家庭状況を考慮することと認可ホステル（approved hostel. わが国の更生保護施設に近い）を利用する場合には居住の期間を定めているに過ぎない。

(2) **観察期間中における一定活動への従事**（activities）（同２段）

観察期間中の活動とは、当該犯罪者が特定場所で特定人の指導を受けること、一定期間一定活動に参加することである。その際、裁判官は保護観察官に犯罪者の状況とそのような遵守条件の実効可能性を打診する。当該条件が他人の協力を必要とする場合は、その者の同意を得る必要がある。期間は60日を越えない範囲で行われるが、性犯罪者に限って延長が可能であるとされ、ここでも社会の安全が強調されている。適当な場所については、地方プロベーション委員会が定めるが、対象者の通学・通勤を妨げないように配慮されねばならないとされる。

(3) **プロベーション・センターへの出頭**(attendance at probation centre)（同３段）

プロベーション・センター（probation centre）は、PCCA1973年法の「デイ・センター（day centre）」の名称を活動や時間帯（夕刻など）の相違から変更したもので、また、この活動を行うためには従来不要であった内務大臣の認可が必要となる。これにより、プロベーション・センターは他の施設（例えば、ホステルなど）と有機的な連携を保つことが可能となった。期間は、60日を越えない範囲であるが、性犯罪者はその例外をなす。この施設の運営のため、前記1990年白書では全国基準が作成された。

(4) **精神状態に対する処遇**（treatment for mental condition）（同５段）

CJA1991年法付則第１第Ⅱ編５段は、PCCA1973年法３条をほぼそのまま引き継ぎ、精神状態に対する処遇の付帯条件を示している。この場合、資格のある医療関係者が裁判所に当該犯罪者の精神状態には処遇が必要であり、またその処遇は効果があることを認めさせるものでなければならないが、病院収容命令や後見命令が正当化されるような場合を意味しない[19]。その点がPCCA1973年法との実質的な違いである。病院収容命令や後見命令が正当化される場合に裁判所はプロベーション命令に精神的処遇の付帯条件を付することができないから、付帯条件はただ、地域社会内で自分自身の世話ができる精神障害犯罪者に関してのみ意味を持つことになる。さらに、この付帯条

件を付する前に、裁判所は実行すべき処遇の設備が存在することを確認しなければならないし、当該犯罪者の精神状態に改善の見込みがあるとの見解を示す資格ある医者によって処遇が行われることが必要である。処遇には次の3種がある。すなわち、ⓐ精神病院における在院患者としての処遇[20]、ⓑプロベーション命令に明記された施設・場所での非在院患者としての処遇、ⓒプロベーション命令に明記された資格ある医者の指示による、ないしはその下での処遇。

処遇を行う医者が命令に明記された場所とは異なる場所で処遇の一部を行う方がより良く便利であるという見解を持つときは、犯罪者の同意を得て担当官は必要な措置を採ることができる。この場合は、犯罪者を裁判所に戻して命令を修正する必要はないが、医者は変更の文書を提出しなければならない。犯罪者が在院患者として処遇される場合には、担当官は「命令の取消ないし修正のために必要な」一定程度の範囲で監督を行うことができる（付則第1第Ⅰ編5段(5)）。

(5) 薬物・アルコール依存者の処遇 (treatment for drug or alcohol dependency) （同6段）

PCCA1973年法にはなかった規定である。内容的には、精神状態に対する処遇とほぼ同様である。すなわち、裁判所が、当該犯罪者が薬物・アルコールに依存的であること、この依存性は犯罪の原因かそれに寄与したこと、この依存性には処遇の効果があること、かつその処遇を行うための設備が存することを認めることが必要である。ただし、精神的処遇の場合と異なるのは、当該処遇では必ずしも資格ある医者による必要がなく、「必要な資格や経験を有する者」（付則第2第Ⅰ編6段(2)）でよい。これは一定領域の薬物・アルコール乱用者を扱う専門的医者が少なく、他方で医療的な資格がなくても十分な経験と専門性を備え有用な助言を行える者が存することに鑑みたものとされる[21]。

2 コミュニティ・サービス命令（10条, CSO）

内容自体はこの制度を創設したPCCA1973年法と同じで格別の変更はない。ただし、近年の違反件数や違反率の高まりから、CJA1991年法は形式的にはPCCA1973年法を3つの点で修正している。第1に、CSO自体、拘禁刑の代替というよりも地域刑の一つとして確立したことである。つまり、1973

年法にいう「その他の方法で処遇する代わりに」(14条1項)を削除した。したがって、裁判所がCSOを言い渡しうるのは、犯罪の重大性の基準から拘禁刑が正当化できない場合のみであり、拘禁刑が正当化しうる場合はもはやCSOを利用することはできない。しかしながら、1973年法14条1項の要件は依然有効なため、実際に適用される犯罪は、拘禁刑を科しうる比較的重大な犯罪に限られる。したがって、裁判所は、犯罪者の同意を得て、本人がそのような命令の下で作業を行うのに適当な人物か否かを判断するが、従来のように保護観察官やソーシャル・ワーカーから報告を受けることは必要的ではなく、場合によって聴取するに過ぎない。

第2に、16歳に対するCSOは、17歳以上の者に対するのと同じ内容となった。CJA1991年法の基本的なスタンスは、16・17歳の年齢層を成人とみなすことにある。これにより、16歳においてもCSOの最大時間数は120時間から240時間へとなった（下限は40時間で従来どおり）。この措置には、裁判官にこの年齢層への適用を増大させる意図が含まれている。というのも、従来裁判所は120時間では短すぎると判断した場合、拘禁刑を選択する傾向にあったが、むしろ時間数を増加させることにより若年者の刑務所拘禁を回避することが可能となったからである。実際、1989年では、CSOの判決を受けた16歳の32％が最大時間数120時間の言渡しを受けており、これは17歳の（240時間言渡し）4％と対照的である。また、1973年法では、16歳対象者は作業環境等を区別されていたが、CJA1991年法ではこの区別も廃止された。

第3に、CSO期間中、対象者は一定の監督者と接触を保つことが要請される。1973年法では、単にCSO開始時に監督者と面会し、その後住所変更などの際に連絡をとるに過ぎなかったが、CSO自体の強化と命令違反による裁判手続を最小限にする目的から改められた。

3　結合命令 (11条)

この制度は、従来よりスコットランドで行われており、イングランド・ウェールズで初めて実施されるものである。文字どおり、プロベーションとCSOの各要素を加味した制度で、前者からは社会復帰、公衆保護、再犯防止の観点、そして後者からは拘禁刑相当の犯罪の要素が結合する。その目的は、

対象者が地域社会で罪を償い、同時に彼らに対して保護観察を行い（彼らが特定の問題を抱えるような場合）、かつ将来の再犯可能性を減じることである。対象は年齢が16歳以上の者で、かつ本人の同意を得る必要がある。期間は12か月以上3年未満であり、上限はプロベーション命令と同じであるが、下限は6か月長く、これはこの期間のうち一定期間をCSOの実施時間として確保するためである（結合命令の場合、CSOは上限100時間、下限40時間となっている）。

4　外出禁止命令（12条）

1988年の前記緑書でその導入が論じられ、1990年の白書では裁判所命令として可能な法制が検討された。外出禁止命令は自動車窃盗、車上狙い、パブでの騒動などの犯罪者に有効とされる。なぜなら、この制度にはそのような犯行の現場から引き離す狙いがあるからである。適用は16歳以上の者で、あらゆる犯罪に適用される。CJA1982年法は、少年犯罪者に夜間外出禁止命令を定めるが、これは監督命令の一条件にすぎず、また実施は夜間に限られるため、現実には年間に10件以下の利用しかなかった。CJA1991年法では夜間の飲酒の際のもめごとはもちろん、昼間のトラブル（たとえば、商店街での浮浪、サッカー場での乱闘）なども回避しようとするものである。保釈中の者には1976年保釈法（The Bail Act, 1976）による保釈条件としての外出禁止措置があるが、この命令も有罪確定者に限られることはいうまでもない。CJA1991年法の適用においてこの命令の決定に当たって裁判所は、犯罪者が自宅にいることで誰がどのような影響を受けるかを考慮すべきであるし、また本人の宗教的信仰の問題、他の命令の遵守条件、雇用や教育の機会などを検討して下すべきであるとされる。場所や期間については比較的柔軟で、例えば、平日は労働のため一時的に施設に宿泊し週末家族のもとに帰るというケースでは、裁判所は平日の夜間外出禁止、週末の外出禁止を時間数でもって決めることも可能である。しかしながら、適用される期間は命令のあった日から6か月、一日2時間（下限）から12時間（上限）の間で実施されなければならない。これを担当する監視機関は内務大臣が指定する者・機関であるが、白書は保護観察機関とは別個の機関を推奨する。

この制度で注目されるのは、これと結合した電子監視（electronic monitoring）

である（第13条）。つまり、外出禁止命令は場合によっては、電子監視装置が利用される。これは言うまでもなくアメリカやカナダで発達した制度であり、イギリスはそれを移入したものである。犯罪者の手首ないし足首にタッグを付着させ、その信号が電話回線によって居所を監視するというもので、イギリスではすでに1989年これに関する政府のプロジェクトが発足し、裁判所の管理の下、警察と協働して民間会社によって釈放中の者に実施されてきた。しかし、プロジェクト実験では、機器の不備などの種々の困難をきわめ、内務省の調査研究でも、「拘禁の代替として利用する際の釈放遵守条件として電子監視を利用することはあまり成功していない。裁判官は、拘禁刑の代替としての電子監視の適用に積極的ではないように思われる」と結論づけている。このような状況にも関わらず、政府はテクノロジーの急速な進歩によってこの種の問題は解決されるとして電子監視制度の維持を図っている。13条の下では、裁判所は無制限な利用が許されているわけではなく、また13条2項に規定されているように、当然ながらこの装置が使用可能な場所しか適用できない。

V コミュニティ命令の執行と命令違反の扱い

1 命令の執行

　CJA1991年法14条は、付則第2を導いて一定のコミュニティ命令の遵守条件違反の処理、命令の修正、命令の取消しを定める。これらには他の刑罰を伴う場合と伴わない場合とがある。また、14条2項は、PCCA1973年法の多くの条項を無効にする。つまり、付則第2がこれに取って変わったもので、PCCA1973年法ではプロベーション命令とCSOに関するものであったが、付則第2は、CJA1991年法で追加された結合命令や外出禁止命令に関する同様の規定をおいたのである。その目的は、コミュニティ命令全体の執行の一貫性を確保するためである。付則第2では、付則が適用されるコミュニティ命令のタイプ、すなわちプロベーション命令、CSO、外出禁止命令および結合命令を列挙し、コミュニティ命令は刑事法院 (Crown Court) で科されることを[22)]

示すが、執行の責任は第一に、治安判事裁判所[23] (Magistrate's Court) とする。

2 命令違反（遵守条件違反）に対する治安判事裁判所の権限

犯罪者が遵守条件違反を行ったことが明らかになったとき、違反が生じた地区の治安判事は、召喚状ないし警告状を発行する。それには、犯罪者が治安判事裁判所に出頭するか連行されるか、いずれかを求める内容が記載される（付則第2第Ⅱ編2(1)(2)）。

合理的な理由のない条件違反を行った犯罪者に対して治安判事裁判所の権限は、すべてのタイプの命令に及ぶ。以前はこれらの扱い方は異なっており、プロベーション命令の条件違反は、命令が取り消されない場合、若年者には罰金、CSO、あるいは出頭所出頭命令が科され、取り消される場合は、元の犯罪に新たな判決が言い渡された。他方、CSOの違反は、命令が取り消されない場合には罰金、取り消された場合には元の犯罪に判決が改めて言い渡された。今回、結合命令と外出禁止命令が新設されたので、これらすべて従来と同様、取り消されない場合には罰金かCSO、取り消される場合は別の刑罰が科されることになった。また、遵守事項違反への刑罰の付加は、命令の続行を妨げるものではない（付則第2第Ⅰ編6(1)）。つまり、裁判所は命令を取り消すことなく別の刑罰を科すことができる。

治安判事裁判所の権限は、治安判事裁判所自らが言い渡した命令に限らず、刑事法院が言い渡した命令に対しても及ぶ。治安判事裁判所の執行権限は、命令が刑事法院で言い渡され、治安判事裁判所で罰金、CSOあるいは（犯罪者が21歳未満でプロベーション命令違反の場合に適用される）出頭所出頭が科される場合にみられる。しかしながら、もともと刑事法院が命令したコミュニティ命令を取り消すことは出来ない。付則第2第Ⅱ編3(1)(d)の命令取消しの権限は、コミュニティ命令が治安判事裁判所で言い渡された場合に限る趣旨である。取消しは、治安判事裁判所から送致された事件を扱う刑事法院によってのみ効力が与えられる。治安判事裁判所はまた、自ら条件違反事件を扱うことなく、刑事法院にその事件を送致することができる。その際、治安判事裁判所は当該犯罪者がどのように条件違反を行ったかを示す証明書をその他の望ましい資料とともに提出することを要請される。例えば、犯罪者の監督担

当官からの報告書などがこれに当たり、これらは刑事法院における調査の労力を節減したり、簡略にするためである。

3　治安判事裁判所で科される処分

　治安判事裁判所が条件違反に対して科す罰金（fine）の上限は1,000ポンドで、執行目的の罪に対して支払われた金額あるいは略式起訴犯罪の罪に科された罰金とみなされる（同6段(2)）。条件違反はそれ自体犯罪ではないので、この条項が必要とされた。この罰金は単位罰金（unit fine）制の対象ともなる[24]。条件違反が本法施行以前であれば、最高は400ポンドとなる。

　条件違反に対して科される社会奉仕（CSO）の上限は、60時間である（付則第2第Ⅱ編6(3)(a)）。CSO違反に科される社会奉仕は、総計で単独の上限である240時間を越えることはできない。これは、PCCA1973年法の内容と変わらない。結合命令違反に対する追加の社会奉仕は、結合命令自体に伴う100時間を越えてはならない。コミュニティ命令の条件違反に罰として科されたCSOの違反の場合でも、裁判所は判決としてのCSOに対するのと同様の権限を有する。

　これに対して、コミュニティ命令の取消しは、元の犯罪に対して別の刑を適用する治安判事裁判所が取り消す場合、新しい刑を科していればどれ程元の命令が遵守されていたかを説明しなければならない（同3段(2)(a)）。これは犯罪者に違反を犯す前に信頼を与えて命令を遵守するように促進するためであるが、逆に犯罪者が故意もしくは常習的に条件違反を継続していた場合は、判決の最初の段階で地域刑に同意しなかったものとみなして新たな刑（拘禁刑）が言い渡される。というのも、CJA1991年法1条3項によると、犯罪者が地域刑への同意を拒んだ時には、裁判所が拘禁刑を言い渡すことを妨げないからである。この趣旨は、コミュニティ命令の条件を遵守する意志はないが、拘禁刑を回避するためにコミュニティ命令に同意する者は、（より真面目に）最初から命令に同意しない者よりも望ましくないという立場をとるものである。このようにして、コミュニティ命令が取り消され新たな刑が元の犯罪に科されると、犯罪者は、この新たな刑の賦課に対して刑事法院に上訴する権利を有する（同3段(5)）。

4　刑事法院の権限

　刑事法院自ら言い渡した事件、およびその違反につき治安判事裁判所が送致した事件を扱う。その際には治安判事裁判所が提出した証明書その他の資料に基づき命令条件違反の有無を判断するが、この決定は裁判所の事項であって陪審は判断出来ない（付則第2第Ⅱ編4(3)）。条件違反を認めた際の手続は治安判事裁判所と同様であるが、ただ罰金の決定は単位罰金制を採用しない点に違いがある（従属するのは治安判事裁判所が言い渡す場合のみである）。

Ⅵ　コミュニティ命令の修正

1　コミュニティ命令の修正

　付則第2第Ⅳ編は、特別な事情による修正を規定し、PCCA1973年法における該当部分を削除する。命令修正の種類には、大別して①住居の変更に基づく修正、②プロベーションないしは外出禁止命令の修正、③CSOの修正、④精神的処遇ないし薬物アルコール依存に対する遵守条件を伴うプロベーション命令の修正がある。修正の申請は本人ないしその担当官が行う。その取り扱いは、取消しに関する手続と全く同様である。さらに、申請が担当官によってなされた場合に犯罪者が修正された遵守条件に同意しないときは、命令は修正できない。この条項は、当該命令の遵守条件の削除、遵守条件期間の短縮、治安判事裁判所地区の変更、当該命令に指定された場所の変更には適用されない。なお、修正がなされた後の手続も取消しの場合と同様である。修正に新たな場所や地区が含まれる場合は、命令修正の写しをその他の関連する資料とともに新たな治安判事裁判所地区の事務官に送付しなければならない。

2　命令修正の種類

(1)　住居の変更に基づく修正

　これは言うまでもなく犯罪者の住居の変更に伴うもので、かつ当該命令に

指定された治安判事裁判所がそれを承認した場合である。犯罪者の担当官が申請した場合には、それを承認し、命令を修正しなければならない。その結果、犯罪者の取扱管轄が変更になり、新たな治安判事裁判所に移る。しかし、新たな地区ではプロベーションや外出禁止の遵守条件が遵守しえない場合は、遵守条件が削除ないし変更されない限り命令は修正されない。このような例は、プロベーション命令に指定の居住条件が付され、かつ新地区に該当する居住施設が存在しない場合に発生する。同様に、新地区で適当な社会奉仕活動ができる設備がない場合にもCSOは変更できない。

(2) **プロベーションないしは外出禁止命令の修正**

一定の制約の下、裁判所はプロベーション命令及び外出禁止命令の遵守条件すべてを削除し、かつ当該命令を実行するための新たな遵守条件を当該命令に挿入する権限を有する。この場合の一定の制約の例としては、プロベーション期間の短縮や命令言渡しの日から3年を越える延長、精神的状態ないし薬物アルコール依存に対する遵守条件を命令の日から3か月後の追加、外出禁止期間の命令の日から6か月を越える延長などができないことが挙げられる。

(3) **CSOの修正**

裁判所は、新たな事情に鑑み、正義にかなう場合には、CSOの執行期間を最大12か月延期することができる。例えば、犯罪者が命令が言い渡された後、職を得て1年以内に命令を成就するのに十分な時間を有しない場合には上記の期間延期しうる。

(4) **精神的処遇ないし薬物アルコール依存に対する遵守条件を伴うプロベーション命令の修正**

犯罪者の処遇を指導している精神的処遇の実施者その他の者が、何らかの理由でその処遇の続行を望まない場合に、プロベーション命令の内容を修正する。その際、実施者その他の者は、その影響につき文書で犯罪者の担当官に報告し、担当官は執行責任を有する治安判事裁判所に命令が修正されるべき付帯条件を求める。それに続いて、精神的処遇の実施者その他の者が、処遇は一定期間を越えて継続すべきである、処遇は別種のものに変更すべきである、犯罪者は処遇に懐疑的ではない、犯罪者はさらに処遇を必要としない、などの見解を持つ場合には、文書で治安判事裁判所に修正を求める手続ない

し申請を行わねばならない。

Ⅶ　おわりに

　上記のように、イギリスの1991年刑事司法法（CJA1991年法）は明瞭に社会内処遇を拘禁の「代替策」から「処罰」へと位置づけるなど、かなり思い切った改革を断行しているが、それではこれについてどのような評価をなすべきであろうか。

　現在、1991年法が実施されてすでに1年以上が経過した。1991年、1992年の適用数の動向を順にみると、プロベーション命令は4万1,369名、4万7,476名と増加傾向にあり、CSOは1991年に4万3,432名で増加したものの1992年には3万3,404名に減少した。また、再犯率については、プロベーション命令（付帯条件付きを含む）の52％、CSOの54％が2年以内に再犯に陥っており、特に以前に拘禁刑を受け、その後コミュニティ命令を言渡された者の再犯率が著しいという[25]。

　1992年保守党は総選挙に勝利して以来、従前からの刑罰強化路線をさらに推進しつつあるように思われる。すでに、激増する犯罪に厳しい世論やマスコミにも助けられて、刑務所民営化、状況的犯罪予防策の推進、少年犯罪への厳格な対応などの施策を着実に進めるなか、本章のテーマである地域刑においても、これらの要素が不可分に混入しているように見える。例えば、法は一方で犯罪の前科・前歴を犯罪の重大性の判断に考慮しないと言いつつ、それらの資料は命令の適性を決定する際には利用され、最後には「判決の全体性の原理」が持ち出される。そもそも「犯罪の重大性」と「命令の犯罪者への適性」自体が矛盾する部分を多く含む。さらに、判決前報告書も理念的には好ましいとしてもその作成の程度や利用方法は難しく、実際裁判所への提出が遅れがちで、支障を来しているという。

　このようにみてくると、正義モデルが徹底していない側面と社会復帰モデルが捨象されていない側面とが複雑に絡み合って、制度自体が中途半端な状況に陥っているようにも見える。過剰拘禁に加えて、そもそもイギリス社会の抱える階級社会、人種社会、さらには近年の経済不況による失業率の増大

第11章　地域刑と1991年刑事司法法　*243*

が土台から刑事司法制度を揺るがし続けているようにも思われてならない。

1) イギリス・インデペンデント紙1992年3月25日付。インターポールの調査によると、1990年の旧EC諸国における報告犯罪件数ではイギリスがトップで、イングランドとウェールズでは454万件とこの10年で67％上昇し、他の主要な工業国よりもはるかに高い数字を示している。ちなみに、統一前ではあるがドイツは17％、フランスは28％の上昇に止まっている。なお、イギリスでは1991年でも犯罪数は引き続き上昇し前年比16％増で、530万件を越えている。内容的には、財産犯の中でも侵入盗が中心であるが、粗暴犯ではないからといって「犯罪の不安感（fear of crime）」が必ずしも高くないとはいえず、むしろ近年、住民の不安感は極度に高まっている。

2) The Criminal Justice Actの訳語について、従来「刑事裁判法」が使用された例があるが、内容的にみて「刑事裁判」の範囲を超え、「刑事司法」全体を包摂し、実際近年には「刑事司法法」と訳す者が増えつつあり（例えば、芝原邦爾「麻薬資金の没収と資金浄化の処罰」法律時報62巻11号72頁、加藤久雄「組織犯罪の研究」成文堂1992年）、また妥当である。本稿も後者の例に従う。

3) 1993年法も同年7月27日に成立しているが、これは主として、薬物取引犯罪、犯罪による収益（特にマネー・ローンダリング）、テロ犯罪、インサイダー取引に関する改正である。マネーローンダリング規定については、拙稿「イギリスにおけるマネーローンダリング対策」刑法雑誌33巻4号（1994）参照。さらには、1994年刑事司法および公共の秩序法案（The Criminal Justice and Public Order Bill of 1994）が準備されている。

4) 「完全に消えたと言えないまでも、刑務所が犯罪者の再犯を改善し、社会復帰させ、減じる能力に対する信頼は消え失せた。アックナー卿（Lord Ackner）も、『25年前なら犯罪学者の反対にあっただろうが、今や皆もそうだと思うが、刑務所が改善的補助の機能を果たすことは滅多にないことを認めよう』と述べている。」（Roger Leng & Colin Manchester, A Guide to the Criminal Justice Act 1991, p. 2.）なお、明瞭に社会復帰思想が欧米で衰退したとするのは、Irvin Waller, Current Trends in European Crime Prevention: Implications for Canada, 1989, p.20.

5) 本法を簡単に紹介するものとして、全体につき柳本正春「イギリス刑事裁判法（1991）」亜細亜法学27巻2号27頁以下、少年につき村井敏邦「Ⅲイギリス」澤登俊雄編著『世界諸国の少年法』（成文堂、1993）123〜132頁がある。

6) 本稿は、基本的に以下の文献の説明に依った。
R.Leng & C.Manchester, op. cit., Martin Wasik & Richard Taylor, Blackstone's Guide to the Criminal Justice Act 1991, 1991, Bryan Gibson et al, Criminal Justice in Transition, 1994.

7) 1991年7月25日内務省記者会見による。なお、CJA 91 News (Home Office), 1 Jan, 1992. 参照。

8) 1980年代に発展した近隣監視運動（Neighbourhood Watch Movement）、地域防犯

244　第Ⅲ部　犯罪者の処遇

(Community Policing) 等はその典型であろう。
9) この紹介としては、木村裕三「犯罪、司法、そして公共の保護(1)——立法のための政府の提案」名城法学42巻3号がある。もっとも、"public" の訳語としては、近年のイギリス議論の状況からして、「公共」よりも「公衆」の方がより適切であるように思われる。
10) R. Leng & C. Manchester, op. cit., p.3.
11) これに伴って、PCCA1973年法における無条件ないし条件付き釈放の処分の地位も変更された。つまり、従来の「プロベーション命令が適切でない」という文言を裁判所は認める必要がなくなったことである。
12) しかしながら、CJA1993年法では、早くもこの点に修正が加えられ、重大性の判断に「当該犯罪及びその犯罪と関連するもう一つの別の犯罪との結合」という文言が「当該犯罪及びその犯罪と関連する一つ以上の犯罪との結合」に変更され（66条4項）、実質的に犯罪の個数の限定は無くなった。
13) R. Leng & C. Manchester, op. cit., p.55.
14) Home Office, Crime, Justice and Protecting the Public, 1990, pp.218-219.
15) 以前に、CSOと犯罪者の居住に関する付帯条件のあるプロベーション命令に社会調査報告書（Social Inquiry Reports, SIR）の獲得が義務づけられていたが、PSRはこれに代わるものである。
16) Neil Stone, Proportionality and Pre-Sentence Reports, Justice of Peace vol.155, 1991, pp.439-440.
17) M. Wasik & R. Taylor, op. cit., p.44.
18) ibid., p.47.
19) これらの命令は、1983年精神保健法（The Mental Health Act 1983）54条2項・3項に従って行われなければならない。
20) ここで言う「精神病院（mental hospital）」とは、1983年精神保健法に定める病院ないし1984年登録療養施設法（The Registered Homes Act 1984）に定める精神看護施設で、1977年国民健康事業法（The National Health Service Act 1977）に定める特別病院を含まない。
21) R. Leng & C. Manchester, op. cit., p.71.
22) いわゆる第一審刑事裁判所で、強いて言えばわが国の地方裁判所に該当する。第一に正式起訴犯罪を扱うが、略式起訴事件についても上訴審を扱う。イングランドとウェールズに約100ケ所の法廷を持つ。
23) （通常、地域の名望家である）民間人の治安判事（Justice of the Peace）で構成される裁判所で、一般に略式起訴犯罪を扱うが、少年事件や家事事件等も扱い、事件の種類、訴訟の額など管轄が制限されている。強いて言えば、わが国の簡易裁判所に匹敵する。
24) 北欧諸国で実施されている日数罰金制を模してCJA1991年法で導入された、被告人の週給を基礎に罰金額を決定するユニット・ファイン制は、CJA1993年法で廃止された。
25) NACRO Criminal Justice Digest, October 1993, p.22.

〈追記〉
　地域刑は、その後2000年刑事司法・裁判所業務法（Criminal Justice and Court Services Act 2000）により地域でばらつきのあった保護観察業務を一本化するために国家保護観察庁が設立され、さらに次のような地域刑制度にまとめられた。
　①**地域社会復帰命令（community rehabilitation order）**
　イギリスの伝統として、もともと20世紀初頭に導入されたプロベーション命令として知られた制度である。創設以来1960年代まで漸次多用されてきたが、1960年代半ばから、拘禁刑猶予制度やコミュニティ・サービス命令制度が成立したこともあり、次第に使用が減少し、1978年には正式起訴犯罪を行った21歳以上の者でプロベーションを受けた者はわずか5％と衰退した。逆に、1991年法直前には多用するほどの回復をみせた。本文のとおり、プロベーション命令は1991年法で地域刑（community sentence）として刑罰となったが、それ以前、刑罰の代替手段にとどまっていた。そして、2000年法でプロベーション命令は「地域社会復帰命令」という名称に変更されたのである。
　②**地域処罰命令（community punishment order）**
　1972年刑事司法法でコミュニティ・サービス命令が導入されたが、1970年代半ばまで全国で実施されるには至らなかった。その後、若年者の軽微な犯罪に適用されるようになって急速に確立された制度として定着した。実際、ピーク時には若年成人犯罪者の6人に1人が適用されるまでに至った。この制度も2000年法で「地域処罰命令」に名称変更が行われている。
　③**地域処罰・社会復帰命令（community punishment and rehabilitation order）**
　上記①と②の内容を含む命令である。さらに、2003年刑事司法法では、これらが一本化され地域刑は地域命令のみとなった。
　④**地域命令（community order）**
　現在、地域刑は単一の命令としてまとめられている。すなわち、地域社会復帰命令、地域処罰命令、さらには以前の種々の地域刑が統合され、地域命令制度が誕生した。地域命令が科されるのは18歳以上の者であり、裁判官が選択した種々の遵守条件が付随する。命令の執行期間は数時間から最大で3年間の幅がある。なお、拘禁猶予命令（suspended sentence order, SSO）にも猶予期間中、同様の遵守条件が付随する。
　遵守条件には次のような内容がある（2003年刑事司法法199条以下）。
・無給作業（unpaid work, community payback）：40～300時間。
・指導監督（supervision）：定期的に保護観察官などと面会する義務。最大で36ヶ月。猶予命令では24ヶ月。
・公認プログラム（accredited programme）：期間は受講すべきセッション数で示される。
・薬物社会復帰（drug rehabilitation）：6～36ヶ月。猶予命令では最大24ヶ月。本人の同意が必要。
・アルコール治療（alcohol treatment）：6～36ヶ月。猶予命令では最大24ヶ月。本人

の同意が必要。
- 精神衛生治療（mental health treatment）：最大で36ヶ月。猶予命令では最大24ヶ月。本人の同意が必要。
- 居住指定（residence）：裁判所が指定した場所に居住する義務。最大で36ヶ月。猶予命令では最大24ヶ月。
- 指定活動（specified activity）：社会復帰のスキルを磨いたり、被害者と面会する活動など。最大60日。
- 活動禁止（prohibited activity）：例としては、サッカー場での観戦、インターネットの使用などが禁止される。最大36ヶ月。猶予命令では最大24ヶ月。
- 特定地域立ち入り禁止（exclusion）：例として、犯罪を行った場所への立ち入りなどを禁止する。最大で24ヶ月。
- 夜間外出禁止（curfew）：最大で6ヶ月、1日のうち2時間から12時間。特定日のみの言渡しも可能。プロベーションは行われないが、電子監視タグを装着することがある。
- アテンダンス・センター（attendance centre）：25歳未満に適用。出頭センターに出頭する義務。出頭1回ごとに最大で3時間で計12時間〜36時間。

　内務省の地方保護観察部門HPによると、これらの遵守条件は重大な犯罪ではない場合は通常1個、より重大な犯罪か再犯の場合には3個以上の遵守条件が付随する可能性があると示唆している。ただ、内務省のガイダンスでは保護観察に遵守条件の過度の利用は避けるように指示し、通常のケースでは1個から3個程度としている。

第12章
更生保護と社会的犯罪予防

I　はじめに

　来年更生保護は、戦後の新制度から数えて50周年を迎えるという。しかし、きわめて遺憾ながら、更生保護の犯罪者処遇における重要性が、一般社会はもちろん、専門家の間にも十分認識されてきたかというと、そうとはいえない部分がある。正直なところ、しばしば更生保護は矯正の付属物であるかのような扱いを受けてきた感があるからである。とくに、施設内処遇に関心が集まっていた時代は、施設における処遇の成功こそ再犯防止の要であるという認識が支配し、その後に続く保護観察や更生緊急保護はいわばその尻拭いという地位にとどめられていたように思われる。ましてや、有権性の伴わない任意保護などは、伝統と歴史を有するわが国ではきわめて重要な社会復帰の手段であったにもかかわらず、議論の埒外におかれてきたというのが実状であろう。

　その理由として、第1に、施設内処遇には「刑務所」という、いわば分かりやすい「器」があるのに対して、保護にはそれに該当するものがなく、地域社会の片隅で人知れず静かに行われるにすぎない。保護観察所は、たんに役所の事務所があるだけで、われわれは保護司が対象者に接触する場面をほとんど垣間見ることができないという違いがある。第2に、保護は犯罪者処遇の最終段階であり、警察の逮捕・取調べ以降、種々の経緯、要素が全て流れ込み、他とは切り離した保護における処遇の独自色を十分発揮しにくいうらみがある。実のところ、昨年神戸で発生した小学生殺害事件の犯人少年の扱いをめぐり、もっぱら少年院の措置だけが議論され、その後に行われるはずの保護観察の議論はすっかり抜け落ちて、矯正関係者の意見だけが注目され、専門家でさえ当該事件における保護観察の重要性を論じるものは見受

けられなかった。これは、更生保護のレゾン・デートルを疑わせる、きわめて象徴的な事件であったと思われる。

この機にいまいちど、「更生保護」とは何か、とくに矯正の付属物ではないという観点から、その独自性を確認する作業が必要であると思われる。更生保護は、主として処遇者と対象者との間の人間的な接触を中核とした犯罪者処遇の一場面である。矯正も、少なくともわが国ではその本質において変わりはないが、しかし、「施設」という器を抱え、この物理的装置が処遇者と対象者の間に介在するがゆえに、両者の人間的接触はその変形を余儀なくされているように思われる。他方、保護も指導・監督という権力的側面が現に存在し、対象者の行動を監視する機能があるが、あきらかに物理的な装置を介する人間的接触と地域社会における接触はその本質において異なっていると言うべきである。

本章は上記の観点を出発点に、他の分野で近年議論の盛んな犯罪予防論を参考にして、「更生保護」の存在意義を確認してみたいと思う。

II　犯罪予防をめぐる議論

犯罪者処遇における人間的接触の議論はひとまずおいて、最近欧米の議論の中に目立ち始めた犯罪予防論、特に環境犯罪学で提起された技法である状況的犯罪予防の議論の経緯を概観してみよう。これが更生保護のあり方に関する議論とどのようにかみ合うかは後に種明かしをするとして、とりあえず、ここでは状況的犯罪予防とそれに対峙する社会的犯罪予防の基盤にある考え方の相違を復習してみよう。

1　環境犯罪学における犯罪予防

今年はじめ、わが国では中学生男子が担当の英語女性教師をナイフで刺殺した事件が発生し、少年犯罪の深刻さが指摘されている。その後の調査によると、少年の5人に1人が学校にナイフを持って来た経験があるという。この数字には、自己報告調査にしばしばみられるような、少年期特有の「見栄」が存すると思われるから、そのまま鵜呑みにはできないものの、ナイフ携行

が少年行動に決して例外的ではないことを示しているといえよう。

　ナイフを携行する度合いが増えれば、それに伴い、統計上これを用いた犯罪も増えることが当然予想される。けだし、少年たちはナイフ携行を護身用と答えているが、実際には無防備な者に対する攻撃に使用されているからである。そこで、その種の犯罪を防止するのにどのような対応を取るべきかが問題となる。現に、そのような議論が起こっており、教職員関係者の間では活発な議論がなされている。その代表例は、生徒の所持品検査を行うか否かの議論であろう。所持品検査を行い、ナイフ等の凶器を発見して本人から取り上げれば、それによって、そのナイフを使った将来の犯罪は確実に未然に防止されよう。また、所持品検査と凶器没収を行うという警告自体が暗に生徒たちに凶器の携帯を控えさせるから、やはり将来の犯罪防止に貢献する。しかし、当該生徒が別にナイフを手に入れたり、所持品検査が行われるおそれのあるときに携行しなければ、結局は犯罪の防止は困難となる。そこで、そもそも少年がナイフを購入できないように刃物店などの関係業界に販売自粛を働きかける方法がある。これらの措置は今回の事件後速やかに議論されており、この種の犯罪対策としてはきわめて常識的な措置で、目新しさはない。しかし、その常識の実践がまさに重要なのである。

　上記のような所持品検査や刃物販売の自粛は、環境犯罪学が得意とする手法である。けだし、環境犯罪学は犯罪の未然防止を目的に、物理的環境を変えて犯罪自体が行えないようにする手法だからである。空港で行われている金属探知機による所持品検査は、まさに環境犯罪学の応用であり、現にハイジャック防止には絶大な威力を発揮している。X線で危険物を発見できることと乗客に危険物の機内持ち込みを諦めさせる働きが相乗することによって将来の犯罪が未然に防止される。したがって、正確にいえば、犯罪環境という物理的な面ばかりでなく、潜在的な犯罪者の心理面にも環境犯罪学の効果は及ぶのである。

　しかし、この場面で一度確認する必要があると思うが、確かにハイジャック防止の確度は数段高まるが、乗客側からいうと、このような措置の煩わしさ（時間がかかるとか）、あるいは身体を探られる不快感を忍ばねばならない不都合がある。実は、状況的犯罪予防の最大の欠陥の一つが、まさにこの利便

性の欠如なのである。この点をここでは銘記しておこう。また、中学生に対し校内で行われる所持品検査の例を思い浮かべれば分かりやすいが、当然そのような危険物を持たない者は不満を持つ。自分は先生に信頼されていないと。つまり、状況的犯罪予防の手段は、対象者の特性、この場合には個々人の品行の善し悪しを識別しない点に特徴がある。

　その理由は、環境犯罪学のそもそもの理論的基礎にかかわる。すなわち、環境犯罪学の主流は、論理的に、合理的選択理論（rational choice theory）を前提とする。[1]合理的選択理論とは、簡単にいうと「人は損得の計算をして行動する」ということである。ここで、「人」は人一般であって、特定個人を問題としない。端的にいえば、われわれを含めた人一般は、ある環境が与えられると「犯罪を行う」潜在的な可能性があるというのである。当然ながら、このような議論は法遵守的な人々には評判が悪い。なぜなら、そのような人たちは犯罪を行うこととは無縁と考えており、犯罪を行う者は特定の悪辣な人たちと信じているからである。まさに、環境犯罪学は性悪説にたつのである。

　このような議論が生じたのは、当然ながらその社会的時代的な背景がある。つまり、1970年代以降のアメリカの犯罪状況に鑑みると、その答えが浮かび上がってくる。というのも、アメリカではその頃から犯罪の激増傾向をたどってきたが、これに対して学問的実務的にそれを止める有効策を見いだすことができなかった。犯罪原因論も、そしてまた犯罪者処遇論も然りであった。そこで、犯罪を止める方策として犯罪の実行自体を困難にするやり方が注目されるようになる。これがまさに、環境犯罪学であり、状況的犯罪予防であった。これらの考え方は犯罪を実際に行った個別の人々には関心を示さず、いわば犯行の入り口部分で犯罪を止めることに関心を示し、人々に対する潜在的な犯罪機会をどのように減殺するかに腐心するのである。

2　状況的犯罪予防と社会的犯罪予防

　少年のナイフ使用犯罪を減らす方策は、所持品検査やナイフ販売自粛に尽きるのであろうか。当然ながら、そうではない。ナイフを持つことがかえって危険で好ましくないことを幼い頃から教育して、そもそも日常的な場面でナイフを持たないように躾ける方法がある。この手法は、社会的犯罪予防と

よばれる。このようなやり方は、家庭や学校教育などでみられる普遍的な手法であり、いわゆる子どもの社会化として論じられる領域である。

　上記のように、一般社会、現実には地域社会内において、犯罪予防のあり方は、大別して状況的犯罪予防と社会的犯罪予防に分けることができる[2]。すなわち、状況的犯罪予防とは、すぐれて一般的な犯罪形態に向けられた手段であり、この手段には、これらの犯罪が発生した直接的な物に対する管理、設計、操作を含む。それも、できるだけ体系的に恒久的な方法で講じられ、これらの犯罪機会を減じることを目指す[3]。これに対して、社会的犯罪予防とは、社会関係ないしは社会化における、人のより一般的な変化・改善に着目する予防策で、地域社会の活動、あるいは学校の社会的雰囲気の変革を通じてその意図された犯罪予防効果を目指す。しばしば、ケンブリッジ大学のアントニー・ボトムズ教授はその相違を戯画的に分かりやすく説明するため、次のような家庭内の例を引く。つまり、両親が子どもから現金やチョコレートを盗まれるのを防ぐため、引き出しに入れて鍵をかけるのが状況的犯罪予防、そうではなく、出来るだけ早いうちから自分の子どもを躾け、その結果、引き出しに鍵をかけなくとも子どもが現金やチョコレートを盗まないようにするのが社会的犯罪予防であるという。

　状況的犯罪予防手段としては、一般に次の手法が指摘されている[4]。
　① 対象物の堅固化（target hardening）
　② 対象物の除去（target removal）
　③ 意図的ないし自然な監視（intent or natural surveillance）
　④ 環境の管理（environmental management）
　⑤ 犯罪利益の減殺（reduction of crime-profit）、など

たとえば、自動車窃盗防止のためのステアリング・コラム・ロックシステム（ハンドルの固定）はターゲット・ハードニング、銀行強盗防止のための防犯カメラの設置は意図的な監視、フットボール場の敵対するフーリガンの分離は環境の管理の例であり、その他、例は枚挙にいとまがない。欧米でこの手法が1980年代から急速に普及した背景には、当然ながら、種々の街頭犯罪が急増した事情がある。

　ところが、社会的犯罪予防はこのような状況的犯罪予防に比し具体的な例

とイメージを結びにくい。その理由として、第1に、物理的設備という状況的犯罪予防手段の可視性に比べ、社会的犯罪予防は、子どもの社会化にみられるように、日常的に雑多な要素を含み、しかも不可視的な部分が多く、言及しにくいこと、第2に、同じく子どもの社会化のあり方は犯罪・非行だけの領域に限定されず教育一般の他の領域を巻き込み、したがって犯罪・非行の部分を抽出した社会的犯罪予防論の集中的な議論が困難なこと、第3に、短期的な効果が期待できる状況的手段と異なり、社会的手段は心の問題であるが故に、効果の即効性は期待できず長期的な観点が必要なこと、などを指摘することができよう。

　社会的犯罪予防の核心は人と人の間の相互作用、つまり人間的な干渉を行って、対象者の行動変容を求めることであるから、基本的には犯罪者処遇における社会復帰モデルと相通じるものがある。諸外国で行われた社会的犯罪予防の例としては、学校内安全プロジェクト、若年労働者プログラム、問題児童プロジェクトなどがあり、要するに家庭、学校、職場などのいわゆる一次的社会化機関による予防活動といえる。したがって、とくに犯罪・非行予防活動と銘打たなくとも、たとえば地域の子どもたちにスポーツを指導するような活動も終局的には社会的犯罪予防活動といえるので、その範疇は広く、種々雑多な領域を含む。まさに、この点が犯罪予防の領域で論じにくい点なのである。

III　犯罪者処遇における状況的犯罪予防と社会的犯罪予防

1　長期刑施設に関するボトムズらの研究

　先のボトムズ教授には、さらに興味深い研究がある。すなわち、社会的犯罪予防の応用としての犯罪者処遇の手法である。

　ボトムズ教授は、他の研究者とともに、二つの長期収容刑務所において状況的犯罪予防的手法と社会的犯罪予防的手法とを用い、その後の施設内における暴動の発生頻度の比較研究を行っている。二つの刑務所とは、一つがイギリスのワイト島にあるオーバニー（Albany）刑務所（収容者約350名）、もう一

つが南西部に位置するロング・ラーティン（Long Lartin）刑務所（収容者約400名）である。これらの施設は男子収容のいわゆる最重警備刑務所の一つであり、当地ではいずれも悪名高い施設である。両者は、もともと軽警備収容者を対象に1960年代に建設された施設で、その後重警備施設に変更されるなど設立自体似たような経緯を有する。ところが、その後の歴史の中で両者はその性格を大きく変えていく。すなわち、ロング・ラーティンは初代以降の所長の自由な精神もあって、暴動もなく、また、さしたる管理問題を抱えてこなかったが、それに対して、一方のオーバニーは、過去３回大きな暴動を経験し、とくに1985年の暴動以後、相当厳しい監視体制を強めてきた。収容者の移動の自由、つまり居室外で過ごす時間を大幅に制限して、暴動防止を図ったのである[7]。

　上述のように、状況的ないし社会的な犯罪予防は、地域社会における防犯を問題とする議論であるから、そのまま刑務所の暴動防止に用いられる議論ではないが、それをこの問題に応用したところにボトムズ教授らの独創性がある。いわば暴動とは無縁でリベラルな管理を享受するロング・ラーティン刑務所と、リベラルな管理はかえって職員ばかりでなく収容者にも危険性をもたらすと考えるオーバニー刑務所の対比はきわめて興味深い。すなわち、約30年前に同じ軽警備刑務所として出発し、かつ現在同じ最重警備刑務所に位置づけられながら、なぜ一方は暴動を経験し施設管理を強化し続け、なぜ他方は暴動を経験することなく自由な雰囲気を維持することに成功したのか。前述したように、両者はその体裁においてさほどの違いがあるわけではない。ナイフなどの凶器の管理は通常からきわめて厳しく、また制服職員と収容者との良好な関係を目指すという点では全く同じ方針に基づく。しかしながら、こと施設管理の発想自体は全く異なる。それぞれの施設における秩序維持の状況的、社会的な側面の強調の度合いはおよそ異なっていたのである。それでは、その違いの根源は奈辺にあるのだろうか。そこがまさに、ボトムズ教授らのもっぱらの関心事だったのである。

　調査の結果はどうであったろうか。暴動が頻発したオーバニー施設の上級職員は、この調査を行った者に対して次のように語っている[8]。

　「刑事施設でのんびりとした管理をすれば、われわれは施設の中で実際に

何が起こっているのか目を皿にして見ていなければならない。長期刑受刑者を収容する施設で、刑務所がそのような運営をできるなどとはとうてい信じられない。厳しい管理をするからこそ収容者の安全を保つことができるのである。そのようなリラックスした管理ができるのであればすごい魔術だとは思うが、そのようなことができるとは信じられない」

ボトムズらは、次の4点を指摘する。

第1に、現代の長期収容刑務所運営において、社会的予防手段は不可欠である。その際、刑務所の日常的活動、囚人に供給されるサービス・レベル、不服申立手続などの正当化の問題が生じうる。

第2に、刑務所の設置状況において、社会的予防はそれなりのコスト、つまり暴動などの機会を増大させる。したがって、将来の混乱を予想して機会を減殺する状況的手段にも注目しなければならない。

第3に、状況的手段には抵抗が生じることを予想しておく必要がある。

第4に、犯罪機会を減殺する状況的手段を用いる場合、身体的な統制手段よりも非身体的な統制手段を用いる方に利点がある。たとえば、居室内時間の延長は正統性を侵害する可能性が高い。

しかしながら、ボトムズらも認めるように[9]、それぞれの刑務所にはそれ固有の特性、伝統、歴史、収容人口規模、建築構造があり、刑務所の状況ごとに、社会的予防の利用が検討されるべきであって、一般論になじまない部分を認めざるを得ないであろう。

2 施設内処遇における状況的予防

一般に、刑事施設内で採られる状況的予防手段は、暴動、逃走、自殺などの施設における混乱を防止するためのものである。なぜなら、施設職員の第一次的関心は施設内の事故、つまり刑務事故の防止にあるからである。このような刑務事故防止のために、ボトムズらが示した類型論としては以下のようなものがある。[10]

(1) 対象物の堅固化

イギリスの暴動では、収容者が施設の屋根に登って、屋根や煙突のタイルやブロックを剥がし、それを武器にする例がみられた。わが国でも、施設内

にあった梯子が利用された例がある。したがって、当然、そのようなことができない物理的設備が必要となる。壁の材質を変え登りにくくする、足がかりを削除するとか、手近なところにその種の道具を置かないなどの工夫が考えられるであろう。

(2) **対象物の除去**

やはりイギリスの例としては現金（ないしこれに代替するコイン）使用の禁止があるが、そのほか攻撃性の強い収容者や性犯罪者を隔離するなどが一般的である。

(3) **潜在的行動の制限**

最も端的な措置は、居室に1人ずつ収容者を監禁することである。こうすれば、暴動・混乱のために他の収容者と連絡を取り、共同行動をとることが不可能になるし、職員側の統制もより容易になる。

(4) **監　視**

刑事施設における監視の問題は、もっぱら建築構造とかかわる。いわゆる放射型監視（いわゆるパノプティコン型）の施設は、まさに少ない職員による効率的な監視を目指しているが、現代の機器からすれば、施設廊下などに監視カメラを据えることによって、さらに効率性を高めることができる。また、制服職員による巡回が監視の精度を高めることはいうまでもない。

(5) **環境の管理**

施設内での現金経済システムの廃止がその例とされる。刑務所で現金の使用を認めると、収容者間でゆすり、脅迫、たかりなどの行為が発生し、結果的には闘争・喧嘩などに発展する可能性があるからである。もっとも、一般に施設内では、その代用品、たとえばタバコ、チョコレートなどが用いられるが、問題性は現金の比ではない。

3　施設内処遇における社会的予防

ここでは、ディビッド・クック（David Cooke）によってスコットランドのバーリニー刑務所特別棟で行われた実験が興味深い。[11]この特別棟は、他の一般施設の処遇に馴染まない男子長期収容者のための小規模施設で、もともと治療共同体（therapeutic community）のために設置されたものであったが、こんにち

ではそのためには利用されていない。

　この施設の特色として、第1に、棟内では、職員と収容者との間にコミュニティの概念が維持されており、会合も定期的に開かれていることである。第2に、他の長期刑施設とは異なり、同棟内ではハイレベルの特典が認められていることである。たとえば、実質的に無制限の家族・友人との面会、望まない場合に労働しない権利、刑務所食ではない食事の料理、居室内でのテレビ視聴などの特典がある。特に、無制限の面会は大半の収容者の家族が同じ都市に住んでいる点、かなりの価値があるという。

　クックによると、この実験によって以下のことが判明した。同棟内において発生した暴行その他の重大な事件数は、同じ収容者が他の施設で起こした同種の事件数より激減し、同棟に来る以前の行動がかなり改善されたことである。そして、この変化は主として同棟内の生活環境によるという。すなわち、バーリニー特別棟では、収容者に多大の自治が認められ、日々の活動の選択ばかりか棟の運営方法まで意見を述べることが許されている点である。当然ながら、同棟でも身体的な暴力は厳しく制限されている。そこで、前述の無制限の面会を含め、大半の収容者が特別棟を気に入っていて、もし事件を起こせば他の施設に移されることを知っているが故に、事故を控えているという事情がある。この調査で最も注目されるのは、環境が変わったことに対して、収容者が態度を変えている点である。つまり、長期刑受刑者に対する処遇の効果（行動の改善）は、状況的予防の手段によってではなく、社会的予防の手段によってもたらされたのである[12]。

　クックによると、このような行動の改善という長期的な効果をもたらした背景には以下の3つの点が考えられるという。第1に、バーリニー施設に長く収容された者は、フラストレーションや怒りを処理する新たな（非攻撃的、非身体的な）方法を学ぶ。とりわけ、コミュニティ集会に定期的に参加する結果として、多くの収容者は暴力よりも言葉を使うことを学習するという。第2に、バーリニー施設は非犯罪的な外部とのネットワークを保持しており、多くの人が訪問し、一部の収容者はその人々との交流によって様々な価値を体得できる。第3に、一部の収容者は才能、とくに芸術的な才能を伸ばすことができ、バーリニー施設は出所後に新たな技巧や積極的な価値への関心を

与えている。

　このような「社会過程（social process）」は、いわば社会的予防の亜型であって、このバーリニー施設では成功しており、研究結果は長期刑施設に限定され一般化は許されないものの、状況的予防手段を用いた場合よりも犯罪者の処遇において社会復帰の可能性を高めているといえる。つまり、これは、コミュニティ集会、収容者・職員間の関係修復、外部の非犯罪的集団との交流など社会関係を改善した結果、得られた成果といえる。

Ⅳ　社会的犯罪予防と更生保護

　それでは、暴動等の秩序違反行為の防止には、状況的予防よりも社会的予防の方が犯罪者の施設内処遇においては有効であるというボトムズらやクックの研究成果は、さらにより一般的な文脈、更生保護の領域にも妥当するのか、その手法は有効なのかどうかを問題としよう。とくにクックの研究はその対象がバーリニーというイギリスにおいても特異な施設であり、対象者もきわめて少数だからである。また、前述のとおり、ロング・ラーティンもオーバニーも刑事施設、とくに長期刑受刑者収容の重警備施設であり、このような特殊な環境における状況を犯罪者処遇一般に応用してもよいのか否かが問題となる。

1　社会内処遇の特質

　ここで前述の研究を改めて検討してみると、施設運営において最も重要な要素は、良好な職員・収容者関係であった。強制力によってのみ収容者を統制できるのでなく、職員が確固たる自信と収容者に対する人間的な接触が収容者の統制をより容易にする。強制力を用いる統制は、この文脈では状況的予防であり、人間的な接触はまさに社会的予防に当たる。ボトムズらの研究では、ロング・ラーティン施設において、職員の人間的接触の観点がより強く維持される傾向がみられたという[13]。

　一般に、社会内処遇は、施設内処遇に対して、次のような特徴をもつといってよいであろう。

第1に、いうまでもなく、「施設」という物理的環境を伴わないことである。施設は文字通り、収容者の生活の拠点となる場であるが、それ自体、外界から隔てる逃走防止手段でもある。一般社会と異なって錠前は扉の外から施されている。しかも、施設職員は事故を恐れ施設内の生活は基本的に監視が支配する。社会復帰思想が基調といわれるわが国の矯正現場にあっても、施設内秩序維持は施設の至上命令といってよいであろう。上述したように、刑務所内で状況的予防手段が馴染むのもこのためである。これに対して、社会内処遇においてはそのような負担や障害がない。

　第2に、社会内処遇は文字通り、「社会」が処遇の場である。施設内の決定的な隘路として、単調な人間関係がある。つまり、一般に、刑務所などの施設では、同種、同性、同年齢層の者の集団間の共同生活であって、多様な人々との人間関係が可能な社会内処遇には、処遇上の期待される効果としても大きな利点がある。

　第3に、先述したが、受刑者に対する施設内処遇においても刑務官と受刑者との間に人間的接触が存するとしても、それは刹那的、一時的なものに過ぎない。出所後の受刑者と刑務官との交流はまず考えられないし、将来の社会復帰を推進するうえで、むしろ好ましくない。それに対して、保護司と保護観察対象者との関係は本人たちが望む限り永続的である。あるいは更生保護施設職員と在会者との関係も然りである。近年、この関係は希薄だといわれるが、そのような方向性は可能である。

　筆者が思うところ、更生保護の真面目はむしろこの点にある。たとえば、刑余者の再犯可能性において、仮釈放された者と満期釈放された者とで統計的に有意な差異がみられるが、これはたんに、仮釈放対象者がそもそも犯罪性が低くまた保護観察の効果が明瞭に顕現したばかりではないと思われる。つまり、刑余者が社会生活を送るうえで、社会内に人間的な目標ともなるべき人物と出会い、その出会いが心理的な拠り所となり、社会生活上の不安を除去する役割を果たしているのだと考えられる。他方、満期釈放者は釈放後、生活自体は自由であるものの、そのような社会関係を結んだ指導者をもたずに不安な生活を送らねばならないのである。言い換えると、保護観察期間や更生保護施設の在会期間がたとえ短くとも、保護観察官、保護司あるいは保

護施設職員との出会いが犯罪者のその後の人生において決定的だと思われる。

2 社会的犯罪予防の応用

ボトムズらやクックの研究において、長期刑受刑者収容の最重警備刑務所ないしは特殊な処遇施設で社会的予防手段の効果がみられたというのであれば、社会的犯罪予防が社会内処遇あるいは更生保護の場面でも効果がないはずがないであろう。けだし、先に比較したように、社会内処遇においては施設内処遇よりも圧倒的に犯罪者にとって有利な処遇環境が存するからである。もちろん、一般の自由な社会生活の場は、自由な点で犯罪環境に転じることはいうまでもなく、そのために再犯可能性の危険は存する。

他方、施設内処遇は従来よりその弊害が強調されてきた。拘禁下の生活では、家族を含む人間関係、職場関係が断絶され、刑務所化とよばれる特殊な文化に汚染され、ときに拘禁反応、刑務所ぼけなどの精神的異常にも悩まされるなど、処遇環境は必ずしも恵まれていない。つまり、刑務所における刑務官と受刑者の人間的接触は、このような負の環境と闘いながら果たさねばならないという自家撞着にある。

この意味で、社会内処遇は社会的犯罪予防を行うには、まさにふさわしい場であるということができよう。再論となるが、上記のバーリニー施設では、職員・収容者のコミュニティの形成、対象者の才能の発見・開発、対象者と外部の非犯罪的集団との接触とが処遇成功の鍵となっていた。これらは、いずれも更生保護の分野で十分果たしうる機能である。また、そのための社会的資源もこれまでに十分蓄積され、整っており、その活用が期待される。

そして、これらの研究結果は、おそらく具体的な社会内処遇の場でも、遵守事項違反を減らす方策として、状況的犯罪予防よりは社会的犯罪予防の手段を用いるべきであるということを示しているものといえよう。

上記の知見を踏まえ、今後更生保護の分野において、たとえば、保護観察が付されたケースと付されなかったケースの比較、検討を行うことなどが必要である。その際、期間が短いなどの問題があるから、保護観察期間中だけでなく、人権問題などに配慮しながら多少長期的な追跡調査を行うべきであ

る。まさに、更生保護の運命は、対象者のその後の人生に遵法的精神を植え付けることができたかどうかにかかっているからである。

V おわりに

　本章は、一見直接的には理論的応用が困難にみえる二つの犯罪予防論を犯罪者処遇に当てはめ、その本質を探る議論を参考に、更生保護のあり方を検討した。

　こんにち、一般的な防犯場面において、とりわけ欧米諸国では環境犯罪学理論の台頭、つまりその主張である状況的犯罪予防論がにわかに注目され始めている。[14] いうまでもなく、潜在的犯罪者に対する施策と施設における特定犯罪者に対する施策とでは、手段・方法において大きな相違があり、犯罪予防が共通の目的とはいえ、その達成のための道のりは異なるであろう。

　欧米は、1970年代以降、次第に犯罪者の処遇場面において、いわゆる正義モデル（just desert model）に傾斜し、社会復帰モデルを放棄したといわれてきた。正義モデルはある意味で状況的犯罪予防に馴染む思想と思われるが、しかしながら、収容者という具体的人物像を目の前にして人間的接触を控えるというのは難しく、現に、欧米でも、これまでたびたび社会復帰モデルの再生が訴えられてきた。それは、犯罪者の処遇がどのような形態をとるにせよ、処遇者と対象者の精神的交流を抜きにして行うことができないことを示している。確かに、正義モデルは対象者の権利を確保するのには優れた思想構造を持つが、現実的な場面では、「対象者に何もしない」理論的前提ゆえに、種々の問題を抱えざるを得ない。

　更生保護は、繰り返しになるが、処遇者と対象者との人間的接触を基盤として成立する。上記の研究成果などを踏まえ、この分野においても、社会的犯罪予防論を前面に出して、近年一般社会に欠落しがちな対面的な人間接触の範を世に示すべきであろう。それが、また更生保護のレゾン・デートルを示すことになると考える。

　1)　Ronald Clarke (ed.), Situational Crime Prevention, 2nd ed., Introduction, 1997. なお、

このほか、Marcus Felsonの日常活動理論（routine activity theory）などの派生理論もある。これによると、潜在的に犯罪動機を有する者、適当な財物の存在、監視者の欠如という3つの条件が揃うと、窃盗が発生する可能性が高いという。

2) 守山　正「犯罪予防をめぐる『状況』モデルと『社会』モデル」犯罪社会学研究18号（1994）121頁以下。
3) Mike Hough, Ronald Clarke & Pat Mayhew, Designing Out Crime, "Introduction", 1989.
4) Ibid., p. 45.
5) 守山・前掲　p.126.
6) Anthony Bottoms, William Hay & Richard Sparks, Situational and Social Approaches to the Prevention of Disorder in Long-Term Prisons, *Prison Journal*, vol.80, No.1, pp. 83-95, 1990. Richard Sparks, Anthony Bottoms & William Hay, Prisons and the Problem of Order, 1996に所収。
7) たとえば、両施設の運営上の相違は次のような点に顕現した。①夜間の交流については、ロング・ラーティンが全ての収容者に毎晩認めたのに対し、オーバニーでは3日に2日認めたにすぎない。②収容者同士が任意に特定の部屋に集まる居室間の交流をロング・ラーティンでは認めたが、オーバニーでは認めなかった。③夜間トイレに行くことをオーバニーでは認めなかったが（溲瓶の使用は認められる）、ロング・ラーティンでは認めた。④体育館その他のスポーツ施設へのアクセスをロング・ラーティンでは認めたが、オーバニーではそのような時間を労働に振り分けた。⑤ロング・ラーティンでは現金の使用が認められ、売店で品物を購入することができたが、オーバニーでは現金所持が許されず、物品の購入手段が限定された（ibid.）。
8) A. Bottoms et al, op. cit., p.85.
9) ibid., p.92.
10) ibid., p.86.
11) David J. Cooke, Containing Violent Prisoners: An Analysis of the Barlinnie Special Unit, British Journal of Criminology, vol.29, no.2, 1989, pp.129-143.
12) 但し、クックはこの原因を状況的要因の変化だと述べているが、これはわれわれが用いる状況的犯罪予防の「状況」の含意とは異なる点に注意を要する。
13) A. Bottoms et al, op. cit., p.90.
14) 欧米の流れを概観するものとしては、Ronald Clarke (ed.), op. cit. およびAnthony E. Bottoms, Environmental Criminology, in M. Maguire et al (eds.), Oxford Handbook of Criminology, 1st ed., pp. 585-656. なお、守山　正「環境犯罪学とは何か～犯罪環境を考える」季刊社会安全第19号（1995年）20頁以下参照。

第Ⅳ部

その他

第13章
キャメロン政権の刑罰政策

I　はじめに

　イギリスでは、2010年5月に総選挙が実施され、前政権の労働党政府に変わってデイビッド・キャメロン首相率いる保守党と自由民主党の連立政権が新たに誕生した。わが国とは異なり、イギリスでは政権党が交代すると政策も大きく変化することが一般的である。しかし、前回の政権交代では犯罪対策に関する限り、保守党の政策がほぼ継承され、いわゆる「ニュー・レーバー (New Labour)」と呼ばれた。今回の政権交代は保守党と自由民主党の連立政権であるため、様相はやや複雑である。したがって、主導する保守党は今後自由民主党に妥協しつつ、政策を確定していくことになろう。犯罪政策の要である「地域社会の安全 (community safety)」という旗印は、労働党政権から変更はないように思われるが、たとえば、犯罪者処遇をめぐっては、保守党が拘禁刑重視であるのに対して、自由民主党は地域刑重視という相違がある。このような異なる考え方は、どのような政策をもたらすのであろうか。

　他方、イギリスはEU加盟国の中でも最大の巨額財政赤字を抱えており、'cut, cut, cut' と叫ばれるほど財政再建のために全領域での予算削減を断行しつつあり、刑事司法の領域でも以下にみるように、裁判所の閉鎖、刑務所人口の削減などが打ち出されている。そして、成果主義、つまり各機関・組織が犯罪者処遇を行った結果、再犯率が低下したという実績を残せば、予算・委託金が増額されるやり方が徹底され、予算の大幅な削減方針を背景に、いよいよ管理主義 (managerialism) の嵐が吹き荒れている感がある。

　そこで、本章では政権発足から1年を経過したイギリスの犯罪政策について、過去の政策との相違も鑑みながら、新政権の動向を考察する。

II　新政権前夜の議論

1　拘禁刑から地域刑へ

　すでに労働党政権時代から、刑務所人口の削減の必要性は主張されていた。犯罪発生自体は1995年以降、減少傾向にありながら、施設人口は急増しているからである。2010年1月に、下院の超党派で構成される司法委員会（the House of Commons Justice Committee）は、「証拠が示すところによると、地域刑は再犯防止に良好な機会を与えている」と指摘し、労働党が計画している4.2億ポンド（約600億円）に上る刑務所増設計画は財政的な誤りであると結論づけた。もっとも、図表1にみるように、2009年夏には刑事施設の総収容者数が8万5,201人（人口10万人当り169.1人）の最高記録を更新し、現在でも8万2,000人以上となっている。そこで、旧労働党政府は2014年までに総計で9万6,000人収容できる刑務所増設計画を打ち出していたのである。

　これに対して当該司法委員会は、詳細な報告書（Cutting Crime ; the Case for Justice Reinvestment）[2]を発刊し、刑務所は最後の手段（last resort）であり、大部分の犯罪者は刑期を地域で執行されるべきであるとしている。これにより節減された予算のかなりの額を地域の公共サービスに回すことができ、教育や薬物乱用防止プログラムなどを活用して再犯率低下にさらに直接的な効果を与えることができるとした。同委員会のメンバー（議員）の一人は、「われわれが心配するのは、政府が刑務所人口の増加が確実だとして、巨大な刑務所建設に固執することである」と述べている。刑務所人口の増加は、当然ながら、施設運営を困難にしており、収容者の自殺やトラブルが絶えない。そこで、現在の収容者数を3分の2程度まで減らそうというのが同委員会の主張である。

　司法委員会は刑務所から地域への予算配分の提案は複雑であるとしながらも、もし犯罪者の生活を変えるために地域当局関係機関に資金が注入されるのであれば、再犯率をさらに低下できるとしている。同委員長のアラン・キース（Allan Keith）議員は、「次に誰が政権をとっても、刑事司法制度の持続不能

図1 イングランドとウェールズにおける刑事施設人口の動向

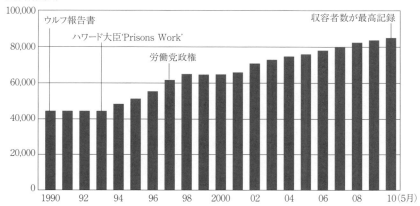

出典：OMCS 2008, Ministry of Justice.
※刑務所、拘置所の年平均収容者数であり、警察施設は除く。

な旧態依然の状況と急進的な改革の狭間で選択を迫られることになろう」と述べていた。これに対して、当時の労働党政府の司法大臣ジャック・ストロー（Jack Straw）氏は「われわれはすでに地域刑が厳正に執行され、革新性を担保するための施策を展開し、地域に根ざした拘禁代替策を提供してきたのであり」、他方、「重大犯罪を行った者は長期間刑務所に収容され、社会復帰プログラムを受けており、現に、再犯率は一貫して低下している。」と主張した。

これに反論して、同委員会は「さらに多くの刑務所を建設するという要求に根ざした政策は、拘禁刑を増やし長期化するための政治的ないしメディア的プレッシャーの下で推進されている。将来の犯罪を予防しうる手段から資源を遠ざけているのである」と主張を締めくくっている。

2　早期釈放制度の停止

2010年2月、ジャック・ストロー当時の司法大臣は、下院で刑務所過剰拘禁状態を緩和するための収容者早期釈放（ECL, the End of Custody Licence）計画を見直すと発表した。[3] 収容者早期釈放計画とは一定の条件を満たす者を規定よりも早期に釈放する制度で、その対象者は、(a)言渡された拘禁刑が4週間

から4年までの者、(b)登録が義務づけられている性犯罪者以外の者、(c)重大な暴力犯罪者以外の者、(d)外国籍以外の者、である。そして、ECLは2010年3月12日に停止され、同年4月9日に最後の収容者が釈放された。もともとECLは収容者が急激に増加した2007年6月に開始され（これまでにも1984年、1987年、1991年にも同種の制度が存在した）、それ以来、軽微な犯罪で4年以下の刑を受けた収容者約80,000人が早期釈放の恩恵を受けてきた。なかには、言渡刑の半分よりもはるかに早く釈放された者もいた。最近の統計によると、2009年12月末までに7万6,886人がECLで釈放され、毎年2,000人ほどが増加している。釈放された者のうち、2,522人は仮釈放条件違反で再収容されたが、これは全体の3％に当たる。さらに釈放中の者により1,574件の犯罪が行われ、なかには、釈放後わずか5日目に殺人を行った事件もあった。この犯罪者は母親に対する暴行で20週の拘禁刑判決を受け、予定より18日早期に釈放されていた。さらに2008年には釈放中の男性2人がテロ犯罪を行っている。そこで、これらを契機に、政府は早期釈放計画を見直さざるを得なかったのである。しかも、この頃にはいくぶん過剰収容も緩和され収容スペースに余裕があり、必ずしも早期釈放を行う必要がないという事情もみられた。2010年2月中旬段階で、約2,500床の空き居室があったという。

　ストロー大臣は、ECLを停止する理由として、①あくまでも一時的、臨時的な措置である、②刑務所収容スペースに余裕がある、③刑事司法制度に対する公衆の信頼を失う恐れがある、④2014年までに9万6,000人が収容可能な新たな刑務所増設計画がある、などを掲げた。

　しかし、上述したように、施設新設計画には「非現実的、向こう見ず」という強い批判がある一方で、釈放中、新たな殺人、強姦、テロが発生したとしてECL自体に対しても、内閣の失敗を意味するものだと保守党から批判された。他方、もう一方の野党である自由民主党はECL停止を歓迎するとし、問題は釈放でなく再犯であって、拘禁が不必要な犯罪者と必要な犯罪者を分けるべきと主張し、保守党とはやや対応が異なっていた点が注目される。

Ⅲ　新政権の主要な政策

1　刑務所人口の削減

　キャメロン政権の新司法大臣ケネス・クラーク（Kenneth Clarke）氏は就任早々に、刑務所改革を宣言した。この宣言は「犯罪の回転扉（累犯）を閉じる斬新な刑務所改革」と表現された。同氏は、イングランドとウェールズにおける刑務所人口の増大を批判し、税金の無駄使いとして拘禁刑を他の刑罰や手段に代替させるとした。実際、図1で示されるように、2010年6月末現在でイギリスは刑務所人口が8万5,000人と記録を更新しており、これは1992年の倍に当たる。つまり、この20年間にイギリスでは刑務所収容者数が倍増したことになる。しかも、今後の予測をみると、図2では、2015年には最大で9万4,000人となる。労働党の施設新設による9万6,000人収容構想もこの数値が元になっている。
　クラーク氏の主張の背景には、要するに財政改革の視点から、なるべく刑務所に依存しない方策を模索していると思われる。他の刑罰とは、地域刑（community penalty）など拘禁を伴わないものであり、他の手段とは、後述するように、犯罪者処遇に関わる民間企業やボランティア団体、政府機関に対して犯罪者の更生度に応じて予算額や委託費を増減させる方策であり、'payment by results'と呼ばれる。実際、政府部内には、刑務所出所者の更生率が芳しくないことから、多大な経費支出にいらだちがみられる。彼の主張によると、犯罪の半分以上が前歴者によって行われているという。このため、経費をかけずに再犯、累犯を断ち切りたいというのが真意であろう。キャメロン首相もこの主張を擁護し、刑務所は改革の時期だとしている。他方で、矯正庁（the Prison Service）は適切に機能していないとも述べている。依然として高い再犯率、刑務所経費の増大、刑務所内の慢性的な薬物問題など、深刻な事態が続いているからである。
　思い起こせば、1993年から1997年まで在任した保守党政権下の内務大臣マイケル・ハワード（Michael Howard）氏は、1993年の保守党大会で、「刑務所は

図2　今後の刑事施設人口の予想

出典：Ministry of Justice, August 2009.

機能している (prison works)」とスピーチした。この言葉は当時専門家の間ではとくに印象的に受け止められた。なぜなら、欧米諸国では、1970年代以降、いわゆる「刑務所不機能 (nothing works)」論が大勢を占めていたからである。ハワード氏は、一般公衆の安全を確保するためには、重大犯罪者・常習犯罪者の刑務所収容は必要だとし、むしろ問題なのは、裁判官や治安判事の寛容な量刑であると述べていた。それが、20年後に同じ保守党の司法大臣クラーク氏は、「刑務所は機能していない (prison doesn't work)」と言っているのである。拘禁刑指向が強かった保守党にとって、まさしく様変わりと言わざるを得ない。この背景には、前述のように、連立の相手である自由民主党の意向が強く反映しているものと思われる。

　しかも奇妙なことに、2011年にハワード・リーグ協会で講演した労働党の陰の内閣、司法大臣サディク・カーン (Sadiq Khan) 氏でさえ刑務所制度はガタが来ており、過剰収容状態にあって再犯率を食い止めることは難しいと悲観的である。過剰収容のために、収容者は1日のほとんどを居室で過ごしており、職業訓練や社会復帰プログラムにも参加していないという。ただ、連立政権が慢性的な過剰収容を改善するために地域刑を推奨するのに対して、労働党は依然として収容施設の増設が必要であるとする点が大きく異なる。もっとも、一般社会の見方は分かれており、2000年に比べて再犯率が減少し

ていることをとり上げ、地域は安全になっているという主張がある一方で、短期刑受刑者の再犯率が低下しているという証拠はなく、拘禁刑１年未満の収容者の再犯率は他の収容者よりもはるかに高いとの指摘もある。後述するように、長期刑受刑者よりも短期刑受刑者の処遇のあり方がこんにち問われているのは確かであろう。

2　短期受刑者の再犯率と地域刑の移行

　司法省の統計によると、2006年現在、刑務所出所者の再犯率は、出所後２年以内で48％ときわめて高い。この数値は2002年（約55％）よりも低いとされるが、出所者のほぼ半分が出所後２年以内に犯罪を行っているという深刻な事態には変わりがない。とくに、女性の再犯率の伸びが著しく、男性の４倍という統計もある。この結果、再犯者に要する社会経済的コストは、年間で７億〜10億ポンド、つまり1,000億円近くに達しているという。

　短期刑受刑者の再犯率が高いのは、一つには施設の劣悪な環境と出所後の支援の欠如にあるといわれる。過剰拘禁状況の刑務所では、上述したように、収容者は１日の半分は居室に監禁され、職業訓練や社会復帰のプログラムを受けておらず、また出所後も適切なサービスがあたえられていないという事情がある。その結果、１年未満の刑期で入所した者の平均犯罪歴は16回に達するという。そこで、前述の司法委員会のように、刑務所人口の削減の議論が再燃し、そして財政縮減の最も有効な方法は、地域刑の活用という結論に達したのである。確かに経費のかからない地域刑で、しかも施設建設費を教育や薬物プログラムに回せば有効な犯罪者処遇が可能という主張には説得力がある。

　このようにして、従来からの非施設化、地域刑適用の主張は新政権になって一段と強まっているが、政治家、メディア、世論はむしろ、地域安全の観点から長期刑を望む傾向にあり、地域刑への移行には反発もみられる。

Ⅳ 刑事施設の代替──保釈施設の利用──

　刑務所人口の緩和策の一つは、収容者を他の施設か、地域社会に移すことである。そこで、刑務所や拘置所から釈放された者を「保釈ホステル（bail hostel）」に収容することが計画されている。この保釈施設は夜間外出禁止を原則とし、24時間の監視を行っており、独立行政法人の形態に近い保釈施設・支援サービス（the Bail Accommodation and Support Service, BASS）という組織が業務を行っているが、この運営には民間会社やボランティア団体も関与している。たとえば、現在ストナム（Stonham）社が関与しているが、これは最大手のクリア・スプリングス（Clear Springs）社から、最近、経営を受け継いだもので、740床が利用可能であるとしている。しかし、保護観察官の団体であるNAPO（the National Association of Probation Officers）は民間会社が保釈施設を経営すること自体に強く反発し、監督指導基準が遵守されない恐れがあるという懸念を表明している。これに対して、保釈施設を管轄する司法省は、不必要、不公正に刑務所に収容されるよりもましであり、なぜなら、「この施設に収容される者は訪問支援員から個別の支援を受けることができ、支援員は、保釈や仮釈放の遵守事項を犯罪者が維持できるようにするために、援助するからである。もし厳しい監視が必要であるならば、そもそもこの施設に滞在するのに不向きな者である。したがって、厳しい監視の必要な性犯罪者や地域住民に危険な害悪を与える者などは除外している」と批判に答えている。

　施設の数は地域のニーズによって決まるが、計画では、施設の設置は勤務先が近い者、家族や友人が近くに住んでいる者などを選ぶという。司法省はすでに2007年に3年契約でクリア・スプリング社に保釈ホステルの運営を委託し、その運営費につき、2008年から2009年で580万ポンド（約7億8,000万円）の支出を行っているという。イングランドとウェールズで刑事施設収容者数が8万5,000人を超えるという事態がこの動きを後押ししている。

　しかし、NAPOが批判するように、確かに犯罪者処遇を請け負う民間会社にも問題が少なくない。先にクリア・スプリングス社からストナム社に運営が代ったのも、クリア・スプリングス社の不祥事が影響している。実は、

2010年3月に同社ストックトン施設で、24歳の男性が他の収容者から暴行を受けた後、ナイフで刺され死亡する事件が発生していたが、犯人は暴行の罪で起訴され保釈中であった。犯人は謀殺行為を認め、有罪となって最低13年は仮釈が認められない終身（不定期）刑の有罪判決を受けて再収容された。この裁判で、裁判官は同施設の環境がきわめて劣悪で荒廃していたと述べている。これに対して、司法省の関係者は、犯人は保釈施設に移される前にリスク評価を受けており、その記録が十分チェックされていなかったこと、つまりクリア・スプリングス社の職員がこのケースで適切な手続に従っていなかったことを認めている。その後も、同社施設が適切な運営を行わず、滞在中の者が本来入室が許されていなかった女友達と同居していたこともあって、司法省はクリア・スプリングス社との契約を破棄したのである。

このように、民間施設は運営の質が低く、不祥事が後を立たない。陰の内閣である司法大臣カーン氏も、このプロジェクト全体が失敗であったと批判し、前記NAPOも不適切な施設であると決めつけている。こうした状況がありながら、司法省は、さらに刑務所出所者の受け入れを民間の保釈施設に委ねようとしているのは、政府に、刑務所収容者削減の十分な代替案がないことを物語っているようにも思われる。

Ⅴ　政府緑書『悪循環を断つ』の概要

新政権は2010年12月、議会に対して大法官と司法大臣の連名で提案書、つまり緑書を発表した。そのタイトルは『悪循環を断つ：犯罪者の効果的な処罰・処遇・量刑』（Breaking the Cycle; Effective Punishment, Rehabilitation and Sentencing of Offenders）と題され、さらに、これに付随して緑書実証報告書"Breaking the Cycle: Evidence Report"も発表された。[6] これらは明らかに現在の刑務所運営が問題であることを示している。しかし、この緑書はコンサルティング会社G4S（イギリス国内で初の民営刑事施設Woldsをはじめ刑務所、少年収容施設を数カ所経営する企業）が作成した文書が元になっており、民間活用の色彩が強い論調になっている点に注意を要する。もっとも、これがイギリス犯罪政策の問題点を端的に示していることは間違いなく、先に挙げた今日的問

題、つまり、刑務所人口の削減、累犯者の処遇、薬物犯罪者の指導改善などが含まれている。提案の中で最も注目されるのは、一つは刑事司法への参入団体（民間会社、ボランティア団体、地域セクター、関係省庁）に対する成果主義（payment by results）の要請である。これは、これらの組織や団体がその活動や運営によって犯罪削減、とくに再犯を削減した成果を挙げた場合には政府からの予算や委託金が増額され、そうでない場合は減額される制度で、露骨な政府の市場主義、管理主義ということができよう。もう一つは、青少年司法委員会（the Youth Justice Board, YJB）の廃止を提案していることである。同委員会は、これまでの活動や発言から、どちらかというと非行少年に対して理解や寛容を示す立場を維持しており、少年司法政策の厳罰化に反対してきた経緯があるが、これを廃止するというのは、そのような抵抗勢力を政府内から排除しようという動きであろう。

　この緑書の内容は96頁に上り、多岐にわたる。概略、以下のとおりである。
(1) **犯罪者の処罰と地域への償い**
　犯罪者には勤勉な労働習慣を身につけさせる必要があるが、刑務所にはこのための制度が欠けており、刑務所労働を導入する。他方、地域刑をより厳格、集中的に行い、これに伴って外出禁止や電子監視の利用を拡大する。他方、被害者がよい扱いを受けることができるように、今後裁判官に賠償命令を強く推奨し、課徴金を拡張して犯罪者の賠償を強化する予定である。これによって、犯罪者は犯罪被害の修復を行い、被害者・社会全体に償うことになる。また、収容者所得天引法（the Prisoners' Earnings Act 1996）[7]を適用し、被害者サービス経費を犯罪者に対して請求可能にする。
(2) **犯罪削減のための犯罪者社会復帰促進**
　地域安全と被害者数削減は、とりも直さず、犯罪者の再犯を防止することである。地域刑受刑者や拘禁刑釈放者は警察、保護観察所、その他機関から厳格な対応を受け、再犯を行った場合には即座に刑務所に戻される。このように、これらの関係機関は犯罪者管理に協働して対応し、たとえば薬物依存者には治療施設で集中的な回復プログラムを実施する。また、犯罪者は勤労習慣を身につけるための労働プログラム（the Working Programme）を受ける義務があり、精神に障害がある者については保健衛生省や内務省が関わり、連

携サービス、ダイバージョン・サービスを実施する。

(3) 施設運営の成果主義の強化

現在、犯罪者の処遇には多額な税金が投入されながら十分な成果をあげていない。そこで、新しいアプローチとして施設運営者・関連サービス提供者などには再犯を削減した結果によって支払額を決定する方式を採用する。これは革新的で非中央集権化の改革であって、民間、ボランティア、地域セクターなどの新たな刑事司法の参入希望者に市場を開放し、2015年までにこの原理を適用する。また、今後2年以内に、成果主義に基づく、少なくとも6種の支払方法を導入する。

(4) 量刑政策の見直し

これは量刑の枠組みを決定するものであるが、これまで複雑で市民には理解困難で不透明であった点を反省するものである。基本的には適正な拘禁刑、地域刑の利用であり、地域の安全を図ることにあり、この中には量刑の裁量権を認め、重大危険な犯罪者には効果的な管理を行い、MAPPA（the Multi-Agency Public Protection Arrangements, 多機関公衆保護協定）[8]などを利用してリスク削減を行うことが含まれる。また近年問題であるナイフ犯罪（knife crime）については拘禁刑、しかも長期刑を利用し、少年においても重大犯罪には拘禁刑の適用も辞さないとされた。きわめて重大な犯罪者にはIPP（the Indeterminate Sentences for Public Protection, 公衆保護不定期刑）[9]制度による不定期刑を維持し、釈放の際における仮釈放委員会の釈放審査を変更する。さらに、明らかに将来の重大リスクを示す者には無期刑・終身刑を適用する。また地域命令を改正し、運営者の犯罪者指導の裁量権を拡大し、再犯防止に努めさせる。他方、財産刑の使用も奨励し、犯罪者からの財産的謝罪の額を増額する。

(5) 少年司法制度の改善

少年については、青少年拘禁刑（youth custody）受刑者の74％、地域刑の68％が釈放後1年以内に再犯に及ぶ深刻な事態にあるが、彼らを将来の多産犯罪者（prolific career criminal）にしてはならない。このために、若年犯罪者の地域・被害者への賠償、関係機関の成果主義を重視する。このため、裁判外処分を単純化し、他方で、青少年司法委員会（YJB）を廃止して地域当局が自由に柔

軟性をもった対応ができるようにする。

(6) 犯罪削減のための地域協働

警察と裁判所は、この社会復帰改革を実施するうえで、決定的な役割を果たす。他方、いまや地域社会の刑事司法における役割も増大している。そこで、まず警察の役割を強化し、2012年5月までに新たに「警察犯罪対策委員会（the Police and Crime Panel）」を立ち上げる。また、地域に設置されている近隣解決協議会（the Neighbourhood Resolution Panel）の効果検証を行う。他方、地域住民に刑事司法機関がいかに効果的効率的に運用されているかを知らせるために、各機関の透明性を高める。

Ⅵ　ASBO政策を含む青少年犯罪対策

反社会的行動命令、つまりASBO（Anti-Social Behaviour Order）は、言うまでもなく2010年まで13年間継続した労働党政権の目玉政策であった。ニューレーバーの旗手トニー・ブレア首相もASBO政策にはかなり力を入れてきたと言われる[10]。それが1998年犯罪・秩序違反法（the Crime and Disorder Act 1998）に明瞭に示されたのである。従来、労働党は、もともと主要な支持層である労働者階級の子弟に多い犯罪者・非行少年の扱いについて寛容な方針を掲げてきたが、ASBO制度の導入はまさしくその大転換の政策であった。つまり、ASBOは高齢者が多い地域社会における若者の反社会的行動に対して、裁判所による民事法的な強制力をもってそれを阻止し、高齢者に安心感を植え付けるのが狙いであった。なぜなら、犯罪が全国的に統計上は減少しながらも、とくに高齢者の犯罪不安感は必ずしも低下しておらず、政府はその原因を若者の反社会的行動であると考えたからである。反社会的行動は文字通り、犯罪ではないがゆえに、刑事罰を科すことはできず、そこで、法技巧的に民事の禁止命令を裁判所が言い渡し、そしてそれに違反した場合に刑事罰が科された。事実、その後ASBOにはCrASBO（クラズボ、「刑事アズボ」）と呼ばれる亜型が作られ、実質的に刑事罰の機能を果たしている。

このようにして、地域安全を重視する労働党政権は、ASBO政策を推進したが、もともと無理の多い政策であったために、近年、そのほころびが見え

始め、しかも、ASBOをめぐっては賛否両論が激しく、とくに大学研究者からは激しい批判が寄せられ、いずれ改正されるとの見方は選挙前からも有力であった。またその効果・成果について疑問の声が絶えなかった。そこで、新政権は、2010年7月、内務大臣テリーザ・メイ（Theresa May）氏の『アズボを超えて（Moving Beyond the ASBO）』の声明を出し、その見解を端的に示した。[11] 要するに、内務大臣は、①反社会的行動は、地域社会を荒廃させ、人々の生活の質を低下させ、やがて重大犯罪に至る前兆である、但し、②財政負担を大きく改善する必要がある、ことを明らかにしている。この声明では、労働党政権の基本的な政策の欠陥も指摘されており、たとえば、関係機関の効率・効果を妨げているのは官僚主義的手法であるとか、中央政府の権限が十分に地方に移譲されておらず、犯罪・非行といった地域固有の問題を解決困難にしているとか、政策の成果を予算額などの表向きの数値で示そうとしているなど、従来の保守党にもみられたような政策の批判を行っている点が興味深い。

以下では、さらに詳しくメイ内務大臣の声明を概略してみよう。

(1) 政府の役割

イギリスで犯罪・非行に関連して最も重要な問題は、若者の教育・雇用の機会が失われている点である。近年、若年者の失業問題は深刻で、しかも従来の社会層に加えて大学卒の学位を有する、高学歴者にも及んでいるほどである。[12] そこで、声明では、社会病理の根本的な解決を図るために政府は若者の失業対策や福祉に力を入れるべきとしている。そこで、新政権は2011年夏までに、全国各地域に居住する約1万人の若者を対象に全寮制施設（place on residential course）を設け、そこで日々勤労習慣を身につけさせながら、職業技能の向上、市民としての責任概念の内面化、反社会的行動や犯罪に対する否定的態度の育成を図ることにするという。教育機会についても、学校の現場が荒廃しており、授業環境の整備と校内規律の強化を図って、より多くの若者に良好な教育機会を与えるという。

(2) アルコール免許改正

若者のアルコール問題も深刻である。[13] 反社会的行動の原因として、若者が街頭で飲酒し暴れて地域住民の犯罪不安感を高めてきたことは否めない。そ

こで、新政権はアルコール関連の酒類販売免許法（Licensing Act）改正にも乗り出す。なぜなら、労働党政権は2003年に同法改正を行い、酒類販売が許可される時間（licensing hour）を延長したため、パブで深夜飲酒する者が増え、それに伴ってアルコールに関連した犯罪・反社会的行動に関する警察や病院の対応が増加したという[14]。新政権は同法の全面改正を予定し、地方当局によるパブの深夜営業への課税権、未成年者へのアルコール販売に対する罰則の強化、未成年者へのアルコール常習販売者に対する恒久的営業停止を行う地方当局への権限付与、営業許可権の文化庁（Culture Department）から内務省（Home Office）への権限委譲、などの新方針が打ち出されている。

(3) **警察の役割の変化**

これまで警察は、反社会的行動に対して必ずしも厳格な対応をとってこなかったと言われる[15]。その理由は、通常、反社会的行動は軽微であり、もともと警察官自身にもASBO政策に対して反対論が強かったためである。そこで、新政府は、警察に積極的に対応するように指示し、その対応について説明責任を求めている。その説明責任の観点から、緑書の中でも示されたが、直接選挙で選出される警察犯罪対策委員会の新設が計画されている。警察犯罪対策委員は、警察の効率的運営、警察の多機関連携の推進、定期集会（beat meeting）の開催、地域犯罪データの詳細な公開などの役割を担い、住民向けの説明責任を果たすことが求められる。これが先に述べた透明性を高めるという趣旨である。

(4) **制裁（sanction）の見直し**

ASBO自体、違反率が約半数に迫まるなど必ずしも機能しておらず、対象者の中には、「バッジ・オブ・オナー（badge of honour）」[16]（つまり、ASBOを受けたことが「格好いい」と自慢すること）として、あえてその行動を好んで行う者がいるという。実際、ASBOは、手続が複雑で実務家でも十分に理解できず、かつコスト（時間・費用）が高く不必要に若者を犯罪者化していると新政権は批判する。しかも、ASBOの利用は地域ごとにまちまちであり、地域によって青少年に厳格なところとそうでないところのばらつきがみられる。そこで、「迅速、実践、簡易」をモットーに、とくに実務家が利用しやすい制裁制度を確立する必要がある。具体的には、ASBOは社会復帰的で修復的であるべき

であり、処罰的で抑圧的である必要はないが、厳格で現実的な抑止機能を果たすべきとされる。メイ大臣が、この声明をまさしく「ASBOを越えて」と題した理由である。

(5) **機関連携の強化**

ASBO対応は、警察だけの仕事に止まるものではないから、今日では通常の形態になりつつある多機関協働・連携が求められるのは言うまでもない。新政権は、そのために、縦割行政を取り除き各機関が協働しやすい環境を整えるという。また、各機関の反社会的行動に関する情報、たとえば過去の被害者や被害リスクの高い者の情報を共有し、支援を行うための情報共有を可能にするオンラインの事件情報管理システムを構築するとしている。さらに、反社会的行動の通報を促進するために、ASBO専用電話101番を創設する。これらの情報共有システムや専用電話101番の創設は、地域に根ざしたシステムであり、反社会的行動の解決策は地域が考えるべきとする新政権の主張と合致する[17]。

(6) **地域社会の役割**

このような、いわゆる多機関協働の地方当局、地域警察、住宅協会、地方議会などを巻き込んだ方策だけでなく、地域社会、地域住民自身の反社会的行動への取り組みも求めている。すなわち、地域一丸となった取り組みである。反社会的行動は地域固有の問題であり、その原因をよく知る地域住民が対応するのが最善だからである。たとえば、ユニフォームを着た地域住民ボランティアと公的機関の協働による反社会的行動への取り組み、反社会的行動の被害者が主催した地域安全イベントなどがこの例に当たるという。

Ⅶ　裁判所の閉鎖

新政権における財政再建の対象は、裁判所などの司法機関も例外とされていない。この範囲は、刑事裁判所に限らず、民事裁判所も含まれている。実際、連立政権の下で、今後4年以内に25億ポンド（年平均6億2,500万ポンド）の司法関係予算が削減される予定になっている[18]。その結果、イングランドとウェールズにおいて、治安判事裁判所（magistrate's court）、郡裁判所（county court）の4分の1が閉鎖されることになる。具体的には、現在全国で530ヶ所ある治安判事裁判所、郡裁判所のうち、その約40％に当たる157ヶ所の裁判所（103治安判事裁判所、54郡裁判所）を閉鎖し、戦略的に重要な地区の裁判所だけ残すことが明らかになっている。実は、このうち20ヶ所は事件量が少ないという理由ですでに閉鎖されていた。

　この背景としては、①各市町村に裁判所が設置されているが、人口動態の変化に伴い、一部の裁判所では、審理が一日の半分しか行われておらず、持続不能（unsustainable）であること、②治安判事裁判所で扱う事案の大半は、軽微な刑事事件、交通事案、家庭内事案などであり、実際、軽微犯罪の増加に伴い、単位罰金（unit fine）通告書など裁判外で扱われていること、③上級の刑事裁判所が扱う事件量は増加傾向にあるのに対して、治安判事裁判所のそれは減少傾向にあること、④もっとも、裁判所の廃止は必ずしも閉鎖を意味するものでなく、統合的措置であり、治安判事裁判所の素人裁判官制度もイギリスの司法制度の基盤であり、今後も維持すること、⑤新しいテクノロジーを使用した裁判制度（たとえば、証人が裁判所に直接出向かなくても、インターネットを通じた証言を可能にするなど）により柔軟で効果的な方法を模索する必要があること、などが指摘されている。廃止される裁判所のなかには、治安判事裁判所、郡裁判所としては規模の大きいノーリッジ、サルフォード、イーリーなども含まれ、ロンドン地区でもアクトン、ハーロー、タワーブリッジなども閉鎖対象の例外ではない。加えて、政府は裁判所閉鎖にともない、その建物を初めとするその不動産売却も予定しており、これによってさらに3,850万ポンドの資金が収入となると見込んでいる。そこで、試算によると、これによって8,000万ポンドの節減になるという。

　しかしながら、当然この施策に対しては反対論も根強い。とくにこれによって失職する職員で構成される労働組合は、司法サービスの低下を理由に反対運動を展開している。他方、治安判事協会（The Magistrates' Association）も、このような事態は驚くべきことではないが、司法制度が浸食されることは間違いないと警告を発している。同協会長ジョン・ソーンヒル氏は、これに関し、「地域住民に対して通常の市民によって行われる地域司法の原理は、維持されねばならないし、それは可能である」と述べている。治安判事は地

域の名望家から選抜されるボランティアであり、古い歴史を有するイギリス固有の素人裁判官制度である（一つの刑事事件を３人の治安判事が担当する）。その収入は少額の手当と交通費実費程度とされる。全国で２万9,000人が登録されており、全国の刑事裁判の９割を扱っているといわれる。他方、郡裁判所は大半、離婚などの家事事件、住宅賃貸借の紛争などの民事事件を扱う。

Ⅷ　おわりに

　上記のとおり、イギリス連立政権の新施策を概略したが、現時点ではまだそれらの政策が実際に実施されたのか不明であるし、その成果を問うという段階には至っていない。しかし、それでもおおよその方向性を看取できるように思われる。第１に、政府が抱える財政再建という課題が犯罪対策全体に覆い被さっている印象であり、金のかからない犯罪政策が模索され、それも待ったなしという印象である。そのために、前政権以降、刑事司法制度に民間勢力を種々の分野に取り込んできたが、これに加えて新政権がこれらの組織に成果主義を強く求めている点は注意を要するであろう。第２に、保守党はもともと中間層から富裕層を地盤とし犯罪問題には厳しい対応をとってきたが、連立を組んだ自由民主党への配慮から、かなりソフトなイメージに転換を図ったようにも見える。拘禁刑指向の強い保守党が地域刑指向に切り替えたのも、またASBO問題で非犯罪化を強調するのも、それらの現れの一つであろう。但し、このような動きは、今後、地域社会の安全を求める保守層の要請に対してどのように応えるのか、大きな課題を抱えたようにみえる。このほかにも、保護観察関連予算の25％削減などの計画もあり、一方で地域刑の重要性を強調しながら、保護観察官の大幅な人員削減を2012年３月までに断行するなどという矛盾もみられる。

　一般に、政権交代によって、類似の政策ながら名称や方法が若干変更される場合がある。ニュー・レーバー以来、実は労働党と保守党の政策はきわめて近似しており、したがって、現連立政権下でも大幅な変更の必要はないはずであった。しかし、２つの要因、つまり、１つ、政策の方向性がかなり異なる二つの政党が連立政権を組んだこと、２つは財政赤字問題が深刻になっ

たことによって、非施設化の方向が明瞭になり、しかも自由民主党に妥協した犯罪者の社会復帰政策が強調されるようになってきたことである。しかし、それでもなお、イギリスの犯罪政策の動揺は予断を許さない。というのも、政府は一方で地域安全を掲げており、地域住民も犯罪者の施設収容を強く支持しているからであり、他方、ASBO政策などにみられるように、法制度自体の厳罰化の方向には変わりはないからである。新政権の今後の動向に大いに注目したい。

1) 地域刑とは、community punishment/penalty/sentenceなどの用語で示されるが、いわゆる社会内処遇の手法であり、わが国では保護観察や更生保護がこれに当たる。わが国との違いは、イギリスでは刑罰の一つに位置づけられている点である。すなわち、イギリスでは1991年刑事司法法によって「刑罰」に昇格し、また内容もわが国よりもはるかに多岐にわたる（守山　正『イギリス犯罪学研究Ⅰ』（2011年、成文堂）200頁以下参照）。
2) House of Commons, Justice Committee, Cutting Crime: the Case for Justice Reinvestment, 2009, p.65.
3) BBC NEWS 23 February 2010による。
4) BBC NEWS 30 June 2010による。
5) BBC NEWS 28 June 2010による。
6) Ministry of Justice, Breaking the Cycle: Effective Punishment, Rehabilitation and Sentencing of Offenders, December 2010.
7) 収容者が施設の労働で得た所得から政府が天引きする形で一定額を徴収することを認める法律であり、1996年に成立したが、政権交代のため実施されないままに現在に至っている。しかし、新政権は今年9月に実施するとしており、これによって徴収された金額から所得税、社会保険などの経費に充てられるほか、被害者サービス経費にも回されるというのが今回提案の趣旨である。
8) 再犯リスクを示す性犯罪者や暴力犯罪者に対して多機関協働体制により、警察、刑務所、保護観察所などを責任官庁として犯罪者の管理を行うシステムで、イギリス全土に展開されている（守山・前掲書129頁以下参照）。
9) 2005年に導入され、政府の公衆保護政策の目玉とされてきた。要するに、性犯罪の露出狂、性的暴力、けんか・騒動など指定された153個の犯罪の一つで有罪判決を受けた者に対して公衆保護の目的から不定期の拘禁刑を言い渡す制度である。最低限の期間を経過すれば2年ごとの審査を受け仮釈放が可能であるが、実際には仮釈放は少なく、イギリスの過剰拘禁の原因の一つとされ、前政権はこの制度の縮減を計画していた。

第13章　キャメロン政権の刑罰政策　*283*

10)　同政策については、渡邉泰洋「イギリスにおける'ASBO'政策の展開」犯罪と非行159号（2009年）、葛野尋之「社会的迷惑行為のハイブリッド型規制と適正手続」立命館法学327号（2010年）275-317頁が詳しい。
11)　Home Office, Moving Beyond the ASBO-Speech by Theresa May, 28 July 2010, p. 1-8.
12)　現在、イギリスでは25歳未満の失業者数が140万人を超えており、その多くが十分な教育を受けていない者であるとされる。
13)　2009年中にアルコール関連の暴力犯罪が約100万件発生し、そのうち約半数は関係当事者のアルコール摂取が関係していた。また、アルコール関連の犯罪や反社会的行動に伴う救急通報は100万件以上、病院では約700万人の患者に対応しなければならない事態となっている。そして、アルコール関連の犯罪や反社会的行動の総コストは毎年8〜13億ポンドと見積もられている。
14)　Mike Hough and Gillian Hunter, The 2003 Licensing Act's Impact on Crime and Disrder; An Evaluation, Criminology and Criminal Justice, August 2008, pp.239-260.
15)　たとえば、首席警察監察官である（Her Majesty's Chief Inspector of Constabulary）デニス・オコナー卿（Sir Denis O'Connor）の調査では、反社会的行動に関する事件記録の情報共有が多機関の間で不適切であり、とくに警察は被害者が何度も同様の被害を受けている状況（いわゆる再被害化）を認識する能力が低かったことが明らかになっている。
16)　最新の統計によると、違反率が増加傾向にあり、半数以上の者が違反し、しかも約4割は複数回の違反をしている。
17)　一部の地域では、ASB（反社会的行動）対応策として各種の成功例がみられる。たとえば、レスター州チャーンウッド市では事件管理システムが利用され、これは関連機関の情報を総合的にプールするもので、事件発生、被害者、事件処理に関する情報を効果的に共有し、多機関がオンライン上で利用するものである。また、ランカシャー州ブラックプール市では、被害者に対する支援を行うソーシャル・ケアが実施されている。同様に、バーミンガム市でもVSSを活用する実践があり、犯罪被害者と同様に、ASB被害者にも同種のサービスが行われている。
18)　BBC NEWS 23 June 2010, BBC NEWS 14 December 2010.

第14章
法曹養成と犯罪学教育

I　はじめに

　現在、イギリスでは犯罪学教育は「花盛り」であるといわれる。犯罪学履修希望者が増加し、犯罪学はどの大学でも人気科目であり、しかも女性に人気があるのが特徴である。今では、大学で犯罪学の学位を提供する教育機関は約100校（学部）に上り、さらに40ほどの教育機関（大学院）が修士号を授与している。10年ほど前は、犯罪学といえばほとんどが大学院で教えられていたことからすると、近年の犯罪学教育の量的拡大には目を見張るものがある。そのため、教科書をはじめ犯罪学関連図書の出版点数が大幅に増加し、各種学会・研究会およびその会誌・雑誌の創設、創刊も相次いでいる。イギリスでは1990年代半ばから犯罪は一貫して減少傾向にあるが、むしろ犯罪学研究は活発化している。

　なお、イギリスには、もとより刑事政策という概念がないため、犯罪学（criminology）という上位概念で刑事政策を含んでいる例が多くみられ、制度論として刑事司法（criminal justice）論があるものの、実際には犯罪学という名称のなかに包含されることが多い。たとえば、イギリス犯罪学会（BSC）、イギリス研究者が多く所属するヨーロッパ犯罪学会（ESC）でも、実証研究が主流であるとはいえ、他方で法制度の議論も活発に行われている。

　しかしながら、以下にみるように法曹教育（たとえば法科大学院の授業）において犯罪学・刑事司法論などの科目の設置はきわめて少ない。いわばわが国と同様の傾向がみられるが、近年、イギリスでは地域司法（community justice）などの理念のもと、法曹にこの種の専門知識を求める動きがあり、そのギャップがある。本章では、イギリスの犯罪学教育の現状と法曹教育との関連性を概略し、問題点を指摘したい。

Ⅱ　イギリス犯罪学と教育機関の特徴

1　犯罪学の発展

　イギリスでは第二次大戦前の犯罪学は、刑事施設職員などが精神医学・心理学研究に従事したのが中心で、犯罪者処遇の領域に特化した研究であった。大陸系の19世紀イタリア実証学派やドイツ近代学派の影響は比較的少ないとみられている。もちろん、イギリスにもベンサムやハワードなどの思想家・改革家が現れ、また個々にイタリア実証学派の主張や研究に反応した議論はみられたが（例えば、チャールズ・ゴーリング）、必ずしも大きな影響をみられなかった。しかし、第二次大戦を挟んで、大陸からの移民研究者による影響を受けるようになり、刑罰論はもちろん、社会学的思考などが流入した。その代表者として、ポーランドからラジノビッツ、ドイツからマンハイム、グリュンフットらがおり、彼らがイギリス犯罪学の基礎を築いたとされる[1]（これについては、拙著『イギリス犯罪学研究Ⅰ』で扱っている）。そして、大戦後は、アメリカ犯罪学の影響が色濃く現れ、社会学研究が盛んとなった。
　このような中、すでに1910年代にバーミンガム大学に犯罪学科が新設され、フロイト系の研究が行われていた点は別として、第2次大戦中からラジノビッツら移民3人は、LSE、オックスフォード大学、ケンブリッジ大学で犯罪関連科目の教鞭をとり、犯罪学教育の揺籃期をむかえていた。1930年代から40年代にかけてである。そして、ついに1950年代末に、内務省の肝いりでケンブリッジ大学に犯罪学研究所（Cambridge Institute of Criminology）が設置され、その後、イギリス犯罪学発展のメッカとなり、その初代所長がラジノビッツであった。ケンブリッジ犯罪学研究所の特徴は、研究機関とともに教育機関でもあり、毎年40数名のM. Phil CourseとDoctor Courseの学生に授業を行い、学位を授与している[2]（第1章参照）。
　このような経緯から、イギリス犯罪学研究者が抱えるテーマは、現在でも政府政策との関係が強く、また政府も研究者に多額の研究資金を提供しており、その密着度はアメリカなどと比較するとかなり強い[3]。この点については

研究者の間で警戒心も強く、政府資金助成研究の結果に対する信頼度は比較的低いのが一般である。

2　研究・教育の特徴

各大学・大学院では、得意分野などの研究・教育内容に種々の特徴がある。イギリスではわが国とは根本的に異なり、犯罪学には限らないが、科目の全体系を授業で扱うわけではなく、個々の教員が現在自ら取り組んでいる専門分野だけを授業内容としており、各教員の得意分野が授業内容に反映される傾向にある（表1）。逆にいえば、不得意分野は基本的に扱わない。したがって、逆に、学部の授業でも非常に専門性が高い。そこで、強いて各大学の研究・授業特色、得意分野をあげると、ケンブリッジ大学（実証研究）、オックスフォード大学（法理論研究）、LSE（左派リアリズムの社会政策）、シェフィールド大学（刑事司法制度研究）、リーズ大学（地域研究、国際比較研究）、ポーツマス大学（警察研究）などに色分けでき、さらに、キール大学は若手研究者の精力的な研究で知られ、ここを経由して著名大学に転身する例がみられる。

大学・大学院で教授されている犯罪学・刑事司法論関連の科目名も多種多様である。列挙すれば、犯罪学、犯罪社会学、犯罪心理学、刑事司法論、法医学、犯罪社会政策、犯罪歴史学、法犯罪学、警察研究、少年司法、犯罪人類学、犯罪地理学、地域安全研究、犯罪化学、生物犯罪学、犯罪哲学、犯罪経済学、犯罪調査論、犯罪政治学、犯罪メディア論、CPTED、犯罪捜査学など、こんにちの犯罪学界で議論されているテーマをほぼ網羅する。このなかで注目されるのが「法犯罪学（Law with Criminology）」というわが国では聞き慣れない科目名である。またこの名称とは別に、科目名として「法と犯罪学（Law and Criminology）」もみられる。両者の相異はよくわからないが、要するに、これらの名称こそ、わが国の「刑事政策」の内容に近いように思われる。しかし、これも理由は不明であるが、「法犯罪学」は比較的低位の大学の科目名に多く、逆に、「法と犯罪学」は著名大学に多い。以下、表2に示す高位の大学では、このような名称ではなく、単純に「犯罪学」が科目として設置されているのが一般である。

また、大学基準の学力に達しない実務経験のある者に対する大学院の再教

第14章　法曹養成と犯罪学教育　287

表1　ケンブリッジ大学犯罪学研究所M.Philコースの授業例

	月曜	火曜	水曜	木曜	金曜
9:00～10:30		調査手法及び集団論文指導 Justice Tankebe	プログラム評価と犯罪予防 Maria Ttofi and David Farrington	調査法練習 Caroline Lanskey	
11:00～12:30	暴力の歴史 Manuel Eisner	調査手法及び集団論文指導 Justice Tankebe	刑務所生活の社会学 Alison Liebling and Ben Crewe	若年者と犯罪：説明と予防 P-O Wikstrom	11:00～13:00 刑事司法：機関と手続Ⅱ Nicky Padfield and Loraine Gelsthorpe
14:00～15:30	14:00～18:00 SSRMC 犯罪学調査法・指導	14:00～18:00 SSRMC 犯罪学調査法・指導	14:00～18:00 SSRMC 犯罪学調査法・指導	精神障害と犯罪 Adrian Grounds and Alec Buchanan	個別論文指導
16:00～17:30					
17:30～				ゲスト・セミナー	

出典：ケンブリッジ大学犯罪学研究所Loraine Gelsthorpe教授の提供による資料。

表2　イギリス法学部ランキング

順位	大学名	学位コース数	取得学位	「犯罪学」[※2]
1	ケンブリッジ大学	1	BA	○
2	オックスフォード大学	6	BA	○
3	クイーン・メアリー校[※1]	3	BA、LLB	○
4	ダーラム大学	2	LLB	○
5	LSE校[※1]	2	LLB、BA	○
6	UCL校[※1]	5	LLB	○
7	キングス・カレッジ校[※1]	4	LLB	○
8	イースト・アングリア大学	3	LLB	×
9	ヨーク大学	1	LLB	○
10	ノッティンガム大学	5	LLB、BA	×

出典：University League Tables 2016（日刊紙ガーディアンが学生の満足度、入学難易度、教員一人当たりの学生数などを元に算出した大学別の得点による順位）を参照した。なお、スコットランドの大学は除外した。
[※1]：「ロンドン大学」の構成校。
[※2]：法学部に犯罪学を授業科目（module）として設置している大学。

育（MSt）の例もみられる。ケンブリッジ大学犯罪学研究所では、夏期休暇を利用して、刑事司法機関職員の再教育を行うコースを有しており、世界各国の実務家に対して講義を行い、履修終了者には一定の学位を提供している。一定の専門知識や実務に精通した者を対象にするだけに、教員側には授業に緊張感を伴いつつも、貴重な知識交換の場となっているように思われる。最近では、インド政府との大型プロジェクトとして、インド人警察官の研修を行っているが、これが研究所の貴重な財源となっていることは言うまでもない。

3　卒業生の進路

一般的にいえば、犯罪学士卒・修士卒は、警察官・保護観察官・刑務官・少年司法機関などの実務家、警備会社・NPO・メディアなどへの進路が目立つ。比較的就職率は高いとされる。もっとも、リーマン・ショック後、第一次キャメロン政権時は学部卒の失業率が上昇した影響がみられた。他方、犯罪学博士号取得者は、大学研究員・政府系研究機関、刑務所幹部などへ多くが就職する。大学教員のポストはイギリスでも少ないが、それでも犯罪学関係はわが国よりははるかに多い。なかでもイギリスの犯罪学関連の大学院学位取得者の大きな特徴は、政府系研究機関に就職する例である。イギリスでは、伝統的に政府内、とくに内務省（2007年に司法省が分離してからは、司法省でも）には充実した研究機関があり、1990年代には総計で1,000名を超えた時代もみられた。1970年代に内務省内に研究開発課（Research and Planning Unit）が創設されて以来、その他の部署にも研究部門が設けられ、多くの修士号・博士号取得者に職を与えてきた。しかも、一人ひとりの研究員には固有のテーマが与えられ、きわめて専門化しているのが特徴である。さらに近年、とくに警察の実務部門でも警察官として博士号取得者を採用しており、新しい試みとして注目されている。[4]

なお参考のために、ケンブリッジ大学犯罪学研究所 M.Phil Course 出身者についてみると、2014年度は44名在籍し、約10名が博士課程進学（他大学を含む）か、政府系研究機関の研究助手となり、約15名が政府系研究機関の研修生、残り約15名がメディア、NPO職員、民間企業などに就職した。[5]

Ⅲ　イギリスの法曹育成システム[6]

1　仕組み

　イギリス（イングランドとウェールズ[7]）の法曹養成の特徴は、第一に、わが国のような全国統一の司法試験が実施されていないことである。基本的には、大学の法学部卒業生は、法科大学院（Law School）[8]に入学し、1年間の授業を受けて終了後、法律事務所などで実務研修（pupilage）を1～2年積んだあと、法曹資格者となる。非法学部出身者・留学生などはディプロマ・コース（Graduate Diploma in Law: GDL）で1年間法学系科目を学習し終了したのち、法科大学院への入学の資格を得る。言い換えると、法科大学院に入るコースは2つあり、一つは指定大学法学部の適格認定プログラムを受講し一定の基準以上の成績で卒業した場合、もう一つは他の学部を卒業して、さらに大学で法学ディプロマを修了した場合である。イギリスの法学部は3年履修であるから、法曹資格者になるまでに最低で学部入学から5年かかることになるが、これはわが国よりも短期である。ただ、実務研修先として法律事務所を探すのがしばしば困難で、有名事務所ほど競争率が高いといわれる[9][10]。実質的にイギリスで法曹への道に対する最大の障害は、実務研修先との契約獲得である。また、実務研修を終えても高額な開業料を支払って、開業許可証を得なければならず、このため、中途で脱落する者がかなり多く、また資格獲得直後は独立でソリシタ事務所を開業するのは難しいとされる[11]。法科大学院修了後5年以内に研修できなかった場合、資格を失う。このように、イギリスでも法曹への道は難関コースであることには変わりはない。

2　2種の弁護士

　よく知られるように、イギリスには法廷弁護士（barrister、バリスタ）と事務弁護士（solicitor、ソリシタ）が存在する。また、法曹一元制度を採用しているから、両者とも通常は弁護士ないし検察官の業務を行い、一定の経験を積んだ者は裁判官になる。2010年現在、バリスタ約1万5,000人、ソリシタは約12

万人で、人口がわが国の約半分であるイングランドとウェールズでこの人数はかなり多い印象である。一般に、バリスタの業務は法廷弁論や法律意見書の作成で、依頼者から直接事件を受任するのはソリシタで、バリスタはソリシタから依頼を受けて法廷での弁論を行う。このように、ソリシタは法廷弁論以外の法律事務を主たる業務とするが、2004年の法改正でバリスタが依頼者から直接事件を受けることができるようになり、他方、ソリシタも上級裁判所で法廷弁論を行うことが許可された。両者の活動範囲が近似するようになっており、最近、わが国でも司法書士の活動範囲が拡大された動きといくらか似ているように思われる。

　この２種の弁護士に対応して、法科大学院でも２種の養成コース、つまりバリスタ・コース（Bar Professional Training Course: BPTC）とソリシタ・コース（Legal Practice Course: LPC）がある。前者はバリスタ養成コースで法曹基準評議会が認定し、後者はソリシタ養成で事務弁護士規制機関が認定する。認定されたBPTCは2012年で11校、LPCは32校で、当然ながら法曹資格者を生み出す比率は大学ごとに大きな格差があるが、わが国に比べると資格取得率は高い。ただ、能力のない者もバリスタを目指して時間的経済的に無駄であるという批判がみられ、現在、バリスタ志望者には適性試験が実施されている。

3　代表的な法科大学院

　BPTC（バリスタ養成）の代表格は法曹院（Inns of Court School of Law）であって、その創設は古く1852年に遡り、少なくとも1997年まではBPTC（以前は、BVC）が認定した唯一の機関であった。この修了生としてマーガレット・サッチャー、トニー・ブレアなど歴代首相が名を連ねる。しかし、2001年にシティ法科大学院に吸収され、現在はロンドン市立大学（City University London）内の専門職大学院の一つとなっており、４カ所のキャンパスを有する。他方、LPC（ソリシタ養成）認定校としては、法曹大学（University of Law）が代表格である。1962年法曹協会が既存の法科大学院を統合する形で設立した。法学未修者のためのディプロマ・コースも備え、さらには現在BPTCも提供する。法曹大学はイギリス最大の法曹養成機関であり、ソリシタの約半数を輩出している。このほか、企業経営（株式会社）の法科大学院もあり、その例として

1993年にBPP法科大学院が設立され、全国に8カ所のキャンパスを有し、BPTC、LPCいずれも取得できる。近年、ソリシタの分野で勢力を伸ばしており、輩出数で法曹大学に次ぐ地位を得ている。

いずれにせよ、どの法科大学院でも授業料は高額であり[15]、また、中途で止める者、進路変更者が少なくなく、一部奨学金付きの優秀な学生は別として、経済的にはかなりの負担となっている。

Ⅳ 法曹の犯罪学専門知識の必要性

1 法科大学院における教育

それでは、法曹教育のなかで、どの程度、犯罪学（法犯罪学を含む）や刑事司法論は授業に取り入れられているのであろうか。結論からいえば、ほんの一部の法科大学院でしか行われていないというのが現状のようで、わずかに「法と犯罪学」など、とくに刑事手続、量刑に関する授業がみられるに過ぎない。強いていえば、イギリスで法曹を目指す学生のうち、学部時代に犯罪学・刑事司法論など犯罪学関連科目を学んだ者は格別、その他の学生は基本的に犯罪学の専門知識はもちろん、素養や基本知識もないと考えられる。実際、法科大学院の教員はほとんどが実務家（法曹）であり、研究者は皆無に近いからである。このように、イギリスで法曹養成に犯罪学などが組み入れられない理由としては、法曹の技術を重視する専門家養成の性格が強く、その他の刑事司法の実務家と区別されているからであろう。実際、法科大学院の教育内容は適格認定機関や研修先法律事務所の意向に強く左右されるようである。

2 法曹と犯罪学関連の知識

イギリスで法曹に犯罪学関連知識の必要性を示す最も端的な例は、地域司法（community justice）の理念であろう（本書第8章参照）。この理念を掲げ、政府は2005年北リバプールに最初の地域司法センター（実質的には「刑事裁判所」、いわゆる治安判事裁判所の一つ）を開設した。この裁判所の最大の特徴は、職業裁判官が自ら言い渡した刑につき、その受刑者の予後を監督することにある。

つまり、裁判官は受刑者の社会復帰の状況を把握することによって、最初に言い渡した刑の効果を図り、再審査を行うものである。これを可能にしたのが2003年刑事司法法（the Criminal Justice Act 2003）であり、再審査命令（review order）を導入している。当センターの裁判官は、実際、定期的に受刑者を裁判所に呼び出し、本人からその後の状況を確認し、必要があれば関係各機関に対応を求めるなどの措置をとる。いわゆる多機関協働形式の一つでもある。この地域司法は、犯罪の原因は本人だけでなく地域が抱える社会問題も関係していることを前提に、犯罪者更生を通じて地域問題の根本的解決を図るシステムであるが、一方で、地域司法の成否は裁判官の犯罪学的・刑事司法論の知識に大きく依存しているともいってよい。裁判官はどのような措置をとれば犯罪者の更生が成功し、かつ地域問題が解決するかなど、各種研究調査の知見が必要だからである。大学研究者などはこの地域司法センターの意義は大きいとしてその拡大を求めているが、イギリス政府はむしろ逆に、多額の経費を要しながら必ずしも所定の成果を上げていないとして、閉鎖の方向を打ち出している（この経緯については、第8章参照）。

V　おわりに

　上記の考察から、イギリス全般では、学部や大学院において犯罪学教育が量的に拡大しつつあるが、他方で、法曹養成教育では犯罪学はもとより刑事司法論の学習もほとんど行われていない現実が明らかになった。弁護士はともかく、刑事司法の実務に関わる検察官、裁判官がこの種の知識がなく、起訴、量刑を行っていること自体、司法試験の試験科目から刑事政策が削除されたわが国と同様の問題があると思われる。この背景には、法科大学院の教育内容が外部から強く干渉を受けていることも一因であろう。先にみたように、イギリスの法科大学院の学生は大学院修了後、実務研修先（法律事務所）を探すことに躍起にならざるを得ず、その結果、法律事務所が力関係において上位にあり、そのため、法律事務所が強く求める授業内容、とりわけ法解釈、法技術、法慣習などの習得に法科大学院が合わせる必要があるからではないだろうか。わずか1年間という短い授業期間において、即戦力として役立つ

法実務の技法や技術に力点を置かざるを得ず、犯罪学、刑事司法論、ましてや犯罪者処遇などの知識にかまう余裕がないというのが実情であろう。

　もちろん、法曹になった際に研修等で犯罪学や刑事司法に関連する教育は行われるとは思うが、法曹に対する再教育の機会を設け、大学院等で犯罪学関連の科目などを一定期間に教育する機会を設けることも可能であろう。わが国では、裁判官になったのち、人事院の行政官長期在外研究制度などを利用して海外に留学する者が少なくなく[16]、彼らは海外において、日本では全く勉強する機会がなかった犯罪学や刑事司法論を初めて本格的に学び、とくに実証研究の質量がきわめて豊富なことに新鮮な驚きを感じており、帰国後、量刑等の業務に非常に役立ったという話を聞く。再教育の有用性はおそらくわが国にも、またイギリスの裁判官にも当てはまると思われる。

1) この間の状況については、守山　正『イギリス犯罪学研究Ⅰ』（成文堂、2011）3頁以下参照。
2) イギリスの学位制度は複雑であるが、学部を卒業すると大学院のコースとしては、M. A, M. Phil Course, Postgraduate Diploma, Doctor Courseなどがある。ケンブリッジでは修士課程は1年であり、博士課程は通常4年である。ただし、博士号を規定の4年で取得する者は稀である（近年、Lecturerを務めるガーナ出身のDr. Tankebeが4年で取得したことが話題になった）。
3) 両政府の研究機関に所属した経験のあるロン・クラークとグロリア・レイコックによると、イギリスの政府系研究機関では純然とした研究調査が目的で、部内の専属研究員に一定のテーマ研究に従事させる一方、他の関係機関と密接な連携を保ち、政府政策に強い影響力を持っているのに対して、アメリカの政府系研究機関、たとえばNIJ（National Institute of Justice）では部内で研究を行う体制になく、また他の機関との連携が乏しく、ただ外部研究者への委託研究の執行管理が業務の中心であるという（Gloria Laycock and Ronald Clarke, Crime Prevention Policy and Government Research: A Comparison of the United States and United Kingdom, *Comparative Sociology*, vol.42(1-2), 2001. pp.234-255.）。
4) 2013年現在、ロンドン警視庁には2名の博士号取得者が在職しており、1名はシェフィールド大学出身の犯罪学博士（男性）、他は化学博士（女性）である。
5) この資料は、同研究所のロレイン・ゲルスソープ（Loraine Gelsthorpe）教授から提供を受けた。
6) この項については、基本的に、相川　裕「イギリスの法曹養成」自由と正義62巻13号（2011）66頁以下、田中正弘「イギリスにおける法曹養成の仕組みと法曹専門職団体の

影響」2012年7月29日東京大学における研究発表PPTを参考にした。
7) スコットランドの法曹資格はイングランドでは取得できない。つまり、イングランドの弁護士はスコットランドでは活動できないし、その逆も同様である。スコットランドの資格はスコットランドの法曹養成機関で取得する必要がある。
8) わが国では法科大学院を通常「ロースクール」とよんでいるが、イギリスで一般にロースクールというと「法学部」ないしその大学院を指すので、注意が必要である。
9) 三大有名事務所として、Allen & Overy, Clifford Chance, Linklatersがある。
10) 逆に、優秀な学生は法科大学院在学中に法律事務所と契約を結び、なかには奨学金を獲得する例もあるといわれる。
11) 相川・前掲67頁。
12) これらの者がすべて法務に就くわけではなく、バリスタでは軍隊や官公庁など、ソリシタも民間企業は公的機関、地方自治体に雇用されている。ソリシタとして法律事務所に所属する数は約8万5,000人程度といわれる（相川・前掲66頁）。
13) なお、法学部人気ランキング上位の常連である実力校ケンブリッジ大学、オックスフォード大学、LSEには法科大学院が設置されていない。
14) バリスタの資格取得率は2008年度で約3割、ソリシタは2009年で約7割であった（相川・前掲67頁）。
15) 一説によると、年間授業料はBPTCで最低でも1万2,000ポンド（現在のレートで約230万円）、LPCで8,000ポンド（同様に約150万円）であるといわれる。
16) 著者が知るかぎり、実際、わが国の現職裁判官がイギリスの大学院に留学し、犯罪学や刑事司法制度を専攻したケースはかなりあるように思われる。

参考文献（英字）

Baldwin J. and Bottoms A.E. (1976), *The Urban Criminal: A Study in Sheffield*, Tavistock Publications.
Beck U.(1992), *Risk Society: Towards a New Modernity*, SAGE Publications Ltd.
Bennett T. and Wright R. (1984), *Burglars on Burglary: Prevention and the Offender*, Avery.
Berman G. and Mansky A.(2005), Community Justice Centres: A US-UK Exchange, *British Journal of Community Justice*, vol.3(3), pp.7.
Booth L. et al (2012), North Liverpool Community Justice Centre: Analysis of Re-offending Rates and Efficiency of Court Processes, *Ministry of Justice Research Series* 10/12.
Bottoms A.E.(2012), Developing Socio-Spatial Criminology, Maguire et al (eds.), *The Oxford Handbook of Criminology, 4th ed.* The Oxford University Press.
Bottoms A.E.(2014), Geography of Crime and Disorder, Bruinsma G. and Weisburd D.(eds.), *Encyclopedia of Criminology and Criminal Justice*, Springer.
Bottoms A.E. et al (1990), Situational and Social Approaches to the Prevention of Disorder in Long-Term Prisons, *Prison Journal*, vol.80(1), pp.83.
Bottoms A.E. et al (2001), *Community Penalties: Change and Challenges*, Willan.
Bottoms A.E. et al (2004), *Alternatives to Prison: Options for an Insecure Society*, Willan.
Bottoms, A. E. (2009), Disorder, Order and Control Signals, *British Journal of Sociology*, vol.60, pp.49.
Bottoms. A. E. and Wilson A. (1984), Civil Renewal, Control Signals and Neighbourhood Safety, Brannan T. et al (eds.), *Re-energizing Citizenship: Strategies for Civil Renewal*, AIAA, pp79.
Braithwaite J.(1998), Restorative Justice, Tonry M.(ed.), *The Handbook of Crime and Punishment*, Oxfrod University Press, pp.323.
Brantingham P. and Brantingham P.(1984), *Patterns in Crime*, Prentice Hall.
Brown R. and Payne S.(2007), Process Evaluation of the Salford Community Justice Initiative, *Ministry of Justice Research Series* 14/07, October.
Canter D. and Larkin P.(1993), The Environmental Range of Serial Rapists, *Journal of Environmental Psychology*, vol.13(1), pp.63-69.

Canton R.(2016), Inter-Agency Cooperation: How Can It Best Enhance Compliance with the Law? UNAFEI, *Resource Material Series*, no.99, pp.81.

Clarke R.(ed.)(1997), *Situational Crime Prevention 2nd ed.*, Harrow and Heston.

Clarke R.V. and Mayhew P.(1980), *Designing Out Crime*, Home Office Stationary Office.

Clear T. and Karp D.(1999), *The Community Justice Ideal: Preventing Crime and Achieving Justice*, Westview Press.

Cohen L. and Felson M(1979), Social Change and Crime Rate Trends: A Routine Activity Approach, *American Sociological Review*, vol.44(4), pp.588-608.

Cohn E.G.(1993), The Prediction of the Police Calls for Service: The Influence of Weather and Temporal Variables on Rape and Domestic Violence, *Journal of Environmental Psychology*, vol.13(1), pp.71-83.

Cooke D.J.(1989), Containing Violent Prisoners: An Analysis of the Barlinnie Special Unit, *British Journal of Criminology*, vol.35(2), pp.129-143.

Curtis R. et al(2000), *Dispensing Justice Locally: The Implementation and Effects of the Midtown Community Court*, Routledge..

De Fazio L.(2011), Criminalization of Stalking in Italy: One of the Last among the Current European Member States' Anti-Stalking Laws, *Behavioral Sciences and the Law*, vol.29(2).

Dignan J.(2000), *Youth Justice Pilots Evaluation, Interim Report on Reparative Work and Youth Offending Teams*, Home Office, RDS.

Ditton J. and Innes M. (2005), The Role of Perceptual Intervention in the Management of Crime Fear Reassurance Policing: Community Intelligence and the Co-Production of Neighbourhood Order, Tilley N.(ed.), *Handbook of Crime Prevention and Community Safety*, Willan, pp.603.

Doran, B. J. and Burgess M. B. (2012), *Putting Fear of Crime on the Map: Investigating Perceptions of Crime Using Geographic Information Systems*, Springer.

Duneier M.(1999), *Sidewalk*, Farrar/Straus/Giroux.

Ferraro K.(1995), *Fear of Crime: Interpreting Victimization Risk*, State University of New York Press.

Finch E. (2006), *The Criminalisation of Stalking Constructing the Problem and Evaluating the Solution*, Routledge/Cavendish.

Gibson B. et al.(1994), *Criminal Justice in Transition*, Waterside Press.

Girling E. et al(2000), *Crime and Social Change in Middle England: Questions of*

Order in an English Town, Routledge.

Goldson B.(ed.)(2008), *The Dictionary of Youth Justice*, Willan.

Gowland J. (2013), Protection from Harassment Act 1997: The New Stalking Offences, *Journal of Criminal Law*, vol.77(5), pp.387-398.

Harcourt B. (2001), *Illusion of Order: The False Promise of Broken Windows Policing*, Harverd University Press.

Harris J.(2003), An Evaluation of the Use and Effectiveness of the Protection from Harassment Act 1997, *Home Office Research Study* no.203.

Hazel N. et al(2002), *Assessment of the Detention and Training Order and its Impact on the Secure Estate Across England and Wales*, Youth Justice Board for England Wales.

Home Office(1990), *Crime, Justice and Protecting the Public*.

Home Office(2003), *Respect and Responsibility: Taking a Stand Against Anti-Social Behaviour*.

Home Office(2010), *Moving Beyond the ASBO-Speech* by Theresa May.

Home Office(2011), *Consultation on Stalking*.

Hough M. et al(2008), The 2003 Licensing Act's Impact on Crime and Disoder: An Evaluation, *Criminology and Criminal Justice*, vol.8(3), pp.239-260.

House of Common Justice Committee(2009), *Cutting Crime: the Case for Justice Reinvestment*.

Innes, M. (2009), Signal Crimes and Signal Disorders: Notes on Deviance as Communicative Action, *British Journal of Sociology* vol.55, issue 3, pp.335.

Innes, M.(2014), *Signal Crimes: Social Reactions to Crime, Disorder and Control*, Oxford University Press.

Jeffery C. R. (1971), *Crime Prevention Through Environmental Design*, Sage Publications.

Joyce P.(2017), *Criminal Justice: An Introduction to Crime and the Criminal Justice System*, Routledge.

Keizer K. et al(2008), The Spreading of Disorder, *Science*, vol.322-5908, pp.120.

Kelling G.L. and Coles C.M.(1998), Fixing Broken Windows: *Restoring Order and Reducing Crime in Our Communities*, Simon & Shuster.

Kerr J. and et al(2011), Dedicated Drug Courts Pilot Evaluation Process Study, *Ministry of Justice Research Series* 1/11, January.

Kornhauser R.R.(1978), *Social Sources of Delinquency: An Appraisal of Analytic Models*, University Chicago Press.

Laycock G. and Clarke R. (2001), Crime Prevention Policy and Government Research: A Comparison of the United States and United Kingdom, *Comparative Sociology*, vol.42(1-2), pp.234-255.

Leng R. and Manchester C. (1991), *A Guide to the Criminal Justice Act 1991*, Fourmat Publishing.

Liebling A. and Ward T. (eds.) (1994), *Deaths in Custody: International Comparisons*, Whiting & Birch Ltd.

Liebling A. (1995), Vulnerability and Prison Suicide, *British Journal of Criminology*, vol.35(2), pp.173.

Lupton D. and Tulloch J. (1999), Theorizing Fear of Crime: Beyond the Rational/Irrational Opposition, *British Journal of Sociology*, vol.50(3), pp.507-523.

Mair G. and Milling M. (2011), *Doing Justice Locally: The North Liverpool Community Justice Centre*, Centre for Crime and Justice Studies.

Martinson R. (1974), What Works? : Questions and Answers about Prison Reform, *Public Interest*, vol.35, pp.22.

McKenna K. (2007), Evaluation of the North Liverpool Community Justice Centre, *Ministry of Justice Research Series* 12/07, October.

Meloy J. R. and Felthous A. (2011), Introduction to this Issue: International Perspectives on Stalking., *Behavioral Sciences and the Law*, vol.29(2).

Millie A. and Herrington V. (2005), Bridging the Gap: Understanding Reassurance Policing, *Howard Journal of Criminal Justice*, vol.44(1), pp.41-56.

Ministory of Justice (2010), Breaking the Cycle: Effective Punishment, *Rehabilitation and Senteincing of Offenders*.

Morris A. and Gelsthorpe L. (1998), Something Old, Something Borrowed, Something Blue but Something New: A Comment on the Prospects for Restorative Justice under the Crime and Disorder Act 1998, *Criminal Law Review*, Jan 2000, pp.18-30.

Morris T.P. (1957), *The Criminal Area: A Study in Social Ecology*, Routledge.

Newburn T. and P. Neyroud (eds.) (2008), *Dictionary of Policing*, Willan.

Newburn T. (2007), *Criminology*, 1st ed. Routledge.

Newburn T. (2012), Police and Crime Commissioners: The Americanization of Policing or A Very British Reform? *International Journal of Law, Crime and Justice*, vol.40(1), pp.38.

Newman O. (1972), *Defensible Space: Crime Prevention Through Urban Design*, Macmillan Pub. Co.

Quinton P. and Morris J.(2008), Neighbourhood Policing: the Impact of Piloting and Early National Implementation, *Home Office Online Report*, 01/08.

Rengart G. and Wasilchik J.(1985), *Suburban Burglary: a Time and a Place for Everything*, Charles C Thomas Pub Ltd.

Sampson R. and Raudenbush S.W.(1999), Systematic Social Observation of Public Spaces: A New Look at Disorder in Urban Neighborhoods, *American Journal of Sociology*, vol.105(3), pp.603-651.

Sampson R. and Raudenbushs. (2001), Disorder in Urban Neighborhoods: Does It Lead to Crime? NIJ Research Brief, p.1.

Sampson R.(1986), Crime in Cities: The Effects of Formal and Informal Social Control, Reiss A.J. and Tonry M.(eds.), *Crime and Justice*, vol.8, pp.271.

Sampson R.(2004), Networks and Neighborhoods: The Implications of Connectivity for Thinking about Crime in the Modern City, McCarthy H. et al (eds.), *Network Logic: Who Governs in an Interconnected*, World? Demos, pp.157-166.

Sampson R.(2009), Analytic Approaches to Disorder, *British Journal of Sociology*, vol.60(1), pp.83.

Sampson R.(2009), Disparity and Diversity in the Contemporary City: Social (Dis) order Revisited, *British Journal of Sociology*, vol.60(1), pp.1.

Sampson R.J. and Raudenbush S.W.(2004), Seeing Disorder: Neighborhood Stigma and the Social Construction of 'Broken Windows,' *Social Psychology Quarterly*, vol.67(4), pp.319-342.

Shaw C. R. and McKay, H. D. (1942), *Juvenile Delinquency and Urban Areas*, University of Chicago Press.

St. Jeans, P.(2007), *Pockets of Crime: Broken Windows, Collective Efficacy and the Criminal Point of View*, University of Chicago Press.

Stone N.(1991), Proportionality and Pre-Sentence Reports, *Justice of the Peace*, vol. 155.

Taub R.P. et al(1984), *Paths of Neighborhood Change: Race and Crime in Urban America*, University of Chicago Press.

Taylor J. et al. (2010), Investigating Perceptions of Antisocial Behaviour and Neighbourhood Ethnic Heterogeneity in the British Crime Survey, *Transactions of the Institute of British Geographers*, vol.35(1), pp59-75.

Taylor R.(2000), *Breaking Away from Broken Windows: Baltimore Neighborhoods and Nationwide Fight Against Crime, Fear and Decline*, Westview Press.

The Social Exclusion Unit(2002), *Reducing Re-Offending by Ex-Prisoners*.

Walby S. and Allen J. (2004), Domestic Violence, Sexual Assault and Stalking: Findings from the British Crime Survey, *Home Office Research Study* 276, RDS.

Waller I. (1988), *Current Trends in European Crime Prevention: Implications for Canada*, Department of Justice Canada.

Wasik M. and Taylor R. (1994), *Blackstone's Guide to the Criminal Justice Act 1991*, Blackstone Press.

Wikström P.-O (ed.) (1990), *Crime and Measures Against Crime in the City*, Swedish National Council for Crime Prevention.

Wikström P.-O. and Loeber R. (2000), Do Disadvantaged Neighbourhoods Cause Well-adjusted Children to Become Adolescent Delinquents? : A Study of Male Juvenile Serious Offending, Individual Risk and Protective Factors and Neighbourhood Context, *Criminology*, vol.38(4), pp.1109-1142.

Wiles P. and Costello A. (2000), The Road to Nowhere: The Evidence for Travelling Criminals, *Home Office Research Study* no.207.

Wilson J.Q. and Herrnstein R.J. (1985), *Crime and Human Nature: The Definitive Study of Causes of Crime*, Free Press.

Wilson J.Q. and Kelling G.L. (1982), Broken Windows, *Atlantic Monthly*, vol.249(3), pp.29-38.

Wilson J.Q. (1975), *Thinking about Crime*, Basic Books.

Winstone J. and Pakes F. (eds.) (2005), *Community Justice: Issues for Probation and Criminal Justice*, Routledge.

Wortley R. and Mazerolle L. (2008), *Environmental Criminology and Crime Analysis*, Willan.

Young R. and Goold B. (1999), Restorative Police Cautioning in Aylesbury: from Degrading to Reintegrative Shaming Ceremonies, *Criminal Law Review*, pp. 126-138.

Zimbardo P.G. (1969), The Human Choice: Individuation, Reason and Order Versus Deindividuation, Impulse and Chaos, Arnold W. T. and Levine D. (eds.), *Nebraska Symposium on Motivation*, vol.17, University of Nebraska Press, pp. 237-307.

事項索引

アルファベット

CPTED 44, 76, 286
custody plus 205
DV裁判所 158
ECCA 45, 62, 70, 71, 73-77
NACRO 207, 225
NOMIS 151
NOMS→国家犯罪者管理庁
OASys 147, 149-151

あ

「青いランプ(the Blue Lamp)」
.... 215
アテンダンス・センター
.... 4, 148, 154, 231
イギリス禁酒協会 208, 209
イギリス犯罪学会(BSC)
.... 6, 284
イギリス犯罪調査(BCS)
.... 32, 34, 38, 118, 134
イタリア実証学派 285
一連目的行動 .. 118, 120, 121, 123, 127, 129
インパクト評価 171
ウルフ報告書 267

か

「回転ドア司法」 158, 161, 162, 167, 169, 173
カーター報告書 145
外出禁止命令(curfew order)
...... 229, 231, 236, 238, 240, 241
改善(処遇、社会復帰)モデル
.... 242, 252, 260, 261
簡易手続犯罪 121, 129

環境犯罪学 6, 7, 12, 17, 44, 45, 59, 62, 69, 70-78, 248-250, 260, 261
監察官 128, 148, 196, 283
監督命令(supervision order)
...... 113, 114, 231, 232, 236
管理主義(managerialism)
...... 110, 140, 144, 153, 221, 265, 274
「機会への転居」(MTO)
.... 66-69, 81
機関機能論(What Works?)
.... 50, 211
記述規範 60
北リバプール地域司法センター 149, 155, 158, 165, 166-168, 171, 172, 184, 189
規範シグナル 25
居住指定 232, 246
禁止規範 60
近隣解決協議会
(Neighbourhood Solution Panel) 276
近隣効果 50, 51, 66, 68, 75, 81
グラッドストーン報告書
.... 140
(内務省)研究開発課(RPU)
.... 288
警察(犯罪)コミッショナー
(PCC) 29, 85-90, 99-101, 187, 189
警察幹部協会(ACPO)
.... 30, 89, 128, 131, 132
警察情報通知制度(PIN)
.... 128, 129
警察地域支援官(PCSO) 30

警察犯罪対策委員会(PCP)
.... 90, 91, 93, 96-98
刑事アズボ(CrASBO、クラズボ) 276
系統的社会観察(SSO)
.... 55, 56
刑務官組合(POA) 142
刑務所社会学 195
刑務所不機能論 188, 270
刑務所民営化 7, 141, 205, 242
結合命令(combination order)
...... 113, 229, 231, 232, 235, 236-239
検死陪審 191
ケンブリッジ(大学)犯罪学研究所 3-5, 7, 8, 12, 13, 75, 285, 287, 288
「国家目標と優先事項に関する声明」(SNOP)
.... 143, 219, 221
拘禁訓練命令(DTO)
.... 148, 155
公衆保護不定期刑(IPP) 275
合理的選択理論
.... 71-73, 250
国家警察活動改善庁(NPIA)
.... 128
国家犯罪者管理庁(NOMS)
...... 139, 140, 144-146, 151, 154, 159, 186, 207
国家保護観察庁(NPS)
...... 144, 145, 151, 211, 223, 245
コミュニティ(司法)裁判所
(CJC) 157-163, 165, 166, 169, 170, 171, 175, 180-

184
コミュニティ・サービス命令（CSO）……112, 143, 160, 219, 221, 227, 231, 234, 245
コミュニティ・ポリシング 23
コンプスタット（Compstat）……………………86, 101

さ

サルフォード地域司法センター……158, 166, 169, 170, 176, 179
「シームレスな刑罰」……139, 140, 147, 149, 150
「自由社会における犯罪の挑戦」………………… 15, 38
シーボン報告書………220, 221
シカゴ学派……17, 18, 45, 46, 49-51, 62, 63, 65, 69-71, 73, 74, 76
シカゴ代替ポリシング戦略（CAPS）………………28
シグナル犯罪…14, 15, 17, 21, 22, 25, 29-32, 35, 57, 58, 79
シグナル無秩序……………35
事務弁護士（ソリシタ）……………… 289, 291, 294
社会解体……17, 18, 50, 62-65
社会記号論……………23, 25
社会資本……………… 63, 65
社会調査報告書（SIR）……………………232, 244
社会的排除対策課…… 149, 222
社会的犯罪予防……247, 248, 250-252, 257, 259, 260
社会復帰思想…219, 236, 243, 258
10代裁判所（ティーン・コート）…………… 158, 162, 163, 184
集合的効力……18, 21, 34, 35, 62-65, 68, 71, 75, 80
首席矯正監察官………196, 202

住宅市場（housing market）……………52-54, 57, 77, 78
集中的中間処遇…………106
修復的警告………………109
修復的司法（リストラティブ・ジャスティス）（RJ）…… 12, 103, 104, 112, 154, 157, 159, 160, 171, 174, 183, 187, 211
収容者早期釈放（ECL）……………144, 226, 267, 268
「助言、支援、友愛」……143, 206, 225
状況的犯罪予防…69, 72, 242, 248-252, 259-261
象徴的相互作用主義……17, 23, 40
少年犯罪対策チーム（YOT）…94, 104, 113, 114, 146, 159
ジル・ダンド-事件………118
ストックホルム犯罪学賞…12
成果主義（payment by results）…… 139, 265, 274-276, 281
生活の質（quality of life）…… 15, 28, 37, 160, 164, 165, 168, 186, 277
正義モデル………… 242, 266
性差近隣効果………………68
正式起訴犯罪…121, 129, 179, 244, 245
青少年裁判所（Youth Court）……………107, 162, 166
青少年司法委員会（YJB）…………… 152, 155, 274, 275
精神衛生裁判所………………158
ゼロ・トレランス（非寛容政策）…………39, 56, 61, 100, 161
全国安心ポリシング・プログラム（NRPP）……25, 26, 29
全国保護観察官協会（NAPO）……………143, 207, 272, 273
戦略管理委員会（SMB） 147

「尊重と責任〜反社会的行動への対処」……………… 163
ソーシャル・ワーク……142, 143, 154, 205, 206, 209-214, 220, 221
ゾーン・モデル（シカゴ）………………49, 50, 62, 63, 69

た

ターゲット・ハードニング………………………… 251
大統領法執行・司法行政委員会………………………15
多機関協働（体制）……104, 130, 145, 146, 159, 166, 172-174, 176, 182-184, 279, 282, 292
多機関公衆保護協定（MAPPA）…………… 144
単位罰金（unit fine）………… 239, 240, 245, 280
「地域に根ざした刑事政策」……………… 160, 166, 184
治安判事協会……………… 280
地域刑（community sentence）…… 13, 142-144, 147-150, 152, 169, 175, 183, 205, 215, 221, 222, 226-232, 235, 239, 242, 246, 265-267, 269-271, 274, 275, 281, 282
地域司法…145, 149, 155, 158, 160, 161, 165, 166, 181, 281, 284, 291, 292
地域司法センター…149, 150, 159, 161, 165, 180, 183, 184, 291
地域社会の安全（community safety）……………… 265
地域命令（community order）……113, 169, 170, 173, 186, 245, 275
地区社会復帰公社………144

秩序違反行為（disorder）
　‥‥14, 15, 18-22, 24-26, 29-32, 35-37, 39, 40, 42, 43, 46, 55, 112, 157, 167, 180, 257
治療共同体‥‥‥‥‥152, 255
電子監視‥‥140, 144, 146, 231, 237, 246, 274
「時計じかけのオレンジ」
　‥‥‥‥‥‥‥‥‥‥216
ドイツ近代学派‥‥‥‥‥284
統制シグナル‥‥26, 27, 37, 41, 58

な

ナイフ犯罪‥‥‥‥‥‥‥275
ナッシング・ワークス(Nothing Works)‥‥‥69, 141, 143, 154, 188, 270
日常活動理論‥‥17, 70, 71, 73, 260
ニュー・レイバー‥‥‥‥276
ニューヨーク市警察本部
　（NYPD）‥‥22, 39, 59, 101
認可ホステル‥‥‥‥‥‥233
認知地図‥‥‥‥‥‥46, 48
ネット・ワイドニング‥‥109

は

バッジ・オブ・オナー‥‥278
パノプティコン（放射型監視）
　‥‥‥‥‥‥‥‥‥‥255
ハラスメント警告‥‥‥‥128
ハワード・リーグ（Howard League of Criminal Justice）
　‥‥‥‥4, 5, 155, 202, 270
判決の再審査（review）
　‥‥108, 149, 150, 169, 170, 173, 174, 186, 292
判決前報告書（PSR）
　‥‥108, 230-232, 242, 244
半構造的インタビュー
　‥‥‥‥‥‥‥‥‥31, 42

犯罪・秩序違反削減パートナーシップ‥‥‥‥‥‥‥88
犯罪管理官‥‥‥‥‥‥‥145
犯罪機会論‥‥‥‥‥‥‥17
犯罪者管理‥‥‥142, 145, 184, 205, 274
犯罪地図‥‥‥‥‥‥48, 70
犯罪不安‥‥14-19, 21-27, 29, 31, 37, 40, 57, 81, 89, 167, 180, 187, 276, 278
犯罪プロファイリング‥‥48, 77
反社会的行動‥‥29, 31-34, 56, 79, 91, 93, 132, 157, 161, 163, 164, 166, 167, 170, 172, 180, 186, 187, 276-279, 283
反社会的行動命令（アズボ、ASBO）‥‥‥42, 112, 169, 186, 276
被害者支援組織（VS）‥‥105, 174
ピッツバーグ青少年研究
　‥‥‥‥‥‥‥‥‥51, 78
ファミリー・カンファレンス
　‥‥‥‥‥‥‥‥‥104, 106
付加的遵守条件（additional requirements）‥‥‥‥232
プロセス評価‥‥‥31, 34, 42, 171, 177
プロベーション（保護観察）
　命令‥‥229-234, 236-238, 240-242, 244, 245
「塀のある学校」‥‥‥‥152
防御空間（defensible space）
　‥‥‥‥‥‥‥‥‥‥53
法曹院（Inns of Court School of Law）‥‥‥‥‥‥‥290
法曹基準評議会‥‥‥‥‥290
法曹大学（University of Law）
　‥‥‥‥‥‥‥‥290, 291
法廷弁護士（バリスタ）　289
保護観察トラスト‥‥‥‥144

保釈ホステル（bail hostel）
　‥‥‥‥‥‥‥‥‥‥272
ホット・スポット・ポリシング
　‥‥‥‥‥‥‥‥‥‥73

ま

ミッドタウン・コミュニティ
　裁判所‥‥‥‥160, 161, 184
無給作業（unpaid work）
　‥‥‥166, 170, 174, 176, 179, 182, 185, 223, 245
「もはや言い訳は許されない
　（No More Excuses）」
　‥‥‥‥‥‥107, 109, 110
モリソン委員会報告書‥‥206, 207, 219-221
問題解決型アプローチ‥‥162, 163, 167, 171, 173, 178, 182, 183

や

薬物・アルコール依存者の処遇
　‥‥‥‥‥‥‥‥‥‥234
薬物裁判所（ドラッグ・コート）
　‥‥‥‥‥‥‥‥158, 185
ユニクリ（United Nations Interregional Criminal Jusitce Institute）‥‥‥‥3
ヨーロッパ犯罪学会（ESC）
　‥‥‥‥‥‥‥‥‥‥284

ら

リスク社会‥‥‥‥‥‥‥17
両用審理可能犯罪‥‥121, 123, 129
レッド・フック地域司法センター
　‥‥‥‥‥‥‥162, 165, 184

わ

割れ窓理論‥‥‥17-22, 39, 48, 55, 56, 59-62, 80, 100, 185

人名索引

インズ、マーティン（Martin Innes）
　………… 15, 18, 21-29, 32, 35-37, 57, 58
ウィクシュトローム、ペル・オウフ（Per-Olof Wikström）…………………… 7, 51, 52
ウィルキンス、レスリー（Leslie Wilkins）…… 4
ウィルソン、ジェームズ（James Wilson）
　……………………… 19, 50, 51, 55, 59, 70, 80
ウェスト、ドナルド（Donald West）……… 5, 13
ウォーカー、ナイジェル（Nigel Walker）… 5, 13
ウォード、アントニー（Anthony Ward）…… 191
オーガスタス、ジョン（John Augustus）…… 208
カーン、サディック（Sadiq Khan）…… 270, 273
カイザー、キーズ（Kees Keizer）………… 60, 61
ギデンズ、アントニー（Anthony Giddens）… 17
キャメロン、ディビッド（David Cameron）
　……………… 87, 92, 100, 126, 265, 269, 288
クック、デイビッド（David Cook）
　………………………… 255-257, 259, 261
クラーク、ケネス（Kenneth Clarke）… 269, 270
クラーク、ロナルド（Ronald Clarke）
　……………………… 44, 45, 72, 73, 75, 293
グランズ、アドリアン（Adrian Grounds）…… 6
グリュンフット、マックス（Max Grünhut）…… 4
クレーマー、ドナルド（Donald Clemmer）… 195
ケリング、ジョージ（George Kelling）
　……………………………… 19, 55, 59, 80
ゲルソープ、ロレイン（Loraine Gelsthorpe）
　…………………………… 6, 12, 13, 108, 293
コーニッシュ、デレク（Derek Cornish）…… 72
ゴーリング、チャールズ（Charles Goring）… 285
コールズ、キャサリン（Katharine Coles）…… 19
コーンハウザー、ルース（Ruth Kornhauser）
　……………………………………………… 63
ゴッフマン、アービング（Erving Goffman）
　……………………………………………… 195
サイクス、グレシャム（Gresham Sykes）…… 195
サムナー、コリン（Colin Sumner）…………… 5

サンプソン、ロバート（Robert Sampson）
　…… 18, 21, 34, 39, 55-57, 59, 63-65, 74, 75, 80
ジェフリー、レイ（C. Ray Jeffery）……… 68, 76
シニア、ポール（Paul Senior）……………… 205
シャーマン、ローレンス（Lawrence Sherman）
　……………………………………………… 8, 12
ショー、クリフォード（Clifford Shaw）… 18, 49
ジョリフ、ダリック（Darrick Jolliffe）
　…………………………………………… 174, 179
ジンバルドー、フィリップ（Philip Zimbardo）
　…………………………………………… 20, 80
スコーガン、ウィスリー（Wesley Skogan）
　…………………………………………… 22, 40
ストロー、ジャック（Jack Straw）…… 267, 268
スミス、デイビッド（David Smith）………… 211
セント・ジーン、ピーター（Peter St. Jean）
　……………………………………………… 61
デュニエール、ミッチェル（Mitchell Duneier）
　……………………………………………… 21
ダベンポート、マシュー（Matthew Davenport）
　……………………………………………… 208
ディグナン、ジェイムズ（James Dignan）
　………………………………… 104, 107, 155, 185
テイラー、ジョアンナ（Joanna Taylor）…… 56
テイラー、ラルフ（Ralph Taylor）………… 21, 59
デュルケム、エミール（Émile Durheim）
　…………………………………………… 195, 200
トーマス、デイビッド（David Thomas）…… 6
トンリー、マイケル（Michael Tonry）……… 13
ニューマン、オスカー（Oscar Newman）
　…………………………………………… 53, 76
ネリス、マイク（Mike Nellis）…… 211, 212, 214
ハーコート、バーナード（Bernard Harcourt）
　…………………………………………… 20, 21
バージェス、アーネスト（Ernest Burgess）
　…………………………………………… 49, 50
バージェス、アントニー（Anthony Burgess）

.... 216
パッテン、ジョン（John Patten）............ 227
ハリス、ロバート（Robert Harris）
.... 207,220,221
ハワード、ジョン（John Howard）...... 140,285
ハワード、マイケル（Michael Howard）
.... 141,144,217,267,269,270
ファーリントン、デイビッド（David Farrington）
.... 6,7,12,179
フェラーロ、ケネス（Kenneth Ferraro）
.... 24,42
フェルソン、マーカス（Marcus Felson）
.... 17,44,45,70,71,73,81
フォスター、ジャネット（Janet Foster）...... 7
フライ、エリザベス（Elizabeth Fry）...... 140
フライ、マージャリー（Margery Fry）...... 4,5
ブライヤント、マルコム（Malcolm Bryant）
.... 207
ブラウン、リック（Rick Brown）...... 177,178
ブランティンハム夫妻（Paul and Patricia Brantingham）............ 46-48,70
ブレア、イアン（Ian Blair）............ 88,100
ブレア、トニー（Tony Blair）... 95,203,276,290
フレッチャー、ディビッド（David Fletcher）
.... 150,155,165,166,172,177,185,186
フレッチャー、ハリー（Harry Fletcher）...... 213
ペインター、ケイト（Kate Painter）............ 7
ベッカー、ハワード（Howard Becker）... 40,222
ベック、ウルリッヒ（Ulrich Beck）............ 17
ベネット、トレバー（Trevor Bennett）...... 7,69
ヘルンシュタイン、リチャード（Richard Herrnstein）
.... 50
ボーリング、ベン（Ben Bowling）............ 7

ボールドウィン、ジョン（Jhon Baldwin）
.... 50,52
ボトムズ、アントニー（Anthony Bottoms）
.... 5-8,12,13,26,27,35,44-46,48,50-55,57-60,62,64,67-71,73-79,81,207,220,251-254,275,259
ボン・ハーシ、アンドリュー（Andrew von Hirsch）
.... 7,13
マックウィリアムズ、ウィリアム（William McWilliams）............ 207,220,221
マッケイ、ヘンリー（Henry McKay）
.... 18,49,50,54,63,69
マッケンナ、キャサリン（Katherine McKenna）
.... 172,174
マンハイム、ヘルマン（Hermann Mannheim）
.... 4
メイ、テリーザ（Theresa May）... 102,277,279
メイヤー、ジョージ（George Mair）...... 176,182
モリス、アリソン（Allison Morris）...... 5,108
ラジノビッツ、レオン（Leon Radzinowicz）
.... 4,5,8,12,13,142,285
リーブリング、アリソン（Alison Liebling）
.... 7,12,13,196,197
ブース、ルーシー（Lucy Booth）...... 174,176
レイナー、フレデリック（Frederic Rainer）
.... 208,209
レンガート、ジョージ（George Rengert）......46
ローゼル、フリードリッヒ（Friedrich Lösel）
.... 12,13
ローデンブッシュ、ステファン（Stephen Raudenbush）............ 21,55,56,59
ワイスバード、デイビッド（David Weisburd）
.... 73
ワイレス、ポール（Paul Wiles）............ 44

法令索引

1779年監獄法（Penitentiary Act 1779）……………………………………………140
1861年人身犯罪法（Offences Against the Person Act 1961）……………………119,120
1887年初犯者保護観察法（Probation of First Offenders Act 1887）………………142
1898年刑務所法（Prison Act 1898）………………………………………………141
1907年犯罪者保護観察法（Probation of Offenders Act 1907）…………142,204,225
1948年刑事司法法（Criminal Justice Act 1948）……………………………………4,143
1961年自殺法（Suicide Act 1961）………………………………………………191,192
1964年警察法（Police Act 1964）……………………………………………………89
1967年刑事司法法（Criminal Jusitce Act 1967）……………………………………227
1972年刑事司法法（Criminal Justice Act 1972）………………………………219,245
1973年刑事裁判所権限法（Powers of Criminal Courts Act 1973）…………………228
1975年下院議員欠格法（House of Commons Disqualification Act 1975）…………94
1976年保釈法（Bail Act 1976）……………………………………………………236
1977年刑法（Criminal Law Act 1977）……………………………………………227
1982年若年犯罪者法（Young Offenders Act 1982）………………………………227
1982年刑事司法法（Criminal Justice Act 1982）……………………………………236
1983年国民代表法（Representation of the People Act 1983）………………………95
1984年警察・犯罪証拠法（Police and Criminal Evidence Act 1984）………………129
1986年公共秩序法（Public Order Act 1986）……………………………………120,121
1988年刑事司法法（Criminal Justice Act 1988）……………………………………119
1988年検死官法（Coroners Act 1988）……………………………………………191
1990年コンピュータ不正利用法（Computor Misuse Act 1990）……………………121
1991年刑事司法法（Criminal Justice Act 1991）
　　　　　　………………………143,207,221,226-229,231,233-237,239,242,244,245,282
1994年刑事司法・公共秩序法（Criminal Justice and Public Order Act 1994）……119,120
1996年警察法（Police Act 1996）……………………………………………………92
1996年収容者所得天引法（Prisoners' Earning Act 1996）…………………………274
1997年ハラスメント保護法（Protection from Harassment Act 1997）………119-122,124
1998年監査委員会法（Audit Commission Act 1998）………………………………95
1998年犯罪・秩序違反法（Crime and Disorder Act 1998）………38,42,103,112,120,149,155,276
1998年悪意通信法（Malicious Communication Act 1998）…………………………120,121
2000年刑事司法・裁判所業務法（Criminal Justice and Court Services Act 2000）……146,245
2003年警察改革法（Police Reform Act 2003）………………………………………92
2003年刑事司法法（Criminal Justice Act 2003）…………………146,170,173,186,205,245,292
2003年酒類販売免許法（Licensing Act 2003）………………………………………278
2004年児童法（Children Act 2004）…………………………………………………93
2007年犯罪者管理法（Offender Management Act 2007）…………………………205

2011年警察改革・社会的責任法（Police Reform and Social Resposibility Act 2011）
　………………………………………………………………………92, 94, 96, 97, 101, 102
2012年自由保護法（Protection of Freedoms Act 2012）………………………………125, 126

著者紹介
守山　正（もりやま　ただし）拓殖大学政経学部教授。
　福岡県生まれ。早稲田大学法学部卒業。早稲田大学大学院法学研究科博士後期課程修了後、拓殖大学政経学部専任講師、同助教授を経て、現職。その間、早稲田大学、東洋大学、白百合女子大学、慶応義塾大学、東京大学などの各非常勤講師、1991年ブリティッシュ・カウンシル派遣研究員、同年ケンブリッジ大学犯罪学研究所客員研究員（2006年に再度）、1992年国連犯罪司法研究所（UNICRI）客員フェロー、Howard Journal, Theoretical Criminology各誌国際編集委員などを歴任。

主要著書
『犯罪学への招待』〔共編著〕（日本評論社、1999年）
『少年非行と法』〔共編著〕（成文堂、2001年）
『日常生活の犯罪学』〔監訳〕（日本評論社、2005年）
『ビギナーズ少年法』〔共編著〕（成文堂、2005年、第3版・2017年）
『ビギナーズ刑事政策』〔共編著〕（成文堂、2008年、第3版・2017年）
『イギリス犯罪学研究Ⅰ』（成文堂、2011年）
『犯罪分析ステップ60』〔監訳〕（成文堂、2015年）
『ビギナーズ犯罪学』〔共編著〕（成文堂、2016年）

イギリス犯罪学研究Ⅱ
2017年11月30日　初版第1刷発行

　　　著　者　　守　山　　　正
　　　発行者　　阿　部　成　一

〒162-0041　東京都新宿区早稲田鶴巻町514番地
発行所　　株式会社　成　文　堂
電話 03(3203)9201(代)　Fax 03(3203)9206
http://www.seibundoh.co.jp

製版・印刷　藤原印刷　　　　　　　製本　佐抜製本
　　　　　　　　　　　　　　　　　　　　検印省略
☆乱丁・落丁本はおとりかえいたします☆
©2017 T. Moriyama　　　Printed in Japan
ISBN 978-4-7923-5229-5　C3032

定価（本体6500円＋税）